Constantin Katelu Kamba

Matthäus und die Konstruktion kollektiver christlicher Identität

Eine exegetische Untersuchung zum Brotmotiv im Matthäusevangelium

Dissertationen der LMU München

Band 75

Matthäus und die Konstruktion kollektiver christlicher Identität

Eine exegetische Untersuchung zum Brotmotiv im Matthäusevangelium

von

Constantin Katelu Kamba

Mit **Open Publishing LMU** unterstützt die Universitätsbibliothek der Ludwig-Maximilians-Universität München alle Wissenschaftlerinnen und Wissenschaftler der LMU dabei, ihre Forschungsergebnisse parallel gedruckt und digital zu veröffentlichen.

Erstveröffentlichung 2024
Zugleich Dissertation der LMU München 2024

Druck und Vertrieb:
Buchschmiede von Dataform Media GmbH, Wien
www.buchschmiede.at

Bibliografische Information der Deutschen Nationalbibliothek
Die Deutsche Nationalbibliothek verzeichnet diese Publikation in der Deutschen Nationalbibliografie; detaillierte bibliografische Daten sind im Internet abrufbar über http://dnb.d-nb.de

Open-Access-Version dieser Publikation verfügbar unter:
https://nbn-resolving.org/urn:nbn:de:bvb:19-335826
https://doi.org/10.5282/edoc.33582

ISBN 978-3-99165-708-8

Vorwort

Die vorliegende Studie wurde im Sommersemester 2024 von der Katholisch-Theologischen Fakultät der Ludwig-Maximilians-Universität München als Dissertation angenommen und für die Veröffentlichung gekürzt und überarbeitet. Danken möchte ich an dieser Stelle allen, die zum Gelingen dieser Arbeit beigetragen haben.

Mein Dank gilt zuvörderst meinem verehrten Doktorvater Prof. Dr. Gerd Häfner, der diese Arbeit mit Geduld und vielen hilfreichen Hinweisen begleitet hat. Ich danke auch Prof. Dr. Knut Backhaus für die Erstellung des Zweitgutachtens. Zu danken habe ich S. E. Msgr. Dr. Marcel Madila, dem emeritierten Erzbischof von Kananga, und seinem Nachfolger S. E. Msgr. Félicien Ntambwe für ihre vielfältige Unterstützung während meines Studiums. Frau Mareike Ecker sei für ihre Ermutigung und ihre stete Hilfsbereitschaft in vielfacher Hinsicht herzlich gedankt.

Für freundliche Ermutigung und anregenden fachlichen Dialog danke ich Prof. Dr. Johannes Eurich, Prof. Dr. Yves Kingata, Prof. Dr. Albert Mundele, Dr. Marco Moerschbacher und Dr. Przemyslaw Nowak. In besonderem Maße verpflichtet weiß ich mich dem Bistum Regensburg und dem Missionswissenschaftlichen Institut Missio Aachen für alle Förderung. Ein herzliches Dankeschön sage ich ferner Dr. Martin Weidlich und allen, die sich der Mühe des Korrekturlesens unterzogen

In tiefer Dankbarkeit verbunden fühle ich mich vielen Freunden, Verwandten, Bekannten, Kommilitonen und Kollegen, die mich in allen Phasen dieser Untersuchung mit Rat und Tat unterstützten.

München, den 05.05.2024 Constantin Katelu Kamba

Inhalt

I Einleitung

Die Heilsfrage ist in den alttestamentlichen Schriften ein Ausgangspunkt der Gottesfrage. Denn JHWH wird in diesen Schriften als Gott der Menschen präsentiert, der in der Geschichte seines Volkes handelt. In diesem Sinne bezieht sich die Wortoffenbarung in der biblischen Perspektive auf die Tatoffenbarung.[1] Beispielsweise beruht die Rede vom „Gott der Väter" (Ex 3,13f.) zentral auf der Erwählung und Berufung Israels in der Geschichte (vgl. Ex 4,22; Hos 11,1). Deswegen werden „die Vaterschaft Gottes und die Sohnschaft Israels nicht mythologisch begründet, sondern mit der konkreten Erfahrungen einer Heilstat in der Geschichte."[2] Aber mit den schmerzlichen Erfahrungen, die Israel im Lauf seiner Geschichte gemacht hat, ist „seit den großen Schriftpropheten eine deutliche Eschatologisierung des Glaubensbewusstseins"[3] zu beobachten.[4]

Daher kann die Gottesfrage im Neuen Testament nicht von der Christusfrage getrennt werden. Denn hier besteht das Heilsgeschehen darin, dass Jesus Christus, der Sohn Gottes ist, für die Menschen und zu ihrem Heil vom Himmel gekommen ist. Daraus ergibt sich, dass die Gottesfrage und die Christusfrage in der theologischen Perspektive des Neuen Testamentes im Horizont der Heilsfrage stehen.[5] Zu betonen ist in diesem Zusammenhang, dass es bei der christlichen Frage nach dem

1 J. Frey u. a., Einführung. Zum Thema Heil und Geschichte und zum Problem der Heilsgeschichte in der biblischen Tradition und in der theologischen Interpretation, in: ders. u. a. (Hg.), Heil und Geschichte. Die Geschichtsbezogenheit des Heils und das Problem der Heilsgeschichte in der biblischen Tradition und in der theologischen Deutung, XI–XXIII, hier XI, stimmen damit überein, wenn sie festhalten: „Schon die großen alttestamentlichen Erzählcorpora berichten vom Handeln des Gottes Israels als einem geschichtlichen Handeln. Dies geschieht grundlegend in den Traditionen von Exodus und Landgabe, und diese später in vielfältiger Weise kommemorierte ‚Ursprungsgeschichte' bietet die Grundlage – oder den ‚Grundmythos' – des biblischen Israel." Vgl. W. Kasper, Der Gott Jesu Christi (Gesammelte Schriften 4), Freiburg i. Br. 2008, 212.

2 W. Kasper, Der Gott Jesu Christi, 237.

3 W. Kasper, Jesus der Christus (Gesammelte Schriften 3), Freiburg i. Br. 2007, 120.

4 Diese Eschatologisierung des Glaubensbewusstseins besteht darin, dass „alle großen Heilstaten der Vergangenheit wie Auszug und Bundesschluss [...] jetzt in gesteigerter Form für die Zukunft erwartet" werden (W. Kasper, Jesus der Christus, 120).

5 Vgl. W. Kasper, Der Gott Jesu Christi, 262.

Heil nicht um Gott an sich geht, sondern um den Gott für die Menschen, der durch Jesus von Nazareth bei den Menschen ist (vgl. Mt 1,23; 28,20). Die Konsequenz daraus ist, dass Jesus von Nazareth als der Messias, der die messianische Erwartung des Alten Testaments erfüllt und das endzeitliche Heil bringt, verkündet wird (vgl. Apg 17,3).

Diese messianische Überzeugung, die die Christenheit geprägt und schon früh zur Nennung der Anhänger Jesu von Nazareth „Christen" (Apg 11,26) geführt hat, hat bei der Schriftauslegung im Kontext der frühen Kirche eine wichtige Rolle gespielt. Im Folgenden soll diese messianische Überzeugung speziell für die matthäische Position in den Blick genommen werden. Denn das Matthäusevangelium ist „ein bedeutendes Dokument der jüdischen Religionsgeschichte, das wie kein anderes Evangelium die jüdischen Wurzeln des Christentums deutlich macht."[6]

6 M. Konradt, Die neue Matthäusperspektive. Ein Überblick, in: BiKi 3 (2019) 130–136, hier 130.

1 Zur Problemstellung der Arbeit

Matthäus erzählt in seinem Werk, wer Jesus ist. In diesem Sinne ist das Matthäusevangelium zu dem Zweck geschrieben, zu zeigen, dass Jesus von Nazareth der Messias und Sohn Gottes ist.[7] Da die Jesusgeschichte, mit der sich der erste Evangelist beschäftigt, nicht auf theoretisch motivierten Spekulationen basiert, sondern auf soteriologisch motivierten Aussagen, in denen es um die Universalität des Heils geht, darf gefolgert werden, dass er seine Leser nicht nur informieren, sondern zugleich beteiligen und bewegen will. Denn Jesus von Nazareth ist für ihn ,Ἐμμανουήλ, μεθ᾽ ἡμῶν ὁ θεός' (Mt 1,23).[8] Wirft man aber einen Blick auf das Matthäusevangelium, bemerkt man, dass das Brot in der Entfaltung seiner Jesusgeschichte eine entscheidende Rolle zu spielen scheint, insofern als an den Stellen, wo das Brot implizit oder explizit verwendet ist, der erste Evangelist spezifische Aspekte seiner Christologie herausstellt, die μεθ᾽ ἡμῶν ὁ θεός eindeutig machen.[9]

Daraus ergibt sich die folgende Fragestellung: Welche Rolle spielt das Brot im Matthäusevangelium? Hat es im Lichte jüdischer Tradition neben seiner Ernährungsfunktion eine metaphorische und symbolische Bedeutung? Diesen Fragen gilt es im Folgenden nachzugehen.

7 Vgl. C. Focant, La christologie de Matthieu à la croisée des chemins, in: D. Senior (Hg.), The Gospel of Matthew at the Crossroads of Early Christianity, Leuven u. a. 2011, 73–97, hier 74; S. Mcknight, Gospel of Matthew, in: J. Green/S. Mcknight (Hg.), Dictionary of Jesus and the Gospels, Downers Drove 1992, 526–541, hier 532–533.

8 Vgl. U. Luz, Das Evangelium nach Matthäus. 1. Teilband: Mt 1–7 (EKK 1,1), Düsseldorf – Neukirchen-Vluyn 52002, 46; auch M. Konradt, Das Evangelium nach Matthäus (NTD 1), Göttingen 2015, 38. Für H. Frankemölle, Matthäus-Kommentar. 1. Teilband, Düsseldorf 1994, 125, erzählt Matthäus in seinem Werk die Geschichte Gottes mit den Menschen: „Matthäus ist Vertreter einer narrativen Theologie, der seine Theologie als Einheit von Erzählungen und Reden entwirft. Wie seine biblischen Vorgänger ist er fest davon überzeugt, dass die von ihm erzählte Geschichte durch Gott gestaltet und zielvoll gelenkt wird, mit ihnen glaubt er an ein beständiges und stetiges Handeln Gottes im Auf und Ab der Geschichte."

9 Im Matthäusevangelium findet sich ὁ ἄρτος an insgesamt neun Stellen, nämlich 4,1–4; 6,11; 7,7–11; 12,1–8; 14,13–21; 15,21–28; 15,29–39; 16,5–12; 26,26–29. Der Ausdruck „Brotererzählungen" bezieht sich im Rahmen dieser Untersuchung auf diese Perikopen.

2 Status Quaestionis

In der Matthäusforschung der letzten Jahrzehnte beschäftigten sich Exegeten mit den Fragen nach der theologischen Intention von Matthäus. Im Mittelpunkt der Betrachtung standen nicht nur die Frage nach der Identifizierung des Verfassers des Matthäusevangeliums und seinen Hauptquellen, sondern auch die Frage nach der Stellung seiner Gemeinde im Judentum. Damit sind auch neue Impulse wie das Toraverständnis und die Israeltheologie verbunden. Für Matthias Konradt sind diese neuen Impulse als neue Perspektive auf das Matthäusevangelium zu verstehen.[10] In diesem Sinne sollen die zentralen Aspekte dieser neuen Perspektive im Folgenden untersucht werden.[11]

2.1 Matthäus und seine Quellen

Das Matthäusevangelium bleibt der einzige literarische Ort, wo man eine Antwort auf die Frage der Intention des ersten Evangelisten finden kann.[12]Auffällig ist, dass diese Frage, die grundsätzlich wichtig für die Auslegung des ganzen Evangeliums ist, logischerweise die Frage nach den vorliegenden Quellen impliziert. Denn die Evangelien sind in der Tat „nicht fiktionale Literatur in dem Sinne, dass sie ohne definierten Situationsbezug einen frei erfundenen Plot entwerfen und ausgestalten würden. Vielmehr sind sie aus bereits geprägtem Material zusammengesetzt, in den meisten Fällen kleine, in sich abgerundete Erzähleinheiten."[13] Die Diskussion um die verwendeten Quellen wirft die Frage nach den Gründen für die Art des Umganges damit auf: Warum hat Matthäus die Quellen in seinem Werk umgearbeitet?

10 M. Konradt, Die neue Matthäusperspektive, 130, weist darauf hin, dass die zentralen Aspekte des Toraverständnisses und der Israeltheologie bei der gegenwärtigen Auslegung des Matthäusevangeliums eine bedeutende Rolle spielen.

11 In dieser Untersuchung wird auch der Blick auf die Abfassungszeit und den Abfassungsort des Matthäusevangeliums geworfen.

12 Vgl. G. Häfner, Das Matthäus-Evangelium und seine Quellen, in: D. Senior (Hg.), The Gospel of Matthew at the Crossroads of Early Christianity, 25–74, hier 27.

13 G. Häfner, Das Matthäus-Evangelium und seine Quellen, 26.

Im Bereich des Matthäusevangeliums bleibt die Zwei-Quellen-Theorie die Grundhypothese[14], auf deren Basis die Mehrheit der Exegeten die synoptische Frage zu lösen versucht. Für die Zwei-Quellen-Theorie ist das Markusevangelium das älteste Evangelium, das sowohl Matthäus als auch Lukas als literarische Vorlage und Quelle diente. Matthäus und Lukas benutzten auch eine weitere Quelle, die verlorenging, aber aus beiden Evangelien noch rekonstruiert werden kann. Sie besteht aus Sprüchen und Reden und wird als Logienquelle bezeichnet.[15] „Der Rest im Matthäusevangelium ist bei ihm belegtes Sondergut (1–2), in der Regel wohl von ihm selbst verfasst."[16]

14 Vgl. G. Häfner, Das Matthäus-Evangelium und seine Quellen, 25. Die Zwei-Quellen-Theorie war das Ergebnis der Suche nach den Gründen für die großen Übereinstimmungen zwischen den ersten drei Evangelien im 19. Jahrhundert. Sie ist fest mit den Namen Karl Lachmann, Christian Hermann Weise und Heinrich Ewald, aber auch mit dem von Heinrich Julius Holtzmann verbunden. Das Kürzel Q (für Quelle) wurde erstmals von Johannes Weiß benutzt und setzt sich seit 1899 durch Paul Wernles Arbeit durch (vgl. J. S. Kloppenborg, Q-Parallels, Sonoma 1988, 38–46; D. R. Catchpole, The Quest for Q, Edinburgh 1993, 49–56). In Bezug auf das literarische Verhältnis zwischen den Synoptikern gibt es auch neben der Zweiquellentheorie andere Hypothesen. Beispielsweise glaubt B. C. Butler, The Originality of St Matthew: A Critique of the Two-Document Hypothesis, Cambridge 1951, 23–46, dass die Notizen des Petrus und das Matthäusevangelium die Hauptquellen des Markus seien. Für William Robert Farmer, David Dungan, Bernard Ochard, welche die Griesbach-Owensche Hypothese erneuert haben, hat Lukas das Matthäusevangelium als Quelle verwendet. Und das Markusevangelium sei als eine Epitome zu betrachten, die vom Matthäusevangeliums abhängig sei (vgl. W. R. Farmer, Synoptic Problem: A Critical Analysis, North Carolina 1976, 6–10; B. Orchard, Matthew, Luke und Mark, Manchester 1976, 40–65; D. Dungan, Mark- An Abridgement of Matthew und Luke, in: D. G. Buttrick (Hg.), Jesus and Man›s Hope, Pittsburgh 1970, 51–97). J. R. Rist, On the Independance of Matthew and Mark (MSSNTS 32), Cambridge 1978, 20–46, betont die Unabhängigkeit von Mt und Mk. Aber sie haben eine gemeinsame Quelle benutzt. Austin Marsden Farrer und Micheal Douglas Goulder nehmen die Mk-Priorität an, aber sie lehnen die Existenz von Q ab und stellen fest, dass das Matthäusevangelium eine Erweiterung des Markusevangeliums sei (vgl. A. Farrer, On Dispensing with Q, in: D. Nineham (Hg.), Studies in the Gospels, Oxford 1955, 55–86).

15 Vgl. G. Häfner, Das Matthäus-Evangelium und seine Quellen, 25; vgl. auch U. Schnelle, Einleitung in das Neue Testament, Göttingen [9]2017, 235.

16 H. Frankemölle, Mt, 12. In anderen Worten schreibt G. Häfner, Das Matthäus-Evangelium und seine Quellen, 29: „Nach der Zwei-Quellen-Theorie hat Mt das MkEv und Spruchsammlung Q als Quelle benutzt, dazu Sondergut, das sich nach gängiger Auffassung keiner eigenen Quellenschicht zuweisen lässt." Vgl. T. Heckel, Die Bergpredigt, in: L. Bormann (Hg.), Neues Testament. Zentrale Themen, Neukirchen-Vluyn 2014, 91–110, hier 99; M. Ebner, Die synoptische Frage, in: ders./S. Schreiber (Hg.), Einleitung in das Neue Testament, Stuttgart [2]2013, 68–85, hier 76; U. Schnelle, Einleitung in das Neue Testament,

Heute gibt es zwei Tendenzen, die die Verarbeitung des Markusevangeliums durch Matthäus zu erklären versuchen: Auf der einen Seite gehen Ulrich Luz und James Robinson, die als Vertreter der ersten Tendenz gelten dürften, davon aus, dass Matthäus dem Markus im Großen und Ganzen zustimmt. Allein aufgrund der besonderen Situation seiner Adressaten sei er auf die theologische Perspektive der markinischen Tradition eingegangen.[17] Demgegenüber betont als Repräsentant der zweiten Tendenz Matthias Konradt, dass das Matthäusevangelium hauptsächlich als eine Korrektur markinischer Perspektiven anzusehen sei. Demnach war das Markusevangelium zwar in der Gemeinde des Matthäus bekannt, aber dieser hielt es für ungeeignet.[18] Nach dieser Lesart ist daher das Matthäusevangelium als markuskritisch oder antimarkinisch zu verstehen.

Vertreter der ersten Tendenz unterstreichen, dass das Werk von Matthäus im Grunde eine pointierte Weiterführung des Erbes seiner Quellen sei, insofern als Matthäus nur die Logienquelle in das Markusevangelium eingearbeitet habe.[19] Matthäus ist der markinischen Reihenfolge der Perikopen ab Mt 12,1 gefolgt; bekanntermaßen hat er das Markusevangelium in seinem Werk als Basis benutzt. Darüber hinaus konzedieren die Vertreter dieser Tendenz, dass die Gemeinde zwar für Matthäus eine sehr bedeutende Rolle gespielt haben muss; immerhin habe ihre Situation ihn motiviert, sein Werk zu schreiben. Aber sie gehen gleichzeitig davon aus, dass die matthäische Theologie von der markinischen Theologie geprägt ist. In der Tat gibt es zwischen Matthäus und Markus eine Reihe von Themen, bei denen sehr weitgehende theologische Überschneidungen offensichtlich sind.[20]

Festzuhalten ist dabei, dass diese These, Matthäus stimme dem Markusevangelium im Großen und Ganzen zu, als ein wichtiger Fortschritt

299; U. Luz, Mt I, 194; M. Konradt, Mt, 20–22; R. Feldmeier, Die synoptischen Evangelien. 1. Matthäusevangelium, in: K.-W. Niebuhr (Hg.), Grundinformation Neues Testament. Eine bibelkundlich-theologische Einführung, Göttingen [5]2020, 74–96, hier 82–84.

17 Vgl. U. Luz, Mt I, 81.

18 Vgl. M. Konradt, Matthäus im Kontext. Eine Bestandsaufnahme zur Frage des Verhältnisses der matthäischen Gemeinde(n) zum Judentum, in: ders., Studien zum Matthäusevangelium (WUNT 358), Tübingen 2016, 3–42, hier 9.

19 Vgl. U. Luz, Mt I, 80.

20 Vgl. U. Luz, Mt I, 80–81.

in der Geschichte der Exegese des Matthäusevangeliums gelten darf. Allerdings zeigt sich bereits, dass sie *per se* nicht aufrechtzuhalten ist. Sie greift sogar zu kurz, denn sinnvoller ist es, zunächst zu sondieren, welche Möglichkeiten sich ihm in den Quellen boten, bevor man das Verhältnis Matthäus′ zu seinen Quellen umfassend zu begreifen sucht. Ohne Umschweife führt diese Sondierung zum Kern der Frage nach den Motiven offenkundiger Benutzung der Quelle durch Matthäus.

Nach der zweiten Tendenz der Intertextualitätsforschung zu den ersten beiden Evangelien hat Matthäus das Markusevangelium und die Logienquelle sehr gut gekannt, und er hat sie verarbeitet. Dies bedeutet nicht, dass Matthäus nur ein Kopist seiner Quellen wäre, selbst wenn er ihnen Schritt für Schritt in Sprache, Struktur und Theologie folgt. Im Gegenteil: Die Indizien, die Matthäus′ Übernahme des Markusstoffs belegen, zeigen gleichzeitig, wie Matthäus umfassend seine theologische Ausrichtung in seinem Werk ausgearbeitet hat, um dabei von Markus abzuweichen. Diese abweichende theologische Perspektive findet sich beispielsweise zu Mk 7,1–8,9. Hier kann man sehen, dass es um einen Umbruch geht. Denn das Heil Jesu ist für alle, die an ihn glauben.[21] Laut Mk 7,1–23 ist Israel mit Hilfe der Aufhebung der Speisegebote von den Völkern abgegrenzt worden. Und Markus fährt sogar mit der Geschichte von der Heilung der Tochter der Syrophönizierin (vgl. 7,24–30) fort, in der er über die anfängliche Ablehnung Jesu hinausgeht. Gleich anschließend befindet sich Jesus in Mk 7,31–8,9 in heidnischen Gebieten (vgl. Mk 7,7.31), wo er Wunder vollbringt, nämlich die Heilung des Taubstummen (vgl. Mk 7,31–37) und die Speisung der Viertausend (vgl. Mk 8,8–9). Im Klartext: Im Markusevangelium ist die Einbeziehung der Völker nicht als erst nach der Auferstehung Jesu erfolgende zu verstehen. Vielmehr ist sie hauptsächlich ein Teil des irdischen Wirkens Jesu.

Im Vergleich dazu ist die Darstellung dieser Begebenheiten bei Matthäus ganz anders: Vor allem hat Matthäus von Grund auf Mk 7,1–23 dahingehend bearbeitet, dass von einer Abrogation der Speisegebote keine Rede sein kann. Die Einbeziehung der Völker ist hier grundsätz-

21 Vgl. A. Feldtkeller, Identitätssuche des syrischen Urchristentums. Mission, Inkulturation und Pluralität im ältesten Heidenchristentum (NTOA/StUNT 25), Göttingen 1993, 27–31.

lich erst nach der Auferstehung Jesus zu verorten. In diesem Sinne geht Matthias Konradt davon aus, dass die matthäische Darstellung als eine deutliche Kritik an der markinischen Jesuserzählung zu bewerten ist und nicht als eine reine Kopie des Markusevangeliums.[22]

In diesem Verhältnis von Spannung und Widerspruch ist es bedeutend zu unterstreichen, dass der erste Evangelist vor allem als ein Autor charakterisiert werden kann, „der sich einerseits deutlich an seinen Vorlagen orientiert, andererseits aber auch starke eigene Akzente einbringt."[23] An dieser Stelle versteht man die Verarbeitung der Quellen durch Matthäus gleichzeitig als Übernahme und Eingriffe, insofern als er seine Quellen „sehr überlegt in den Aufbau seiner Jesus-Erzählung integriert hat."[24] Und dies wird sichtbar durch die systematisierende Tendenz[25], die Versetzung einzelner Sprüche in neue Zusammenhänge und die Nutzung der Ansatzpunkte seiner Erzählvorlagen für längere Einschübe.[26] Aus diesem Grund ist es eindeutig, dass Matthäus mit Mt 11 als christologische Zwischenbilanz seiner Erzählung in der Verarbeitung seiner Quellen eine neue Erzählung vom Beginn des Wirkens Jesu schafft. Er hat von Mt 12,1 an den Mk-Faden ab 2,23 übernommen.[27] Denn Markus bietet ihm grundsätzlich, was für ihn christologisch entscheidend ist, also was ihm ermöglicht, die Identität und die Bedeutung Jesu zu erklären.[28]

22 Vgl. M. Konradt, Das Matthäusevangelium als judenchristlicher Gegenentwurf zum Markusevangelium, in: ders., Studien zum Matthäusevangelium, 43–95, hier 65.

23 G. Häfner, Das Matthäus-Evangelium und seine Quellen, 61. Für H. Frankemölle, Mt, 12, sind auch die heiligen Schriften Israels als eine weitere Quelle des Matthäus zu beachten: „Nicht zu vergessen sind die heiligen Schriften Israels als weitere Quelle; sie sind nicht nur die Vorgabe für die Erfüllung und Bestätigung in der Geschichte Jesu, sondern diese ist Evangelium aus den heiligen Schriften."

24 G. Häfner, Das Matthäus-Evangelium und seine Quellen, 61.

25 Vgl. G. Häfner, Das Matthäus-Evangelium und seine Quellen, 62.

26 Vgl. G. Häfner, Das Matthäus-Evangelium und seine Quellen, 71.

27 G. Häfner, Das Matthäus-Evangelium und seine Quellen, 71, stimmt damit überein, wenn er unterstreicht: „Mt schafft, kompositorisch innovativ, eine Erzählung vom Beginn des Wirkens Jesu, die auf die christologische Zwischenbilanz in Kapitel 11 zuläuft. Bei der anschließenden Entfaltung der christologischen Akzente kann er dann dem Mk-Faden folgen, weil der alles bietet, was christologisch wichtig ist." Vgl. U. Schnelle, Einleitung in das Neue Testament, 210; R. Morgenthaler, Statistische Synopse, Zürich 1971, 231.

28 Auf diese Weise geht G. Häfner, Das Matthäus-Evangelium und seine Quellen, 65, davon aus: „Mt nutzt den ersten Teil seines Evangeliums zur christologischen Profilbildung. Dies geschieht zunächst durch die Vorgeschichte, in der die Identität Jesu als Sohn Davids und

2.2 Matthäus: ein judenchristlicher oder heidenchristlicher Verfasser?

Die Frage nach den Hauptquellen des ersten Evangelisten ruft, wenn man ihre theologischen Implikationen umfassend betrachtet, die Frage nach der Identität des Matthäus als Verfasser auf. Bei der Behandlung dieser Frage gibt es ebenfalls zwei Tendenzen: Auf der einen Seite nehmen Wolfgang Trilling, Georg Strecker, Robert Walker und John Paul Meier an, dass Matthäus ein heidenchristlicher Verfasser gewesen sei.[29] Auf der anderen Seite gehen z. B. Ulrich Luz und Günther Bornkamm davon aus, dass Matthäus ein judenchristlicher Verfasser sei.[30] In dieser Hinsicht postulieren die Vertreter der ersten Tendenz, dass die jüdische Prägung des Evangeliums nicht als ein hinreichender Grund anzusehen ist, um das Matthäusevangelium als ein judenchristliches Buch zu verstehen und *ipso facto* als Werk eines judenchristlichen Verfassers zu identifizieren. Dieser Einwand basiert auf folgenden Argumenten: Zum einen ist da die scharfe Kritik Jesu nicht nur am Gesetz, sondern auch an den religiösen Autoritäten und die Außerkraftsetzung der Reinheitsgesetzgebung in Form der jüdischen Speisegebote. Zum anderen zu nennen sind hier die erkennbare Distanzierung von den Sabbatbestimmungen (vgl. Mt 12,1–8) und die an Israel gerichtete Androhung des Heilsverlustes, als deren Konsequenz sich die Hinwendung zu den Heiden verstehen lässt. Neben diesen grundlegenden Aspekten der Argu-

Sohn Gottes begründet und außerdem erzählerisch entfaltet wird, dass der Weg Jesu unter der Führung Gottes steht und als Erfüllung prophetischer Verheißung zu verstehen ist. Die Erzählung vom Wirken Jesu ab 4,23 verfolgt das Ziel, die Bedeutung Jesu zu inszenieren und auf eine christologische Zwischenbilanz in Kapitel 11 zulaufen zu lassen. Um dieses Zieles willen verfährt Mt mit seiner Quellen Mk im ersten Teil seiner Jesusgeschichte anders als ab Kapitel 12 […].“

29 Vgl. G. Strecker, Weg der Gerechtigkeit. Untersuchung zur Theologie des Matthäus (FRLANT 82), Göttingen [3]1976, 34.

30 Vgl. U. Luz, Mt I, 85; G. Bornkamm, Enderwartung und Kirche im Matthäusevangelium, in: ders. u. a., Überlieferung und Auslegung im Matthäusevangelium (WMANT 1), Neukirchen-Vluyn [7]1975, 13–47, hier 19–20.

mentation wird auch die Benutzung des Alten Testaments nach der Septuaginta und nicht nach dem hebräischen Text vermerkt.[31]

Nun sind allerdings diese Argumente nicht zwingend. Sie greifen zu kurz; denn die genannten Passagen zum Verhältnis Jesu zum Gesetz im Matthäusevangelium darf man nicht als isolierte Teilstücke nehmen, die nicht in Relation zu anderen Teilstücken dieses Evangeliums stünden. Diese Passagen sind vielmehr mit dem ganzen Matthäusevangelium verbunden. Aus der Notwendigkeit, die einheitliche Komposition des Werkes zu berücksichtigen, lässt sich folgern, dass die Antithesen und die stark gesetzbejahenden Aussagen in Mt 5,17–20 in der Tat im Zusammenhang zu sehen sind und keinesfalls voneinander isoliert verstanden werden dürfen.

Außerdem ist der Missionsbefehl in Bezug auf die Heiden nicht wesentlich aus einer exklusiven Perspektive zu begreifen. Seine vollständige Bedeutung erschließt sich vielmehr erst dann, wenn man ihn mit der Heilsgeschichte Israels verbindet. Denn die gegenüber Israel ausgesprochene Androhung des Heilsverlustes kann gerade auf Basis der Kritik der Propheten im Alten Testament interpretiert werden. Eine solche Deutung liegt unter der Voraussetzung nahe, dass die Gemeinde des Matthäus wirklich aus dem Judentum stammte. Schließlich ist zu beachten, dass auch der sprachliche Befund nicht ausreicht, um die oben referierte These zu fundieren. Denn: „Griechisches Stilgefühl gebietet Juden *und* Heiden, fremdsprachige Wörter zu reduzieren. Außerdem sprachen in Syrien Juden *und* Heiden Aramäisch."[32]

Zur Untermauerung ihrer Annahme eines judenchristlichen Verfassers des Matthäusevangeliums stützen sich Ulrich Luz und Günther Bornkamm auf folgende Beobachtungen: Einerseits hält die matthäische Gemeinde noch den Sabbat ein und lebt weiterhin im Verband des Judentums (vgl. Mt 17,24–27; 23,1–3). Überdies gibt es das grundsätz-

31 Zur Darstellung des Matthäus als eines heidenchristlichen Verfassers vgl. H. Frankemölle, Jahwebund und Kirche. Studien zur Form und Traditionsgeschichte des Evangeliums nach Matthäus (NTA.NF 10), Münster 1974, 200; J. P. Meier, The Vision of Matthew. Christ, Church and Morality in the first Gospel, New York 1979, 17–25; G. Strecker, Weg der Gerechtigkeit (FRLANT 82), 15–35; W. Trilling, Das wahre Israel. Studien zur Theologie des Matthäusevangeliums (EThST 7), München [3]1964, 215; R. Walker, Die Heilsgeschichte im ersten Evangelium (FRLANT 91), Göttingen 1967, 20–25.

32 U. Luz, Mt I, 85.

liche Ja zum Gesetz (vgl. Mt 5,17–20; 23,3a.23b) und den permanenten Rückgriff auf das Alte Testament. Andererseits beziehen sie sich auf die Mose-Typologie in Mt 2,13 und die grundsätzliche Begrenzung der Mission Jesu auf Israel in Mt 10,5f. und 15,24. In diesem Zusammenhang sind auch Sprache, Aufbau, Schriftrezeption, Argumentation und Wirkungsgeschichte dieses Evangeliums nicht zu ignorieren.[33]

Vor dem Hintergrund dieses spannungsvollen Befundes lässt sich mutmaßen, dass der Verfasser des Matthäusevangeliums „Vertreter eines *liberalen hellenistischen Diaspora-Judenchristentums*“[34] gewesen sein dürfte, welches sich „schon seit geraumer Zeit der Heidenmission geöffnet hatte.“[35] Dafür spricht beispielsweise die Ausklammerung der Beschneidungsproblematik.[36]

Zusammenfassend lässt sich festhalten, dass die jüdische Prägung, die gewiss den jüdischen Hintergrund des Verfassers insgesamt definiert, zwar außer Frage steht, die tatsächliche Identität des Verfassers aber nicht bekannt ist.[37] In seinem kulturellen Kontext und aufgrund seines Erzählziels[38] und seines Erzählhorizonts[39] war wahrscheinlich für ihn eine Selbstvorstellung nicht notwendig. Daher muss der Versuch gewagt werden, die Zuschreibung des ersten Evangeliums an den in jeder Zwölferliste genannten Matthäus zu erklären.

Matthäus, der von Markus in 2,14 Levi genannt wird, ist in der Zwölferliste in 10,3 und nur an dieser Stelle ausdrücklich mit dem Zusatz „der Zöllner“ identifiziert. Daraus lässt sich folgern, dass der Jünger, der in Mt 9,9 an der Zollstätte berufen wird, mit dem Apostel Matthäus zu

33 Vgl. U. Luz, Mt I, 85; G. Bornkamm, Enderwartung und Kirche im Matthäusevangelium, 17–18.

34 U. Schnelle, Einleitung in das Neue Testament, 291.

35 U. Schnelle, Einleitung in das Neue Testament, 291.

36 Vgl. W. D. Davies/D. C. Allison, A Critical and Exegetical Commentary on The Gospel according to Saint Matthew. 3. Teilband: Commentary on Matthew XIX–XXVIII (ICC), Edinburgh 1997, 703: „It is important that Matthew's Gospel never refers to the disturbing, explosive issue of circumcision […].“

37 C. Blomberg, Matthew: An exegetical and theological Exposition of the Holy Scripture, Nashville 1992, hier 43: „Strictly speaking, this Gospel, like all four canonical Gospels, is anonymous. “

38 Vgl. K. Backhaus, Entgrenzte Himmelsherrschaft. Zur Entdeckung der paganen Welt im Matthäusevangelium, in: R. Kampling, „Dies ist das Buch…“. Das Matthäusevangelium. Interpretation-Rezeption-Rezeptionsgeschichte, Paderborn u. a. 2004, 75–103, hier 84.

39 Vgl. K. Backhaus, Entgrenzte Himmelsherrschaft, 88–93.

identifizieren ist. Es ist aber unwahrscheinlich, dass der Apostel Matthäus dieses Evangelium geschrieben hat.[40] Denn es ist schwierig zu erklären, wie der von der Zollstätte wegberufene Matthäus seine eigene Berufung an das Zeugnis eines Nicht-Augenzeugen anlehnen konnte (vgl. Mk 2,13–17; Mt 9,9–13). Es ist anzunehmen, dass der Name Matthäus dem Evangelium erst später zugewiesen wurde und sich wohl dem Bedürfnis verdankt, „einen der zwölf Jünger zum Urheber der Schrift zu machen."[41]

2.3 Die matthäische Gemeinde in ihrem Verhältnis zum Judentum

Wirft man einen Blick auf das Matthäusevangelium, so bemerkt man, dass sich Jesus darin oft mit Israel und seinen Autoritäten auseinandersetzt. Diese Auseinandersetzung, in der sich das Verhältnis der matthäischen Gemeinde zum Judentum spiegelt, gilt als kompositionell und inhaltlich bestimmende Leitlinie.[42] Ausgehend hiervon befasst sich Knut Backhaus mit der Frage, ob Matthäus ein revolutionäres Evangelium für ein neues Volk geschrieben habe oder „vielmehr die traditionsgebundene Programmschrift einer Sondergruppe im Judentum?"[43] An diesem Punkt besteht das Grundproblem in einer Verortung der Gemeinde des Matthäus in dem ersten Jahrhundert gegen-

40 Vgl. I. Broer, Einleitung in das Neue Testament, Würzburg [4]2016, 119–120.

41 R. Feldmeier, Die synoptischen Evangelien, 81.

42 Vgl. U. Luz, Jesusgeschichte des Matthäus, Neukirchen-Vluyn 1993, 78. Zum Verhältnis der matthäischen Gemeinde zum Judentum vgl. S. Brown, The Matthean Community and the Gentile Mission, in: NT 22 (1989) 193–221; R. Hummel, Auseinandersetzung zwischen Kirche und Judentum im Matthäusevangelium (BEvTh 33), München 1963, 26–33; M. Konradt, Die neue Matthäusperspektive, 135; J. P. Meier, Law and History in Matthew›s Gospel: A redactional Study of Mt. 5,17–48, Rom 1976, 9–21; R. E. Menniger, Israel and the Church in the Gospel of Matthew, New York 1994, 23–62; K. Tagawa, People and Community in the Gospel of Matthew, in: NTS 16 (1970) 149–162; W. G. Thompson, A historical Perspective in the Gospel of Matthew, in: JBL 93 (1974) 243–262; L. M. White, Crisis Management and Boundary Maintenance. Social Location of Matthew´s Gospel, in: D. Balch (Hg.), Social History of the Matthean Community, Minneapolis 1991, 211–247.

43 K. Backhaus, Entgrenzte Himmelsherrschaft, 75.

über dem formativen Judentum.[44] Vor allem betonen Ulrich Luz und Graham Norman Stanton, dass die matthäische Gemeinde keineswegs zum Judentum gehört.[45] Um ihre Verortung dieser Gemeinde *extra muros* zu begründen, stützen sie ihre Argumente auf die Rede von ἐν ταῖς συναγωγαῖς αὐτῶν, „in ihren Synagogen."[46] Denn die Stellen, wo hiervon gesprochen wird, spiegeln den Konfliktkontext der matthäischen Gemeinde in ihrem Verhältnis zu den jüdischen Autoritäten und scheinen ferner darauf hinzudeuten, dass die matthäische Gemeinde nicht mehr zum Synagogenverband gehörte.[47] Neben diesem Argument halten auch die oben genannten Exegeten fest, dass sich Mt 21,43 auf einen unmittelbaren Bruch der matthäischen Gemeinde mit dem Judentum bezieht.[48]

Mögen die referierten Argumente auch nicht jeder Grundlage entbehren, so ist es doch festzuhalten, dass diese These deutlich einer Überprüfung nicht standhält: Zum einen ist aufgrund der Rede von ἐν ταῖς συναγωγαῖς αὐτῶν das Postulat einer Trennung der matthäischen Gemeinde vom Judentum nicht aufrechtzuerhalten. Es ist nämlich keineswegs zwingend, dass die oben angedeuteten redaktionellen Entscheidungen auf eine Distanzierung der matthäischen Gemeinde

44 Vgl. K. Backhaus, Entgrenzte Himmelsherrschaft, 81–83; R. E. Menniger, Israel and the Church in the Gospel of Matthew, 23–62; J. A. Overman, Matthew´s Gospel and Formative Judaism: The social World of the Matthean Community, Minneapolis 1990, 35–38; D. C. Sim, The Gospel of Matthew and Christian Judaism: The History and social Setting of the Matthean Community, Edinburgh 1998, 109–163.

45 Vgl. U. Luz, Mt I, 96; ders., Der Antijudaismus im Matthäusevangelium als historisches und theologisches Problem. Eine Skizze, in: EvTh 53 (1993) 310–327; A. Ewherido, Matthew´s Gospel and Judaism in the late First Century C. E.: The Evidence from Matthew´s Chapter on Parables (Matthew 13: 1–52), New York u. a. 2006, 210. 215–217; D. Hare, How Jewish is the Gospel of Matthew?, in: CBQ 62 (2000) 264–277, hier 276; U. Luck, Das Evangelium nach Matthäus, Zürich 1993, 15; R. E. Menninger, Israel and the Church in the Gospel of Matthew, 47–52; G. Strecker, Weg der Gerechtigkeit, 30–35; A. Saldarini, Matthew´s Christian-Jewish community, Chicago 1994, 44–67; G. N. Stanton, A Gospel for a New People: Studies in Matthew, Edinburgh 1992, 124–139.

46 So z. B. Mt 4,23; 7,29; 9,35; 10,17; 12,9; 13,54; 23,34.

47 R. Hummel, Auseinandersetzung zwischen Kirche und Judentum im Matthäusevangelium, 29: „Für die Kirche des Matthäus sind die Synagogen als solche die Synagogen des pharisäischen Judentums. Sie nimmt am Synagogengottesdient nicht teil."

48 Vgl. R. Hummel, Auseinandersetzung zwischen Kirche und Judentum im Matthäusevangelium, 25.

hinweisen.[49] Außerdem geht es in Mt 21,43 nicht um eine kollektive Ablehnung Israels, sondern um die einer Gruppe daraus, nämlich der religiösen Autoritäten in Jerusalem.[50]

Dass das Matthäusevangelium einem judenchristlich geprägten Kontext entstammt, steht außer Frage[51]: Die Betonung der Zuwendung Jesu zu Israel (vgl. Mt 10,5f.; 15,24), die Deutung der Tora (vgl. Mt 5,17–20.21–48), die Darstellung Jesu als Davids Sohn[52] und die zahlreichen Bezugnahmen auf das Alte Testament sind als Hinweise auf den jüdischen Hintergrund dieses Evangeliums zu verstehen.[53] Deswegen gehen Andrew Overmann, Anthony Saldarini und David C. Sim davon aus, dass das Matthäusevangelium innerhalb des Judentums verstanden und interpretiert werden muss. Daraus ergibt sich, dass der erste Evangelist im Lichte seiner Theologie und Christologie als Vertreter eines innerjüdischen Diskurses zu begreifen ist.[54] In der aktuellen deutschen Forschung betonen Matthias Konradt und Wolfgang Kraus, dass Matthäus in einem innerjüdischen Diskurs verortet werden muss und der Universalismus des Missionsbefehls nicht durch ein Scheitern der Israelmission bedingt ist, „sondern in Aufnahme und Ausführung des Motivs der Abrahamskindschaft und der Segensverheißung an Abraham für alle Völker."[55] Schließlich erwähnt Hubert Frankemölle, dass sich in dem hier zu behandelnden Evangelium Differenzen und Konflikte zwischen der matthäischen und anderen religiösen Gruppierungen widerspiegeln.[56]

Im Blick auf die theologische Ausrichtung des ersten Evangelisten und auf die historische Situation seiner Adressaten ist bedeutend zu unterstreichen, dass die *muri* „kognitive Wanderdünen"[57] sind. Der reli-

49 Vgl. A. Saldarini, Matthew's Christian-Jewish community, 66–67.
50 Vgl. M. Konradt, Israel, Kirche und die Völker im Matthäusevangelium (WUNT 215), Tübingen 2007, 386–387.
51 Vgl. G. Bornkamm, Enderwartung und Kirche im Matthäusevangelium, 13–47, hier 17.
52 Vgl. Mt 1,1.20; 9,27; 12,23; 15,22; 20,30.31; 21,15; 22,42.45.
53 Vgl. K. Backhaus, Entgrenzte Himmelsherrschaft, 79.
54 Vgl. A. Overmann, Matthew's Gospel and Formative Judaism, 56–67.
55 W. Kraus, Zur Ekklesiologie des Matthäusevangeliums, in: D. P. Senior (Hg.), The Gospel of Matthew at the Crossroads of Early Christianity, 195–239, hier 212; M. Konradt, Die neue Matthäusperspektive, 132–133.
56 Vgl. H. Frankemölle, Mt, 7.
57 K. Backhaus, Entgrenzte Himmelsherrschaft, 79.

gionsgeschichtliche Ort des Matthäusevangeliums kann daher *circum muros* lokalisiert werden.[58] Hier hat der Akzent auf der Vermutung zu liegen, dass die matthäische Gemeinde, die von der dynamikorientierten religionssoziologischen Theorie[59] als eine Kultbewegung bezeichnet wird und sich nur im Rahmen eines innerjüdischen Differenzierungsprozesses umfassend begreifen lässt, als eine abweichende Gruppierung verstanden werden dürfte. Nach der Zerstörung des Jerusalemer Tempels im Jahr 70 n. Chr., die eine Neuformierungsphase des Judentums nach sich zieht, könnte die matthäische Gemeinde, die sich in diesem Kontext in Konkurrenz zu den anderen jüdischen Gruppierungen fand und gleichzeitig in einer konzeptionellen Innovationsperspektive im Hinblick auf jüdische religiöse und kulturelle Bezugssysteme stand, nach der Bestimmung ihres Selbstverständnisses gestrebt haben.[60]

Bemerkenswert ist, dass diese Selbstverständnisdynamik der matthäischen Gemeinde eine inklusive gewesen sein muss. Der erste Evangelist hält „durch eine gezielte inklusive Darstellungsstrategie das gemeindliche Lebensfeld für verschiedene Teilgruppen offen."[61] Daraus lässt sich folgern, dass die matthäische Gemeinde nicht als eine geschlossene Kultbewegung[62] verstanden werden darf. Im Gegenteil: Dank der Erweiterung ihrer Grenzen, die nicht nur zur paganen, sondern auch zur jüdischen Umwelt gezogen waren, muss sie ihre außergewöhnliche innere Kraft gewonnen haben, die ihr tatsächlich eine Identität geschaffen haben dürfte.[63]

2.4 Die Zuwendung Gottes zu Israel und das Heil für die Völker

Im Matthäusevangelium finden sich zwei verschiedene Sendungsbefehle: Jesus sendet einerseits die Jünger in Mt 10,5f. nur „zu den verlo-

58 Vgl. K. Backhaus, Entgrenzte Himmelsherrschaft, 79.
59 Vgl. R. Stark/W. S. Brainbridge, Theory of Religion, Toronto 1987, 16–17.
60 Vgl. H. Frankemölle, Mt, 9.
61 K. Backhaus, Entgrenzte Himmelsherrschaft, 83–84.
62 Vgl. A. Overman, Matthew's Gospel and Formative Judaism, 110–112.
63 Vgl. M. Konradt, Israel, Kirche und die Völker im Matthäusevangelium, 382.

renen Schafen des Hauses Israel." Dieser Missionsbefehl lässt sich auf die programmatische Konzentration Jesu auf Israel als sein erwähltes Volk zurückführen. Andererseits sendet der Auferstandene sie in 28,19 zu allen Völkern. Dieser Befehl weist im Rahmen des Matthäusevangeliums auf die Universalität des Heils hin.[64] Wie lässt sich aber diese Veränderung, bzw. Erweiterung der Adressaten erklären?

In der Forschungsgeschichte des Matthäusevangeliums vertritt John Paul Meier die klassische Tendenz, der zufolge Mt 28,19 als die Konsequenz aus einer kollektiven Ablehnung Jesu durch das Volk Israel gilt. Dies steht im Zusammenhang mit dem Ausruf in Mt 27,25: „Sein Blut komme über uns und unsere Kinder!" In der Tat wurden diese Worte so gedeutet, dass das Volk Israel, das sich als Gottesvolk definiert, seine Auserwählung verloren hat und daher durch die Kirche ersetzt wird.[65] Aber bereits hier zeigt sich, dass eine Matthäusdeutung, die die Annahme einer kollektiven Ablehnung Jesu durch das Volk Israel heraushebt, nicht haltbar ist. Denn keinesfalls kann die Universalität des Heils von einer Ablehnung Israels abhängig sein. Sie gehört vielmehr zu der Ökonomie des Heils, die sich bereits auf Gottes Plan für die Welt, wie er aus den vom Verfasser des Matthäusevangeliums rezipierten Schriften Israels hervorgeht, zurückführen lässt.[66] In diesem Zusammenhang darf betont werden, dass die universale Sendung, wenn man den Blick auf die ganze im Matthäusevangelium erzählte Geschichte Jesu wirft, keine unerwartete Wende ist. Vielmehr bestimmt sie die theologische Ausrichtung des Matthäus und wird „durch verschiedene Signale vorbereitet, die die Erzählung von der Zuwendung zu Israel von 1,1 an in einen universalistischen Horizont einstellen."[67]

In Mt 1,1 wird Jesus beispielsweise als „Sohn Davids und Sohns Abrahams" vorgestellt. Diese Einführung zeigt die Zuwendung zu Israel in einer universalistischen Perspektive: Als Sohn Davids erfüllt Jesus die Verheißung des Fortbestandes der davidischen Dynastie (vgl. 2 Sam 7,5–6) und gleichzeitig erfüllt er als Sohn Abrahams nicht nur die Lan-

64 Vgl. M. Konradt, Die neue Matthäusperspektive, 130–131.
65 Vgl. J. P. Meier, The Vision of Matthew, 29–30.
66 Vgl. C. Ziethe, Auf seinen Namen werden die Völker hoffen. Die matthäischen Rezeption der Schriften Israels zur Begründung des universalen Heils, Berlin – Boston 2018, 33–48.
67 M. Konradt, Die neue Matthäusperspektive, 131.

desverheißung, sondern auch die Segens- und Mehrungsverheißung (vgl. Gen 12,1–3).[68] Ein damit verbundener Aspekt besteht darin, dass Matthäus im Grunde nicht von einer kollektiven Ablehnung Jesu durch das Volk Israel erzählt. Er präsentiert vielmehr zwei Gruppen: Auf der einen Seite gibt es die Volksmengen in Galiläa, die eine positive Haltung zu Jesus haben[69]; auf der anderen Seite gibt es die Autoritäten in Jerusalem, die eine Feindseligkeit gegenüber Jesus hegen.[70] Dies macht deutlich, dass die Ablehnung Jesu in Israel keine kollektive, die Gesamtheit des Volkes umfassende war.[71]

Hier stellt sich aber die Frage, wie der Übergang von 10,5f. zu 28,19 begriffen werden kann, wenn das traditionelle Deutungsmodell nicht ausreichend zu sein scheint, um die zwei Befehle Jesu zu erklären. Als entscheidend erweist sich, dass es, wie Matthias Konradt festhält, Matthäus' zentrales grundsätzliches Anliegen gewesen ist, „sowohl an der besonderen Stellung Israels als Volk Gottes festzuhalten als auch die Universalität des mit Jesus Christus verbundenen Heils zur Geltung zu bringen."[72] In diesem Sinne versucht er in seiner Darstellung des irdischen Wirkens Jesu aufzuzeigen, wie Jesus die Erfüllung der Israel gegebenen Heilsverheißungen ist und wie das Geschehen des Sterbens Jesu und seiner Auferweckung und Einsetzung zum Weltenherrn (vgl. Mt 28,18) als entscheidendes Ereignis für die Ausweitung des Heils auf alle Völker zu gelten hat. Das irdische Wirken Jesu wird in der matthäischen Theologie als die Erfüllung Israel gegebener Verheißungen bezeichnet. Diese Erfüllung ist daher die Voraussetzung dafür, dass auch die Verheißung des Völkersegens zur Erfüllung gelangt. So ist der Universalismus bei Matthäus auf Israel rückbezogen.[73]

68 Vgl. C. Ziethe, Auf seinen Namen werden die Völker hoffen, 110.

69 Vgl. Mt 9,33f.; 12,23f.; 21,9–17; 21,45f.

70 Vgl. Mt 2,3; 21,10; 23,37–39.

71 Auch für M. Konradt, Die neue Matthäusperspektive, 131, erzählt Matthäus „keineswegs eine kollektive Ablehnung Jesu in Israel, sondern er unterscheidet konsequent zwischen den interessierten, ja Jesus positiv zugewandten Volksmengen in Galiläa und den sich durchgehend feindselig verhaltenden Autoritäten […]."

72 M. Konradt, Die neue Matthäusperspektive, 132.

73 Vgl. M. Konradt, Die neue Matthäusperspektive, 132.

2.5 Die Tora und die matthäische Ethik

„Christsein heißt für Matthäus Jüngersein, das sich in der Nachfolge Jesu realisiert."[74] Diese Aussage von Udo Schnelle macht deutlich, dass der Lebenswandel für gelebtes Christsein in der Perspektive des ersten Evangelisten eine wichtige Rolle spielt: „Zu Jüngern werden Menschen nach 28,19f., indem sie getauft und gelehrt werden, alles zu halten, was Jesus ihnen geboten hat."[75] Dabei stellt man sich eine zentrale Interpretationsfrage: Wie verhält sich das von Jesus Gebotene zur Tora?

Wirft man einen Blick auf die Forschungsgeschichte dieser Frage, konstatiert man, dass das alttestamentliche Gesetz beispielsweise in der frühen und der mittelalterlichen Kirche abgelehnt wurde. Diese Interpretation bezeichnet ausdrücklich die Antithesen als Gegenüberstellung von altem und neuem Gesetz. Der Hauptakzent wird auf die Begriffe „Vollendung" und „Erweiterung" gelegt. Das bedeutet, dass die einzelnen Gebote durch Jesus aufgehoben wurden. In der nachreformatorischen katholischen Exegese hält sich dieses Verständnis der Antithesen meist durch.[76]

In der neueren Forschung wird betont, dass Matthäus grundsätzlich nicht für die Auffassung steht, dass die Tora durch die Lehre Jesu marginalisiert werden soll. Vielmehr sucht er Jesus als „den wahren Ausleger der Tora"[77] zu präsentieren. Denn Jesus ist im Rahmen des Matthäusevangeliums nicht gekommen, um das Gesetz und die Propheten aufzuheben, sondern um sie zu erfüllen (vgl. Mt 5,17).

Nach dieser Auslegung stellt Matthäus in den Auseinandersetzungen Jesu mit den Pharisäern diese als unverständig dar.[78] Daher ist es festzuhalten, dass man die sogenannten Antithesen in Mt 5,21–48 nicht im Kontext der Auseinandersetzungen Jesu mit den Pharisäern lesen sollte. Die Antithesen kontrastieren also die buchstäblich Torausle-

74 U. Schnelle, Einleitung in das Neue Testament, 304.
75 M. Konradt, Die neue Matthäusperspektive, 133.
76 Zur Auslegungsgeschichte von Mt 5,17 vgl. U. Luz, Mt I, 310–313.
77 M. Konradt, Die neue Matthäusperspektive, 133.
78 Diese Auseinandersetzungen Jesu mit Pharisäern finden sich beispielsweise in Mt 9,9–13; 12,1–14; 15,1–20; 19,3–9; 22,34–40.

gung der Schriftgelehrten und Pharisäer, die man als bloß buchstäbliche Interpretation der Tora bezeichnet.[79]

Bei Matthäus ist noch ein weiterer Aspekt zu berücksichtigen, nämlich die Gewichtung unter den Geboten.[80] Hauptsächlich gilt sie als wesentliches Moment der matthäischen Interpretation des Gesetzes.[81] Dabei findet man das radikal verstandene Liebesgebot[82] und die Dekaloggebote der zweiten Tafel[83] sowie die Barmherzigkeit[84] im Mittelpunkt.[85] Hier ist die Aufmerksamkeit zunächst darauf zu lenken, dass der Evangelist gemäß dieser Gebotshierarchie darauf hinweist, dass die Befolgung des Gesetzes nicht in der buchstabengenauen Beachtung „vieler einzelner Vorschriften, Gebote und Regeln besteht, sondern im Tun der Liebe und der Gerechtigkeit."[86] In diesem Sinne stehen das Festhalten an der Tora und die Völkermission im Rahmen des Matthäusevangeliums nicht gegeneinander. Denn „Menschen aus allen Völkern werden in der Auslegung Jesu auf die sozialen Gebote verpflichtet."[87]

2.6 Das Brot im Matthäusevangelium

Im Vergleich zu anderen Evangelien ist die Bedeutung des Brotes im Matthäusevangelium noch nicht tiefgreifend untersucht.[88] Auffällig ist,

79 Vgl. U. Schnelle, Theologie des Neuen Testaments, Göttingen 32016, 431; M. Konradt, Mt, 15–17.
80 Vgl. Mt 5,18f.; 12,5–77; 22,34–40; 23,23.
81 Vgl. Teil III.2. Abschnitt 2.3.
82 Vgl. Mt 5,43–48; 19,19–21; 22,34–40.
83 Vgl. Mt 5,21–32; 15,19f.; 19,18.
84 Vgl. Mt 9,13; 12,7; 23,23.
85 Vgl. M. Konradt, Die neue Matthäusperspektive, 133–134.
86 U. Schnelle, Theologie des Neuen Testaments, 433.
87 M. Konradt, Die neue Matthäusperspektive, 134; vgl. auch R. Deines, Gerechtigkeit der Tora im Reich des Messias. Mt 5,13–20 als Schlüsseltext der matthäischen (WUNT 177), Tübingen 2004, 648.
88 Zur Untersuchung von Brotvermehrungsgeschichten in Evangelien vgl. A. Farrer, Loaves and Thousands, in: JThS 4 (1953) 309–346; R. Fowler, Loaves and Fisches: The Function of the Feeding Stories in the Gospel of Mark (SBL.DS 54), Chico 1981; G. Friedrich, Die beiden Erzählungen von der Speisung in Mark 6, 31–44, 8, 1–9, in: ThZ 20 (1964) 10–22; K. Kertelge, Die Wunder Jesu im Markusevangelium. Eine redaktionsgeschichtliche Untersuchung (StANT 23), München 1970, 129–145; U. H. J. Körtner, Das Fischmotiv im Speisungswunder, in: ZNW 75 (1985) 24–35; H. Müller-Pozzi, Die Speisung der Fünftausend als Ansatz

dass sich solche Untersuchung oft auf eine einzige Passage des Matthäusevangeliums beschränkt. Beispielsweise wurde die Speisung der Fünftausend in Mt 14,13–21 bis zur Reformationszeit und auf katholischer Seite auch unter Rekurs auf das rhetorische Konzept der Allegorie heilsgeschichtlich interpretiert: Die fünf Brote standen demnach für die fünf Bücher Mose und die zwei Fische für die Propheten und die Hagiographen. Gemäß dieser Exegese behandelt Jesus Tora und Propheten als neue geistliche Speise.[89] Seit der Alten Kirche wurde Mt 14,13–21 immer auch aus einer moralischen Perspektive ausgelegt. Im Lichte der oben referierten Interpretation will Jesus durch die Vermehrung des Brotes den Geiz seiner Jünger überwinden, so dass sie nicht nur mit anderen die Güter der Erde teilen sollen, sondern als Christen bedürfnisloses Leben führen. Ausgehend von dieser Interpretation sieht Günther Dehn diese Vermehrung des Brotes als eine Antwort auf die Brotbitte des Vatersunsers an.[90]

Darüber hinaus werden die Ausdrücke „nahm“, „brach“, „gab“ untersucht, die sich in den beiden Speisungsgeschichtenund dem Bericht vom Abendmahl finden. Beispielsweise betont Francis J. Moloney, dass diese Wörter die eucharistische Deutung in den beiden Speisungsgeschichten und der Abendmahlsschilderung zum Ausdruck bringen. Deswegen kann man sie nicht ignorieren. Denn diese eucharistische Deutung bezieht sich auf die ekklesiologischen Deutungsansätze in weiterem und tieferem Sinn.[91] Für Francis W. Beare sind die Speisungsgeschichten, die tatsächlich ohne „brechen“, „essen“ und „geben“ sinnlos wären, als ein endzeitliches Sakrament zu verstehen und sie machen

eines psycho-analytischen Verständnisses der Person und Verkündigung Jesu, in: Y. Spiegel (Hg.), Doppeldeutlich. Tiefendimensionen biblischer Texte, München 1978, 13–23; K. Petersen, Zu den Speisungs- und Abendmahlsberichten, in: ZNW 62 (1971) 210–231; L. Schenke, Die wunderbare Brotvermehrung. Die neutestamentliche Erzählung und ihre Bedeutung, Würzburg 1983, 50–165; E. Stauffer, Zum apokalyptischen Festmahl in Mc 6, 34f., in: ZNW 46 (1955) 264–266; J. -M. Van Cangh, La multiplication des pains dans L'Évangile de Marc, in: M. Sabbe (Hg.), L'Évangile selon Marc. Tradition et rédaction (BEThL 34), Gembloux 1974, 309–346.

89 Zur Auslegungsgeschichte von Mt 14,13–21 vgl. U. Luz, Das Evangelium nach Matthäus. 2. Teilband: Mt 8–17 (EKK 1,2), Neukirchen-Vluyn [4]2007, 398–399.

90 Vgl. G. Dehn, Der Gottessohn. Eine Einführung in das Evangelium des Markus (UCB 2), Berlin 1929, 127.

91 Vgl. F. J. Moloney, Gebrochenes Brot für gebrochene Menschen, Freiburg 2018, 202.

die Messianität und Herrschaft Jesu offenbar.[92] Ulrich Luz stellt fest, dass die Speisungsgeschichten mit der Restitution des Gottesvolkes in der Wüstenzeit verbunden sind. Sie verweisen für die judenchristlichen Leserinnen und Leser auf deren eigene Mahlzeiten in der Familie, in ihrer Gemeinde und auf das Herrenmahl. Sie sind daher ein Bericht über ein Wunder, das ihnen Gelegenheit gibt, sich an ihre eigene Erfahrung mit dem Herrn zu erinnern.[93]

Carolin Ziethe, die die Rezeption der alttestamentlichen Schriften im Matthäusevangelium untersucht, analysiert unter anderen vier Episoden, in denen es um das Mahl geht, nämlich Mt 8,11; 15,21–28; 22,1–14; 26,26–29.[94] Auf diese Weise hält sie aber fest, dass das Mahl in diesen Passagen einen Topos der Heilszeit konstituiert. Sie unterstreicht, dass das Heil für Israel im Bild des Mahles bereits in Mt 15,21–28 dargestellt ist. An diesem Mahl nehmen auch die Heiden teil, die dort als Hunde bezeichnet sind. Daher kann das Heil für die Heiden nicht das Heil für Israel ausschließen. Und *ipso facto* wird die Kirche nicht Israel, wenn man es als erwähltes Volk Gottes versteht, ersetzen können.[95] Außerdem zeigt Carolin Ziethe, dass die Völker in der Geschichte der Kanaanäerin bereits als Teilnehmer an der endzeitlichen Gemeinde angesehen werden. Und „durch die Teilnahme am Abendmahl der Gemeinde geschieht die individuelle Annahme des Heils, das in der Sündenvergebung manifest wird und nicht mehr allein Israel, sondern den ‚Vielen' und somit auch den Völkern gilt."[96] Anzufügen ist schließlich, dass, wie Carolin Ziethe feststellt, im Lichte der frühjüdischen Literatur die Teilnahme an dem eschatologischen Mahl im Matthäusevangelium mit ethischen Aspekten verbunden ist. Allerdings schließt sie die Geschichte in Mt 15,32–39 aus, die indes für diese Problematik hauptsächlich bedeutungsvoll zu sein scheint. Wie in dieser Arbeit gezeigt wird, kann die Bedeutung des Brotes im Matthäusevangelium nicht

92 Vgl. F. W. Beare, The Gospel of Matthew: Translation, Introduction and Commentary, New York 1982, 327.

93 Vgl. U. Luz, Mt II, 403.

94 Vgl. C. Ziethe, Auf seinen Namen werden die Völker hoffen, 179–224; auch dies., Heil für Israel - Heil für die Völker, in: BiKi 3 (2019) 174–180.

95 Vgl. C. Ziethe, Heil für Israel - Heil für die Völker, 175.

96 C. Ziethe, Auf seinem Namen werden die Völker hoffen, 224.

umfassend begriffen werden, wenn das Vorkommen des Brotmotivs nur in einzelnen Passagen, isoliert vom Kontext der Erzählung in ihrer Gesamtheit, analysiert wird.

2.7 Der Abfassungsort des Matthäusevangeliums

Während die jüdische Prägung des Matthäusevangeliums außer Frage steht, kann man hingegen die Frage nach seinem Abfassungsort nicht einfach beantworten.[97] Es gibt eine Reihe von Städten oder Regionen, die als Abfassungsorte des Matthäusevangeliums vorgeschlagen worden sind: Caesarea Philippi[98], Damaskus[99], Phönizien[100], Caesarea maritima[101], Ostsyrien oder Ostjordanland.[102]

Festzuhalten ist zunächst die evidente Tatsache, dass der erste Evangelist trotz der verschiedentlich bereits vermerkten jüdischen Prägung seines Werks auf Griechisch für griechisch sprechende Leser schreibt, die offensichtlich in einer griechisch sprechenden Gemeinde leben. Allerdings darf die starke jüdische Prägung als ein Hinweis darauf gesehen werden, dass die matthäische Gemeinde in einer nicht allzu großen Entfernung zu Palästina zu situieren ist. In diesem Kontext wird der Abfassungsort, worüber ein weitgehender Konsens besteht, sehr häufig in Syrien oder in Antiochia vermutet.[103] Anführen lassen sich hier gewichtige Argumente: Zum einen lebten in Antiochia viele Juden und dort war das Evangelium früh bekannt. Umstritten bleibt allerdings, ob

97 Vgl. U. Schnelle, Einleitung in das Neue Testament, 291.
98 Vgl. G. Künzel, Studien zum Gemeindeverständnis des Matthäus-Evangeliums (CThMA 10), Stuttgart 1978, 251.
99 Vgl. J. Gnilka, Das Matthäusevangelium. 2. Teilband: Kommentar zu Kap. 14,1–28,20 und Einleitungsfragen, Freiburg i. Br. u. a. ^{2}1992, 515.
100 Vgl. G. D. Kilpatrick, Origins of the Gospel according to St. Matthew, Oxford 1959, 131–134.
101 Vgl. B. Viviano, Where was the Gospel according to St Matthew written? in: CBQ 41 (1979) 533–546.
102 Vgl. D. Slingerland, The Transjordanian Origin of St. Matthew´s Gospel, in: JSNT 3 (1979) 18–28.
103 Vgl. M. Schröder, Das Galiläa der Heiden. Untersuchungen zur Galiläakonzeption im Matthäusevangelium (WUNT 92), Tübingen 2021, 230; auch M. Konradt, Mt, 22.

es in Syrien an anderer Stelle eine größere jüdische Gemeinde gab als in Antiochia. Nach den Zeugnissen der Apostelgeschichte und von Gal 2 hat sich in Antiochia schon früh auch eine Gemeinde der Jesusbewegung gebildet. Daher bietet Antiochia gute Voraussetzungen für eine dortige Entstehung des Matthäusevangeliums.[104] Zum anderen könnten die Petrustraditionen von Mt 16,17–19 in diese Stadt weisen.[105]

Außerdem spricht für Antiochia, dass einer der ältesten Zeugen für das Matthäusevangelium aus dieser Stadt stammt, nämlich Ignatius, der Bischof von Antiochia, der sich in seinen Briefen mit hoher Wahrscheinlichkeit auf das Matthäusevangelium bezieht.[106] Um die Hypothese Antiochias als des Abfassungsorts zu fundieren, kann man, über die oben angeführten Argumente hinaus, textinterne Indizien finden. In Mt 4,24 wird Syrien erwähnt und in Mt 15,22 wird die bereits erwähnte Geschichte der Χαναναία erzählt, die mit der Syrophönizierin aus Mk 7,26 zu identifizieren ist. Das heißt, die Phönizier werden von Matthäus in deren eigener semitischer Sprache bezeichnet.[107]

2.8 Zur Abfassungszeit des Matthäusevangeliums

Das Matthäusevangelium enthält keine direkten Angaben, die einem helfen könnten, die Zeit seiner Abfassung zu präzisieren. Dies erklärt, warum in der Frage seiner genaueren Datierung im ersten nachchristlichen Jahrhundert unter Forschern noch Divergenzen existieren. Die Frühansetzungen aus jüngerer Zeit gehen davon aus, dass das fragliche

104 Vgl. M. Konradt, Mt, 22–23; auch U. Luz, Mt I, 101–102.
105 Vgl. U. Luz, Mt I, 101.
106 Vgl. M. Konradt, Mt, 23–24.
107 Vgl. U. Luz, Mt I, 102–103. Aber es gibt auch Argumente, die gegen Antiochia als Abfassungsort des Matthäusevangeliums sprechen. Das wichtigste davon findet sich in Apg 11,19–26. Nach der dortigen Angabe war die antiochenische Gemeinde schon von Anfang an hellenistisch und auch auf die Heidenmission ausgerichtet, was, wie gesehen, für die Gemeinde des Matthäus so nicht gelten kann. Das zweite Argument gegen Antiochia als Entstehungsort ist der Einwand, dass Matthäus dort Kenntnisse vom Wirken und Schreiben des Apostels Paulus gehabt haben müsste. Dieser Einwand, so gewichtig er zunächst erscheinen mag, erweist sich als nicht stichhaltig, da Antiochien damals eine Großstadt mit verschiedenen christlichen Hauskirchen war (zur Diskussion über den Entstehungsort des Matthäusevangeliums vgl. U. Luz, Mt I, 100–102).

Evangelium bereits kurz vor dem jüdischen Krieg entstanden ist oder gar seine Entstehung sich bis in die 40er Jahre zurückdatieren lässt.[108] Dafür sprechen hauptsächlich zwei Argumente: Auf der einen Seite werden im Matthäusevangelium siebenmal die Sadduzäer erwähnt.[109] Unterstellen ließ sich daher dem Verfasser ein besonderes Interesse an dieser religiösen Gruppe, was man sich eigentlich nach dem jüdischen Krieg im Jahr 70, der unter anderem deren Verschwinden mit sich brachte, kaum mehr vorstellen kann. Auf der anderen Seite wird aus 17,24–27 ersichtlich, dass die matthäische Gemeinde kein Problem damit hat, die Tempelsteuer zu zahlen. Nach der Zerstörung des Tempels im Jahr 70 n. Chr. aber war diese Realität gewiss nicht mehr denkbar.[110]

Obwohl die oben referierten Thesen immerhin für sich beanspruchen können, die schriftlichen Belege mit historischen Fakten zusammenzubringen, um die Frühdatierung des Werkes zu fundieren, halten die dafür im Feld geführten Argumente einer Überprüfung kaum stand. Dazu ist nämlich anzumerken, dass die matthäische Darstellung der Sadduzäer keineswegs durch ein besonderes Interesse motiviert ist. Sie gehört vielmehr zum matthäischen Stereotyp. So werden an fünf von sieben Belegstellen die Sadduzäer mit den Pharisäern zusammen genannt.[111] Diese stereotype Art der Darstellung lässt sich erklären, wenn man sie im Lichte der konkreten Auseinandersetzung der matthäischen Gemeinde mit den Autoritäten, nämlich Sadduzäern und Pharisäern, zu begreifen sucht.

Zusammenfassend lässt sich folgern, dass die Nennung der Sadduzäer durch Matthäus durchaus kein spezielles Interesse an ihnen impliziert. Darüber hinaus kann man die Zahlung der Tempelsteuer in Mt 17,24–27 beispielsweise nicht mit Sicherheit beweisen. Denn „der Autor des ersten Evangeliums kann die Perikope ebenso gut wegen der in ihr zur Sprache kommenden grundsätzlichen Freiheit der ‚Söhne' über-

108 Vgl. J. Wenham, Redating Matthew, Mark und Luke: A fresh Assault on the synoptic Problem, London 1991, 243.
109 Vgl. Mt 3,7; 16,1.6.11.12; 22,23.34.
110 Vgl. I. Broer, Einleitung in das Neue Testament, 121–122.
111 Vgl. Mt 3,7; 16,1.6.11.12.

nommen haben, ohne dass die Frage der Tempelsteuer für ihn und seine Gemeinde noch aktuell gewesen sein muss." [112]

In diesem Kontext sind die Termini *post quem* „die Entstehung des Markusevangeliums und die Zerstörung Jerusalems (vgl. Mt 22,7). Der Terminus ad quem ist schwieriger zu bestimmen."[113] Dafür spricht eine Reihe von Dokumenten aus der Alten Kirche. Vor allem ist hier der erste Petrusbrief zu nennen, der noch im ersten Jahrhundert verfasst sein dürfte. In diesem Brief finden sich die Berührungspunkte mit der synoptischen Überlieferung, die auf eine frühe Rezeption des Matthäusevangeliums hindeuten.[114] Es gibt auch das Papiaszeugnis: „Matthäus aber hat in hebräischer Sprache die Reden zusammengestellt; ein jeder aber übersetzte dieselben so gut er konnte."[115] Im Zusammenhang mit diesem Papiaszeugnis scheint eine Spätdatierung des Matthäusevangeliums in der zweiten Hälfte des zweitens Jahrhunderts undenkbar zu sein. Auch in der *Didache*, die in der Regel auf das ausgehende erste oder das beginnende zweite Jahrhundert datiert wird, kann die Redaktion des Matthäusevangeliums vorausgesetzt werden.[116] Ähnliches gilt für Polykarp, der das Matthäusevangelium in seinem Werk verwendet.[117] Hinzuzufügen sind hier auch der Barnabasbrief (zwischen 130 und 132 n. Chr.)[118] und der erste Clemensbrief (vor 100 n. Chr.)[119], die sich ebenfalls auf das Matthäusevangelium beziehen.[120] Daher lässt sich festhalten, dass die Abfassung des ersten Evangeliums zwischen den Jahren 80 und 100 zu datieren sein dürfte.[121]

112 I. Broer, Einleitung in das Neue Testament, 122.
113 U. Luz, Mt I, 103.
114 Vgl. 1 Petr 2,7 = Mt 21,42; 2,20 = Lk 6,46; 2,25 = Mt 9,36; 3,8f. = Mt 5,39.44; 4,13 = Mt 5,11f. (vgl. E. Best, 1 Peter and the Gospel Tradition, in: NTS 16 [1969/70] 95–113).
115 Eusebius, Kirchengeschichte III 39,16, hg. v. Eduard Schwartz, Berlin ⁵1952.
116 Vgl. U. Luz, Mt I, 103.
117 Polyc 2,3 = Mt 7,1f.; 5,3.6.10; 7,2 = Mt 6, 13;26,41.
118 Vgl. Barnabasbrief, eingeleitet, kritisch editiert und übersetzt von F. -R. Prostmeier (FC 72), Freiburg 2018, 118.
119 Vgl. Der erste Clemensbrief, übersetzt und erklärt von H. E. Lona, Göttingen 1998, 77.
120 Vgl. Barn 5, 8–12 mit Mt 5–7. 8f. und 1. Clem 24,5 mit Mt 13,3–9; 46,6–8 mit Mt 18,6.
121 Vgl. I. Broer, Einleitung in das Neue Testament, 123; R. E. Brown, An Introduction to the New Testament, 172, geht davon aus, dass das Matthäusevangelium zwischen 80 und 90 abgefasst wurde. Für U. Luz, Mt I, 104, darf man die Abfassung des Matthäusevange-

3 Ziel und Gang der Untersuchung

Die vorliegende Studie basiert darauf, dass in der Erzählung des ersten Evangelisten Jesus als Gottes Heilsweg zu den Menschen zu begreifen ist. In ihm materialisiert sich Gottes Heilshandeln in der menschlichen Geschichte. Da die Frage nach Jesu Identität, mit der sich Matthäus in seiner Erzählung beschäftigt, nicht nur durch die Analyse von Hoheitstiteln Jesu beantwortet werden kann, sondern auch durch die Analyse anderer Aspekte seines Lebens und seines Wirkens, ist hier der Frage nachzugehen, welche Rolle das Brot in Bezug auf das Immanuel-Motiv in der Erzählung der Jesusgeschichte durch Matthäus spielt.

Der erste Evangelist, dessen Werk gattungsmäßig als eine zusammenhängende Erzählung zu betrachten ist, in der die Jesusgeschichte kontinuierlich vom Anfang bis zum Ende entfaltet ist, hat auch das Bild des Brotes verwendet[122], um darauf seine Christologie, Soteriologie, Ekklesiologie darzustellen.[123] Im Zentrum der durch seine Erzählung zu vermittelnden Lehre steht die Botschaft, dass Jesus die hilfreiche Gegenwart Gottes ist. Er ist der vollmächtige Sohn Gottes, der die Situation von Menschen vor Gott wendet und Gottes Heil zu den Menschen bringt.[124] Denn seine Person kann nicht von seiner Mission und seinem Dienst getrennt werden. Dabei muss jedoch festgehalten werden, dass das Heilshandeln Gottes in Jesus aus der Perspektive des ersten Evangelisten keine einmalige vergangene Geschichte ist. Im Gegenteil: Sie ist durch den Verkündigungsdienst der Kirche eine gegenwärtige

liums nicht lange nach dem Jahre 80 datieren. In ähnliche Richtung betont M. Konradt, Mt, 24, dass das Matthäusevangelium „wahrscheinlich in der 80er Jahren des 1. Jh. n. Chr. entstanden" ist.

122 Vgl. D. Senior, The Gospel of Matthew at the Crossroads of Early Christianity: An Introductory Assessment, in: ders. (Hg.), The Gospel of Matthew at the Crossroads of Early Christianity, 3–24, hier 19.

123 D. Senior, The Gospel of Matthew at the Crossroads of Early Christianity, 19, zeigt, dass es neben den christologischen Titeln im Matthäusevangelium andere literarischen Signale gibt, die auf die Christologie des ersten Evangelisten hinweisen: „Matthew's assertions about Jesus' identity and authority are not communicated simply by the profusion of traditional titles- most of them Jewish in origin but given enhanced meaning in their application to Jesus- but also by the actions in the narrative, that is the story of Jesus itself."

124 Vgl. U. Schnelle, Theologie des Neuen Testaments, 429.

Heilsgeschichte, insofern als die Gemeinde ihre eigene Geschichte und ihre eigenen Erfahrungen von der erzählten Geschichte Jesu her verstehen und deuten soll. Das bedeutet, dass sie sich selbst durch die Jesusgeschichte ermutigen und anspornen lassen soll. Die Mitglieder der Gemeinde verstehen sich als Jüngerinnen und Jünger, die nicht nur Jesus nachfolgen und dauernd zum Verstehen unterwegs sind, sondern auch auf ihrem Weg der Nachfolge mit ihm ihre eigenen Erfahrungen machen und so eine kollektive Identität bilden.

Neben der Einleitung ist diese Untersuchung im Ganzen vierteilig angelegt: Da die Jesusgeschichte, die von Matthäus erzählt wird, als die Erfüllung der Gottesgeschichte zu verstehen ist, deren Niederschlag sich in den Schriften Israels findet, wird zunächst die Bedeutung des Brotes im Alten Testament zu eruieren sein. In einem zweiten Schritt soll das Brotmotiv im Matthäusevangelium untersucht werden, indem jede Perikope, in der es direkt oder indirekt um Brot geht, analysiert wird. Die christologischen und ekklesiologischen Perspektiven, die sich aus dieser Analyse ergeben, werden im dritten Teil herangezogen, um aufzuzeigen, wie der erste Evangelist das Brotmotiv gebraucht, um in seiner Gemeinde eine kollektive Identität zu konstruieren. Im letzten Teil werden die Ergebnisse der Untersuchung zusammengefasst.

4 Methodische Überlegungen

Im Rahmen dieser vorliegenden Untersuchung werden zuerst das synchrone und diachrone Analyseverfahren in einer integrativen Perspektive verwendet, um die Texte exegetisch auszulegen. Im Zusammenhang damit wird auch die Konstruktion kollektiver Identität als textbezogenes Analysemodell angewendet. Mit Hilfe dieses Analysemodells wird aufgezeigt, wie Matthäus durch die Broterzählungen die christliche Identität in seiner Gemeinde konstruiert hat.

4.1 Analyseverfahren aus Synchronie und Diachronie

Um die Transparenz der Jesusgeschichte als gegenwärtige Heilsgeschichte Gottes mit den Menschen herauszuarbeiten, wie sie Matthäus in den Broterzählungen entfaltet hat, werden die Synchronie und die Diachronie in ein kommunikatives Beziehungsverhältnis gesetzt. Denn es geht im Prinzip um den Verzicht auf die eindeutige Trennung von diesen beiden Methoden.

In Bezug auf die Synchronie wird die Analyse vor allem auf den Kontext und die Struktur einer Texteinheit fokussiert. Die Kontextanalyse „sucht die Sinnhinweise aufzuspüren, die sich aus der Verankerung eines Einzeltextes (sei er traditionell oder nicht) in den Makrotext des Gesamtwerkes ergeben."[125] Auf diese Weise geht es gleichzeitig um die Abgrenzung des Einzeltextes vom Kontext und um die Bestimmung des Standorts und des Stellenwertes der zu untersuchenden Texteinheit in ihrem näheren und weiteren literarischen Textumfeld. Dabei werden die Orts- und Zeitangaben, die Gattung, die beteiligten Personen, die theologischen Schlüsselbegriffe und die Wiederholung berücksichtigt.[126] Dieser entscheidende Methodenschritt öffnet den Blick auf „den

125 T. Söding, Wege der Schriftauslegung. Methodenbuch zum Neuen Testament, Freiburg 1998, 119.

126 Vgl. T. Söding, Wege der Schriftauslegung, 117; M. Ebner/B. Heininger, Exegese des Neuen Testaments. Ein Arbeitsbuch für Lehre und Praxis, Paderborn – Stuttgart [4]2018, 75–90.

Aufbau, die Gliederung und den thematischen Verlauf der Gesamtschrift; auf die Anlage, die Thematik und die Gedankenführung des engeren und gesamtschriftlichen Kontextes."[127] Außerdem ermöglicht er, die Struktur des Gesamttextes zu analysieren und die Kohärenz, die sprachliche und semantische Gestalt einzelner Texteinheiten aufzuzeigen. Aus diesem analytischen Verfahren ergeben sich Textgliederung, Personenkonstellationen, Handlungsabläufe und Spannungsbögen, die die Sinnlinie und das Sinngefüge des Textes aufzeigen.

Da die Traditionsabhängigkeit als „Markenzeichen und selbst die Übernahme ganzer Textpassagen von Vorgängern nicht unbedingt als Makel, sondern in vielen Fällen als Vorzug authentischen Schreibens"[128] gilt, wird das diachrone Verfahren im Rahmen dieser Untersuchung verwendet, um zu zeigen, wie Matthäus durch die Benutzung seiner Quellen seine eigene theologische Positionierung vornimmt.

Daraus ergibt sich methodisch, dass die Untersuchung Schritt für Schritt von der synchronen und der diachronen Textanalyse zur theologischen Interpretation führen wird. Denn als Zeugnis der gegenwärtigen Offenbarung Gottes in Jesus Christus ist das Matthäusevangelium eine Quelle für den christlichen Glauben und bietet darüber hinaus die konstitutive Richtlinie für die Konstruktion christlicher Identität.

4.2 Konstruktion kollektiver Identität als textbezogenes Analysemodell

Unter dem Ausdruck „kollektive Identität" versteht man die Teilhabe an einer Gruppe. In ihrem Selbstverstehen haben Mitglieder das kollektive Gefühl der Zugehörigkeit, und sie verstehen sich als Gruppe im Verhältnis zur anderen Gruppen.[129] In diesem Sinne entwickelt sich unter den Mitgliedern ein „Wir-Bewusstsein". Dabei geht es nicht mehr um das Individuum, sondern um die Identität einer Gruppe, und die

127 A. Weihs, Methoden der Schriftauslegung, in: S. Gillmayr-Bucher (Hg.), Bibel verstehen. Schriftverständnis und Schriftauslegung (TheoMod 4), Freiburg 2008, 133–166, hier 143.
128 T. Söding, Wege der Schriftauslegung, 191.
129 Vgl. J. Assmann, Das kulturelle Gedächtnis, 132.

„Wir-Identität" hat immer den Vorrang. Sie kann allerdings nicht ohne die Ich-Identität existieren.

Die Konstruktion kollektiver Identität lässt sich als Problemlösungsansatz bezeichnen[130], der auf einen Text bezogen wird.[131] Sie ist im Blick auf die neutestamentliche Exegese besonders mit den Namen von Gerd Theißen und Gunnar Garleff verbunden.[132] Sie lässt sich grundsätzlich auf die urchristlichen Schriften beziehen. Dabei werden diese als „kollektive Identitätskonzeptionen"[133] betrachtet. Als Analyseansatz setzt die Konstruktion kollektiver Identität einerseits zwei formale Kriterien, nämlich Kontinuität und Diskontinuität, und andererseits die drei Medien, Story, Ethos und Ritus voraus.[134]

4.2.1 Formale Kriterien

Das Kriterium der Kontinuität hat mit dem dynamischen Charakter von Identität in der Zeit zu tun. Es geht um die gemeinsame Entstehung einer Gruppenidentität.[135] Die Zugehörigkeit zur kollektiven Identität beschränkt sich nicht auf den Gewinn des Wir-Bewusstseins einer Gruppe durch den einmaligen Akt der Anerkennung und Zustimmung.

130 Vgl. A. L. Kroeber/C. Kluckhohn, Culture: A critical Review of Concepts and Definitions, New York 1952, 57.

131 Vgl. G. Garleff, Urchristliche Identität in Matthäusevangelium, Didache und Jakobusbrief (Beiträge zum Verstehen der Bibel 9), Münster 2004, 24.

132 Vgl. G. Theißen, Die Religion der ersten Christen. Eine Theorie des Urchristentums, Gütersloh 2000, 17–37. Dieser Ansatz wird in besonderer Weise von Gunnar Garleff in dessen Buch (Urchristliche Identität in Matthäusevangelium, Didache und Jakobusbrief) angewendet.

133 G. Garleff, Urchristliche Identität in Matthäusevangelium, Didache und Jakobusbrief, 24.

134 Vgl. G. Garleff, Urchristliche Identität in Matthäusevangelium, Didache und Jakobusbrief, 24.

135 G. Garleff, Urchristliche Identität in Matthäusevangelium, Didache und Jakobusbrief, 32, stimmt damit überein, wenn er feststellt: „Mit ‚Kontinuität' ist der Aspekt der Zeitlichkeit in das Analysemodell aufgenommen worden. Wenn dies hier zu einem formalen Kriterium der Identität gemacht wird, impliziert dies nicht einen statischen Identitätsbegriff. Es geht hier vielmehr um die Berücksichtigung der Beobachtungen, dass Gruppen, die ein kollektives Selbstverständnis ausbilden, dies oft unter Heranziehung auf eine gemeinsame Geschichte tun, die auch fiktiv sein kann."

Vielmehr gestaltet sie sich als „Dimension von Sinn, Praxis und Materie“[136], die Mitglieder permanent reevaluieren.

Der Akzent ist dabei auf die „Interpretation des eigenen Lebens“[137] gelegt. Denn eine gemeinsame Geschichte oder eine gemeinsame Erfahrung werden vorgestellt.[138] Aus der Tatsache, dass die Identität in einem konstitutiven Sinne zeitlich bestimmt ist, ergibt sich, dass das Kontinuitätskriterium in Bezug auf die Analyse der jeweils für die Gruppe relevanten Schriften aus einer diachronen Perspektive zu betrachten ist. Es ist also zu fragen „auf welche Gruppen, Traditionen und Denkweisen der Vergangenheit sowie Hoffnungen auf die Zukunft sich eine Schrift positiv bezieht.“[139]

Der Begriff der Diskontinuität bezieht sich hier darauf, was eine Gruppe definiert, also auf das, was sie von anderen Gruppen abgrenzt und unterscheidet. Er hat mit der Verdeutlichung dessen zu tun, wer beispielsweise zur sozialen Gruppe gehört. Es geht also darum, welche unterscheidenden Merkmale als Gruppenmerkmale angesehen werden.[140] Diskontinuität kann gleichzeitig in einem positiven Sinn verstanden werden. Denn sie bedeutet nicht nur Abgrenzung von anderen Gruppen und also Distanz zu anderen Gruppen, sondern sie unterstreicht auch die Integration oder die Synthetisierung von Verschiedenem.[141] Das heißt: „Differenzierung ist zugleich verbunden mit Strategien der Integration. Zum einen wird das Differenzbewusstsein in die Gruppenidentität integriert, zum anderen spielen die Grenzen einer Gruppe bei der Initiation der einzelnen Gruppenmitglieder und der

136 C. Emcke, Kollektive Identitäten. Sozialphilosophische Grundlagen, Frankfurt am Main 2018, 166.

137 P. Wagner, Fest-Stellungen. Beobachtung zur sozialwissenschaftlichen Diskussion über die Identität, in: A. Assmann/H. Friese (Hg.), Identitäten. Erinnerung, Geschichte, Identität, 44–72, hier 68 f.

138 Vgl. P. Wagner, Fest-Stellungen, 68.

139 G. Garleff, Urchristliche Identität in Matthäusevangelium, Didache und Jakobusbrief, 34; vgl. J. Assmann, Das kulturelle Gedächtnis: Schrift, Erinnerung und politische Identität in frühen Hochkulturen, München 1992, 101.

140 Vgl. S. Eisenstadt/B. Giesen, The construction of collective identity, in: EjS 36 (1995) 72–102, hier 77–79.

141 Vgl. J. Straub, Personale und kollektive Identität. Zur Analyse eines theoretischen Begriffs, in: A. Assmann/H. Friese (Hg.), Identitäten. Erinnerung, Geschichte, Identität, Frankfurt ²1999, 73–104, hier 94.

Versammlung einer Gruppe eine Rolle."[142] Die Rolle der Integration des Unterschiedenen in der Konstruktion und Konstitution kollektiver Identität darf nicht ignoriert werden. Um diese Rolle zum Ausdruck zu bringen, verwendet Wolfgang Eßbach den Begriff der Alterität. Darunter versteht er die Abhängigkeit der Identität vom Außen.[143] Charakterisieren lassen sich demgemäß kollektive Identitäten „als wirkmächtige Konstrukte, mit denen die Zugehörigkeit zu einem ‚Wir' erreicht werden kann, indem zugleich ein Bezug zur Alterität eines ‚Ihr' bzw. ‚Sie' bedeutsam gemacht wird."[144]

Außerdem betont Gunnar Garleff, dass bei der Analyse der Schrift, die eine wichtige Rolle in der Identitätskonzeption spielt, dieses Kriterium der Diskontinuität im Analysemodell kollektiver Identität aus einer synchronen Perspektive angesehen werden muss, indem „gefragt wird, in Bezug auf welche Gruppen, Denkweisen, Strukturen etc. zum Zeitpunkt der Schrift Gruppendifferenz gefordert oder bezeugt wird."[145] In diesem Sinne lässt sich dieses Kriterium durch Auseinandersetzung zwischen Personen oder Gruppen und durch den Verweis auf eine Abgrenzung der Gruppe erkennen.

Im Ergebnis ist an dieser Stelle festzuhalten, dass kollektive Identität als *„die Summe der Abgrenzungen und Kontinuitäten einer Gemeinschaft unter synchronen und diachronen Gesichtspunkten"*[146] zu verstehen ist. Dabei umfasst sie die Vergangenheit, die Gegenwart und die Zukunft.[147]

142 G. Garleff, Urchristliche Identität in Matthäusevangelium, Didache und Jakobusbrief, 31; vgl. auch ders., Kollektive christliche Identität: Paulinische Anmerkungen zu einem gegenwärtigen Diskurs, in: Cursor_ Zeitschrift für explorative Theologie (2019) 1–15, hier 3–4.

143 Vgl. W. Eßbach, Vorwort, in: ders. (Hg.), Wir/ihr/sie. Identität und Alterität in Theorie und Methode, Würzburg 2000, 9–20, hier 9.

144 W. Eßbach, Vorwort, 9.

145 G. Garleff, Urchristliche Identität in Matthäusevangelium, Didache und Jakobusbrief, 32.

146 G. Garleff, Urchristliche Identität in Matthäusevangelium, Didache und Jakobusbrief, 34.

147 In seiner Untersuchung des Identitätsbegriffs stellt J. Assmann, Das kulturelle Gedächtnis, 132–133, fest, dass das formale Kontinuitätskriterium nur von einem vergänglichen Gesichtspunkt betrachtet werden sollte: „Gruppen stützen typischerweise, […], das Bewusstsein ihrer Einheit und Eigenart auf Ereignisse in der Vergangenheit. Gesellschaften brauchen die Vergangenheit in erster Linie zum Zwecke ihrer Selbstdefinition". Hingegen glaubt G. Garleff, Urchristliche Identität in Matthäusevangelium, Didache und Jakobusbrief, 32, dass die Zukunft hier nicht zu vernachlässigen ist.

4.2.2 Medien kollektiver Identitätskonstruktion

Kollektive Identität ist stets neu zu konstruieren. Denn die Identität ist dynamisch, und bildet sich durch Interaktion, Integration, Bewertung von Erfahrung. Außerdem ist kollektive Identität nicht als etwas, das schon substanziell existierte, zu verstehen. Sie ist vielmehr ein Produkt von Imagination, und die fragliche Gruppe muss sie deswegen „permanent diskursiv und symbolisch aktualisieren, in kulturellen Artefakten, in politischen Praxen, in Erzählungen und Legendenbildungen."[148] In dieser Konstruktion nehmen soziale Kommunikation und Interaktion einen breiten Raum ein. Dadurch wird der sozialkonstruktivistischen Wirklichkeitstheorie zufolge eine Wirklichkeit[149], die auf die Herstellung einer gemeinsamen Weltbildvorstellung oder eines gemeinsamen Sinns abzielt, geschaffen. Denn in der sozialen Welt, die sich in ihrer Essenz als Sinn, Praxis und Materie[150] konstituiert, werden durch Interaktion Werte, soziale Aktivitäten, symbolische Weltanschauungen und kulturelle Narrative reproduziert.[151]

Deswegen findet man drei Ausdrucksformen, die die Konstruktion kollektiver Identität ermöglichen: Story, Ethos und Ritual. Diese drei Ausdrucksformen „sind zugleich als Medien der kollektiven Identitätskonstruktion zu verstehen und bilden somit Kategorien für das hier gesuchte Analysemodell."[152]

Unter dem Begriff „Story" versteht man die Grunderzählung einer Gruppe und ihre Interpretationen sowie gleichzeitig die Geschichte und die Entwicklung dieser Gruppe.[153] Dieser Begriff entspricht dem Begriff „Mythos", wie ihn beispielsweise Jan Assmann verwendet. Für Jan Assmann ist Mythos die fundierende Geschichte einer sozialen Gruppe. Spricht er von der fundierenden Geschichte, so ist der Akzent

148 H. Delitz, Kollektive Identitäten, Regensburg 2018, 11.
149 Vgl. K. Berger/T. Luckmann, Die gesellschaftliche Konstruktion der Wirklichkeit. Eine Theorie der Wissenssoziologie, Frankfurt am Main 1966, 109; D. Horrell, Solidarity and Difference: A Contemporary Reading of Paul's Ethics, London u. a. 2005, 83–98; G. Garleff, Urchristliche Identität in Matthäusevangelium, Didache und Jakobusbrief, 35–36.
150 Vgl. C. Emcke, Kollektive Identitäten, 162.
151 Vgl. B. Peters, Zur Integration moderner Gesellschaften, Frankfurt am Main 1993, 67.
152 G. Garleff, Urchristliche Identität in Matthäusevangelium, Didache und Jakobusbrief, 36.
153 Vgl. G. Garleff, Kollektive christliche Identität, 4.

auf die Vergangenheit gelegt. In diesem Sinne ist die Bedeutung dieser Geschichte für die soziale Gruppe nicht von ihrem faktischen oder fiktiven Charakter abhängig.[154]

Der Gebrauch des Begriffs „Mythos" kann allerdings zu hermeneutischen Problemen führen. Diese Probleme ergeben sich daraus, dass sich der Begriff Mythos nicht nur auf die fundierenden Geschichten einer Gruppe bezieht. Das bedeutet, dass nicht alle Mythen in dieser Hinsicht als formative Texte interpretiert werden können, und es heute verschiedene Arten von Texten gibt, die man als Mythos bezeichnen kann. Daraus resultiert, dass der Begriff Mythos, wie man ihn in der Untersuchung von Jan Assmann findet, nicht geeignet ist, wenn man von kollektiver Identitätskonstruktion in dem Analysemodell sprechen will, da er hierfür „keinen heuristischen Wert mehr besitzt."[155] Deswegen geht Gerd Theißen davon aus, dass man hier, anstatt von Mythos, von „religiöser Grunderzählung" sprechen kann.[156] In der Grunderzählung sind Mythisches und Geschichtliches nicht voneinander zu trennen. Die Grunderzählung ist also eine Vermischung von Dichtung und Wahrheit.[157]

In dieser Untersuchung wird der Begriff Story verwendet, um von religiöser Grunderzählung zu sprechen. Der Begriff „Story" wird zuerst von James Barr und James A. Wharton in der Exegese verwendet und später in der Psychoanalyse und der systematischen Theologie durch Dietrich Ritschl. Eine aktuelle Untersuchung, die ihn aufgreift und für die eigenen Zwecke operationalisiert, ist die von Gunnar Garleff.[158]

Der Begriff Story besitzt zwei Merkmale: Man kann darunter „berichtende Sprache" (reporting language) und „Anredesprache" verstehen. Als „berichtende Sprache" bringt Story die Identität einer Person oder einer Gruppe zum Ausdruck und als „Anredesprache" schafft

154 Vgl. J. Assmann, Das kulturelle Gedächtnis, 76.
155 G. Garleff, Urchristliche Identität in Matthäusevangelium, Didache und Jakobusbrief, 37.
156 Vgl. G. Theißen, Die Religion der ersten Christen, 39.
157 Vgl. G. Theißen, Die Religion der ersten Christen, 39.
158 Vgl. G. Garleff, Urchristliche Identität in Matthäusevangelium, Didache und Jakobusbrief, 36–40.

sie diese Identität.[159] Dietrich Ritschl zeigt außerdem, dass man beim Begriff Story Gesamt-Story, Einzel-Story, Meta-Story, Detail-Story unterscheiden kann und diese Kategorien von Storys sich voneinander unterscheiden können.[160]

Im Kontext der Identitätskonstruktion einer Gruppe spielt die Story eine wichtige Rolle. Denn „der Begriff der Story umfasst alles: Mythisches, Fiktives und Historisches im engeren Sinne. Solche Grunderzählungen begründen sowohl die Identität ganzer Gruppen als auch einzelner Menschen."[161] Dabei wird die Wirklichkeit einer Gruppe zum Ausdruck gebracht: Storys „sind realitätserzeugend"[162], sie „bilden aber die Wirklichkeit nicht einfach ab, sie erzählen sie nicht nur, sondern sie schaffen Wirklichkeit immer wieder neu."[163]

Denn die Gruppe sucht in der Story die Antwort auf drei wichtige Fragen: „Wo kommen wir her? Wer sind wir? Wo wollen wir hin."[164] Es ist anzunehmen, dass die Story nicht nur für die Vergangenheit verwendet werden sollte, um die gemeinschaftsbezogenen Erinnerungen aufzugreifen und folglich kollektives Gedächtnis zu schaffen, sondern auch für die Gegenwart und die Zukunft einer sozialen Gruppe sehr wichtig ist.[165] In der aktuellen Gegenwart geht es um die „Performanz eines Narrativs"[166], die von Mitgliedern mitgestaltet wird und deren Zugehörigkeit zeigt. Dies kann die Interpretation von Bedeutung und Praktiken oder „Nacherzählung des historisch-kulturellen Narrativs"[167] sein. In Bezug auf die Anwendung des Modells auf die Heiligen Schrif-

159 Vgl. D. Ritschl, Story als Rohmaterial der Theologie, in: ders./H. Jones (Hg.), Story als Rohmaterial der Theologie (TEH 192), München 1976, 7–41, hier 13; G. Garleff, Urchristliche Identität in Matthäusevangelium, Didache und Jakobusbrief, 38.

160 Vgl. D. Ritschl, Zur Logik der Theologie. Kurze Darstellung der Zusammenhänge theologischer Grundgedanken, München 1984, 45–47; vgl. G. Garleff, Urchristliche Identität in Matthäusevangelium, Didache und Jakobusbrief, 38.

161 G. Theißen, Die Religion der ersten Christen, 39.

162 H. Delitz, Kollektive Identitäten, 28.

163 G. Garleff, Urchristliche Identität in Matthäusevangelium, Didache und Jakobusbrief, 39.

164 G. Garleff, Kollektive christliche Identität, 5; ders., Urchristliche Identität in Matthäusevangelium, Didache und Jakobusbrief, 40.

165 Vgl. M. Cinnerella, Exploring temporal Aspects of social Identity. The concept of possible social Identities, in: European Journal of Social Psychology 28 (1998) 227–248, hier 235.

166 H. Bhabha, Dissemi Nation: Time, Narrative, and the Margins of the Modern Nation, in: ders. (Hg.), Nation and Narration, London – New York 1990, 291–322, hier 299.

167 C. Emcke, Kollektive Identitäten, 176.

ten werden Elemente der Story beobachtet, und diese Elemente der Story sind als Signale zu verstehen. Unter diesen Elementen der Story sind beispielsweise unterschiedliche soziale Identitäten der Mitglieder einer Gruppe, der intertextuelle Verweis und der Rückgriff auf Namen oder Bilder, die Lehre und das Wirken bestimmter Personen oder ein Motiv.[168]

Ethos ist die Gesamtheit des in einer Gruppe geforderten Verhaltens. Dieses Verhalten geht im Kontext einer Religion auf die verschiedenen Rollen und Symbole, die in der Story entfaltet werden, zurück. Das bedeutet, dass sich aus diesen Rollen und diesen Symbolen, die man in einem bestimmten Kontext verortet, Normen und Werte ergeben, die für alle Mitglieder gelten und deren Verhalten beeinflussen.[169] Gerd Theißen versteht unter Ethos „soziale gebundene Moral“[170], die „für eine Gruppe, einen Beruf, einen Stand oder eine ganze Gesellschaft charakteristisch ist.“[171]

Im Unterschied zur Ethik, die als „die theoretische Reflexion moralischer Normen und Werte“[172] zu verstehen ist, bezieht sich „Ethos“ auf das gemeinsame Verhalten, das von Mitgliedern einer Gemeinde gefordert wird. Obwohl das Ethos nicht immer in der Gemeinde praktiziert wird, wird es zumindest dort anerkannt und konstituiert somit die „Grundlage für die Verteilung von Achtung und Verachtung. Es schlägt sich in Sentenzen und Maximen nieder und in einer Tendenz des Verhaltens.“[173] Denn die „Zugehörigkeit ist nicht von außen durch ungewollte und inakzeptable Fremdzuschreibung definiert und erwirkt, sondern [...] durch ethisch-moralische Ansichten oder soziales Handeln bestätigt.“[174] Im Ethos wird die Identität einer sozialen Gruppe

168 Vgl. G. Garleff, Kollektive christliche Identität, 5; ders., Urchristliche Identität in Matthäusevangelium, Didache und Jakobusbrief, 40.
169 Vgl. G. Theißen, Die Religion der ersten Christen, 101.
170 G. Theißen, Die Religion der ersten Christen, 101.
171 G. Theißen, Die Religion der ersten Christen, 101.
172 G. Theißen, Die Religion der ersten Christen, 101, vgl. auch M. Walzer, Kritik und Gemeinsinn. Drei Wege der Gesellschaftskritik, Berlin 1990, 3–15.
173 G. Theißen, Die Religion der ersten Christen, 101.
174 C. Emcke, Kollektive Identitäten, 166.

objektiviert und gleichzeitig lebensweltlich wahrnehmbar.[175] Somit besteht die Rolle des Ethos in der Stiftung sozialer Kohäsion zwischen Gemeinschaftsmitgliedern und in der Bestätigung ihrer Zugehörigkeit zur „überindividuellen Gemeinschaft."[176]

Zu betonen ist, dass das Ethos nicht an sich existieren kann. Es hat eine Verweisfunktion, indem darin die kollektive Identität einer Gemeinschaft repräsentiert wird. In Bezug auf die Funktion lassen sich zwei Arten von Ethos unterscheiden, nämlich das inklusive und exklusive Ethos. Beim inklusiven Ethos geht es um die Handlungen und Verhaltensregeln, die der Integration in die Mehrheitsgesellschaft dienen.[177] Im Unterschied dazu unterstreicht das exklusive Ethos die Abgrenzung einer sozialen Gruppe von anderen Gruppen. Durch das exklusive Ethos wird die soziale Wirklichkeit einer Gruppe angezeigt. Denn man findet darin die spezifische Identität einer sozialen Gruppe im Kreis unterschiedlicher sozialen Gruppen. Bei der Anwendung des Analyseansatzes der Konstruktion kollektiver Identität auf die Schriften des frühen Christentums werden beispielsweise folgende Elemente als Ethos-Signale betrachtet: allgemeine katechetische oder paränetische Textabschnitte, „die Stellung und Gewichtung"[178], die Ethos innerhalb einer Schrift einnimmt, bestimmte ethische Fragen, die mit der Situation der Adressaten verbunden sind, und schließlich Fragen der Gemeinschaftsorganisation. In diesem Sinne kann auch der kulturelle Kontext einer Schrift den materiellen Gehalt des Ethos anbieten.

Riten sind sich wiederholende Verhaltensmuster, mit denen Menschen ihre alltäglichen Handlungen unterbrechen, um die in der Story gemeinte andere Wirklichkeit darzustellen.[179] Für Gerd Theißen beste-

175 Vgl. M. Wolter, Ethos und Identität in paulinischen Gemeinden, in: NTS 43 (1997) 430–444, hier 430.

176 M. Wolter, Ethos und Identität in paulinischen Gemeinden, 430; vgl. G. Garleff, Urchristliche Identität in Matthäusevangelium, Didache und Jakobusbrief, 42.

177 Vgl. G. Garleff, Urchristliche Identität in Matthäusevangelium, Didache und Jakobusbrief, 41.

178 G. Garleff, Urchristliche Identität in Matthäusevangelium, Didache und Jakobusbrief, 42.

179 Vgl. B. Lang, Ritual/Ritus, in: HRWG IV (1998) 442–458. Wenn man zwischen Ritus und Ritual unterscheiden will, so liegt es nahe, mit B. Lang, Ritual/Ritus, 444, zu definieren: „Während Ritus (Plural: Riten) die kleinsten Bestandteile heiliger Handlungen meint, bleibt Ritual für das sich aus Riten aufbauende Gesamtgeschehen vorbehalten."

hen Riten aus den folgenden Teilen: Deutungsworte, Handlungen und Gegenstände.[180] Während die Story in den Deutungsworten in einer verdichteten Form vergegenwärtigt wird, sind die Handlungen durch den symbolischen Mehrwert als Zeichen, die sich auf eine „andere Wirklichkeit" beziehen, definiert. Die Gegenstände, die beispielsweise zunächst zu alltäglichem oder profanem Gebrauch bestimmt sein können, werden im Ritus sakralisiert. Zu den Gegenständen in diesem Sinne gehören auch Orte und Gebäude.[181]

Festhalten lässt sich demgemäß, dass die Riten vor allem Mittel sind, mit denen sich Gruppen erneuern und ihre Einheit symbolisch verwirklichen.[182] Sie sind *„die Manifestation, Konstitution und Zusammenkunft"*[183] einer Gemeinschaft und *„regelmäßige und sozial gebundene Handlungsgewohnheiten."*[184] Denn die Vorstellung einer Einheit der Mitglieder einer Gruppe „braucht schlicht symbolische oder kulturelle Modi, welche die Zugehörigkeit anzeigen."[185]

Durch Riten halten Mitglieder einer bestimmten sozialen Gruppe ihr Identitätssystem zusammen, und somit fördern Riten ihr Gemeinschaftsbewusstsein.[186] Dadurch bekommen sie symbolisch relevantes Wissen um ihre Identität, das ihr Ethos orientiert. Folglich sind die Riten „die Kanäle, in denen der identitätssichernde Sinn fließt, die Infrastruktur des Identitätssystems."[187] In ihnen wird die Identität einer Gemeinschaft verdichtet und stabilisiert. Riten ermöglichen Integration, stärken die soziale Kohäsion einer Gemeinschaft. Obwohl sie auch eine individuelle Dimension haben, sind sie in Bezug auf die Identitätskonstruktion durch ihre kollektive Dimension charakterisiert, die

180 Vgl. G. Theißen, Die Religion der ersten Christen, 23.
181 Vgl. G. Theißen, Die Religion der ersten Christen, 23.
182 Vgl. A. Bellinger/D. J. Krieger (Hg.), Ritualtheorien. Ein einführendes Handbuch, Opladen -Wiesbaden 1998, 30.
183 G. Garleff, Urchristliche Identität in Matthäusevangelium, Didache und Jakobusbrief, 43; vgl. auch A. Bellinger/D. J. Krieger (Hg.), Ritualtheorien, 143.
184 G. Garleff, Urchristliche Identität in Matthäusevangelium, Didache und Jakobusbrief, 43.
185 H. Delitz, Kollektive Identitäten, 30.
186 Vgl. A. v. Dobbeler, Auf Grenze. Ethos und Identität der matthäischen Gemeinde nach 15,1–20, in: BZ 45 (2001) 55–78.
187 J. Assmann, Das kulturelle Gedächtnis, 143.

ihren institutionellen Aspekt deutlich macht. Denn durch Riten internalisieren alle Mitglieder das Gemeinschaftsverhalten.[188]

Wie zu unterstreichen ist, sind Riten immer das „Ergebnis eines Überlieferungsprozesses des Weiterreichens tradierter Praktiken und Bedeutungen, aber auch der Selektion, der Interpretation, des Vergessens, der Stilisierung und der Konstruktion."[189] In der Analyse der Schriften werden rituelle Inszenierungen in der Erzählung als Riten-Signale betrachtet. Beispielsweise kann man hier die Taufe und das gemeinsame Mahl oder das Abendmahl bei Paulus und in den Evangelien nennen.

4.2.3 Organisation kollektiver Identität

Bei der Organisation kollektiver Identität geht es um die innere Organisation einer Gruppe, die ein Wir-Bewusstsein teilt. Im Analysemodell lässt sich die Gemeindeorganisation auf die Zusammenstellung der formalen Kriterien und Ausdrucksformen kollektiver Identität zurückführen. Da kollektive Identitätskonstruktion als etwas Imaginäres anzusehen ist, soll angenommen werden, dass man in den urchristlichen Schriften Anweisungen, Erzählungen und Orientierungen findet, die sich auf die Leitungsfunktion, den Dienst in der Gemeinde oder ihre Strukturierung beziehen. Dort werden auch Grenzen und Abgrenzungen einer Gemeinde festgesetzt.

In seiner Darlegung des Analyseansatzes unterstreicht Gunnar Garleff, dass die urchristlichen Schriften gleichzeitig als Konzeption kollektiver Identität und deren Organisationform anzusehen sind. „Darin liegt ein wesentlicher Aspekt ihres formativen und präskriptiven Charakters."[190] Beispielsweise findet man in den urchristlichen Schriften zwei Kategorien der Gemeindeorganisation, nämlich Hierarchie und Egalität. Beim hierarchischen Modell ist die Gemeinde vertikal um den Leiter organisiert. Die Ämter und Charismen gehören in die-

188 Vgl. G. Garleff, Kollektive christliche Identität, 5.
189 C. Emcke, Kollektive Identitäten, 176.
190 G. Garleff, Urchristliche Identität in Matthäusevangelium, Didache und Jakobusbrief, 45.

sem Modell zur Leitungsfunktion.[191] In dem egalitären Ansatz ist die Gemeinde horizontal strukturiert. Dabei steht die Hierarchie nicht im Zentrum. Die Aufgaben in der Gemeinde sind unter den Mitgliedern aufgeteilt.[192]

Aus dieser Darstellung ergibt sich, dass das Selbstverständnis einer Gruppe im Mittelpunkt solche Rede steht, die für die kollektive Identität konstitutiv ist. Die kollektive Identität ist imaginationsgebunden und bezieht sich auf die gemeinsam geteilte Identität, die man als Wir-Bewusstsein bezeichnet. Es ist eine Darstellung einer Gemeinschaft, die von außerhalb bzw. von anderen als solche wahrgenommen wird. Referenzpunkt kollektiver Identität ist nicht die Person, sondern die Gruppe.[193] Der Ausdruck „kollektive Identität" bezieht sich deswegen auf eine Vorstellung vom kollektiven Selbst einer Gemeinschaft. In diesem Sinne fordert die kollektive Identitätskonzeption einen gemeinsamen Willen zur Zusammengehörigkeit und die gegenseitige Anerkennung der Angehörigen des Kollektivs als Mitglieder desselben und somit die Anerkennung als Gleiche.[194] Es gibt zwischen verschiedenen Ich-Bewusstsein-Zuständen, die zusammen ein Wir-Bewusstsein bilden, Interaktionen, und das Wir-Bewusstsein steht seinerseits in Interaktion mit anderen Gruppen.

In dieser Arbeit wird die Identitätskonstruktion als Grundlage für eine Analyse angesehen, die eine Lösung für das Identitätsproblem bietet. Denn die Konkurrenz zwischen verschiedenen Gruppen ist im Licht

191 Vgl. G. Garleff, Urchristliche Identität in Matthäusevangelium, Didache und Jakobusbrief, 45.

192 Vgl. U. Schnelle, Theologie des Neuen Testaments, 441. In der Anwendung dieses Ansatzes auf den Jakobusbrief findet G. Garleff, Urchristliche Identität in Matthäusevangelium, Didache und Jakobusbrief, 44–45, heraus, dass die Forderung nach Egalität in diesem Brief „mit der Delegation der Organisation kollektiver Identitätskonstruktion an das Gesetz der Freiheit korreliert."

193 Vgl. D. Rucht, Kollektive Identität: Konzeptionelle Überlegungen zu einem Desiderat der Bewegungsforschung, in: Forschungsjournal Neue Soziale Bewegungen 8 (1995) 9–23, hier 10; S. P. Huntington, Who are We? Die Krise der amerikanischen Identität, Hamburg – Wien 2004, 43; V. Kaina, Wir in Europa: kollektive Identität und Demokratie in der Europäischen Union, Wiesbaden 2009, 39–49.

194 Vgl. J. Kocka, Die Ambivalenz des Nationalstaats, in: M. Delgado/M. Lutz-Bachmann (Hg.), Herausforderung Europa. Wege zu einer europäischen Identität, München 1995, 28–50, hier 29; S. N. Eisenstadt/B. Giesen, The Construction of Collective Identity, in: EjS 26 (1995) 72–102, hier 74; E. Gellner, Nations and Nationalism, New York u. a. 1983, 7.

der Identitätsforschung ein wichtiger Faktor, der zur Konstruktion kollektiver Identität führt.[195] Konstruktion kollektiver Identität hat zwei formale Kriterien und drei Medien, deren Verknüpfung besonders in den urchristlichen Schriften zur Gemeindeorganisation führt. Zu den formalen Kriterien sind sowohl die Diskontinuität als auch die Kontinuität zu zählen. Die Diskontinuität besteht in dem, was die Gruppe von anderen Gruppen abgrenzt. Es geht dabei um ihre Kennzeichen. Die Diskontinuität ist jedoch auch in einem positiven Sinne zu betrachten, denn sie umfasst auch die Integration von Unterschieden. Das Kontinuitätskriterium bringt den dynamischen Charakter kollektiver Identität zum Ausdruck und bezieht sich auf die gemeinsame Erfahrung und die Entstehungsmomente einer Gemeinschaft. Story, Ethos und Ritus sind die drei Medien kollektiver Identitätskonstruktion. Sie verwirklichen sie, und somit bilden sie aufgrund angenommener oder realer Charakteristika Interpretationsschemata für die Identifikation einer Gruppe und fördern auf diese Weise intersubjektive Wahrnehmungen.

195 Vgl. K. H. Kohl, Ethnizität und Tradition aus ethnologischer Sicht, in: A. Assmann/H. Friese (Hg.), Identitäten. Erinnerung, Geschichte, Identität, 269–287, hier 272.

II Alttestamentliche Bedeutung des Brotes als traditions- und religionsgeschichtlicher Hintergrund der Broterzählungen im Matthäusevangelium

Die alttestamentlichen Schriften spielen bei Matthäus eine wichtige Rolle. Sie sind als „Vorgabe für die Erfüllung und die Bestätigung in der Geschichte Jesu"[196] zu betrachten. In diesem Sinn ermöglicht der Blick auf die Bedeutung des Brotes im Alten Testament, das Brotmotiv bei Matthäus zu erfassen. Denn in der Erzählung der Geschichte Jesu nimmt Matthäus Bezug auf die alttestamentliche Bedeutung des Brotes. Das hebräische Wort לֶחֶם bezeichnet Brot im Alten Testament.[197] Es kommt dort ca. 300-mal vor, und die Septuaginta hat es nicht nur mit ἄρτος (ca. 250-mal) übersetzt, sondern auch mit σῖτος, δῶρον, τροφή und τράπεζα.[198] לֶחֶם bedeutet Nahrung oder Brotkorn. Diese Bedeutung findet sich sowohl im Ugaritischen und Phönizischen als auch im Aramäischen.[199] Ursprünglich scheint aber לֶחֶם „die feste Speise" zu meinen.[200] Die Verbalwurzel לחם kann „essen" oder „kämpfen" bedeuten.[201] Wie in den meisten Ackerbaukulturen ist im Israel des ersten und zweiten vorchristlichen Jahrtausends die Kontaktnahme mit den Tischgenossen über die Speise beim gemeinsamen Essen ebenso wichtig wie die Kontaktnahme mit dem Feind beim Kampf oder die Kontaktnahme mit einem Verwandten, wenn es um das Zusammenleben geht.[202] Dabei versteht man, dass es bei לֶחֶם in den alttestamentlichen Schriften um mehr als um die einfache Ernährungsfunktion geht.

196 H. Frankemölle, Mt, 12.
197 Vgl. S. Fassberg, Art. לחם, in: TDOT XVI (2018) 390–391, hier 391.
198 Vgl. W. Dommershausen, Art. לֶחֶם, in: ThWAT IV 538–547, hier 538.
199 Vgl. W. Dommershausen, Art. לֶחֶם, 538.
200 Vgl. W. Dommershausen, Art. לֶחֶם, 538.
201 Vgl. W. Dommershausen, Art. לֶחֶם, 538; G. Krotkoff, Laḥm „Fleisch" und leḥem Brot", in: WZKM 62 (1969) 76–82, hier 79.
202 Vgl. W. Dommershausen, Art. לֶחֶם, 538.

Im Sinne eines Fortschreitens vom Konkreten zum Bildlichen und Abstrakten gliedert sich der zweite Teil der vorliegenden Untersuchung in zwei Kapitel. Zunächst wird die Aufmerksamkeit auf die Bedeutung des Brotes in den alttestamentlichen Schriften gerichtet. In einem zweiten Schritt werden seine symbolischen und metaphorischen Bedeutungen untersucht.

1 Bedeutung des Brotes im Alten Testament

Neben seiner Ernährungsfunktion hat das Brot im Zuge historischer Entwicklungen andere Bedeutungen, die nicht nur auf die Beziehung zwischen Israel und Gott verweisen, sondern auch auf menschliche Beziehungen.

1.1 Brot als Grundnahrungsmittel

Die alttestamentlichen Schriften bezeugen, dass Brot neben Wasser das Hauptnahrungsmittel sowohl für die Israeliten als auch für die anderen Völker ist (vgl. Sir 29,21).[203] Die Erzählung der Entlassung Hagars mit ihrem Kind durch Abraham in Gen 21,9–21 bringt diese Bedeutung ans Licht. Diese Geschichte erzählt nämlich, wie Abraham Hagar Brot und Wasser in einem Schlauch als notwendigen Proviant mitgegeben hat. Abraham hat in Bezug auf das schwierige Leben in der Wüste daran gedacht, wie wichtig Brot und Wasser in solcher Situation sein konnten.[204]

Als Grundnahrungsmittel ist Brot auch in der Josephsgeschichte (vgl. Gen 41,37–57) nicht zu übersehen. Als die sieben Jahre der Sättigung enden, wie Joseph es vorausgesehen hatte, kommen die sieben Hungerjahre nicht nur in Ägypten, sondern auch in anderen Ländern, wo Menschen nicht das zum Leben notwendige Brot hatten (vgl. Gen 41,53–54).[205] Die Träume des Pharaos, die Joseph in Gen 41,1–36 deutet, bieten Ägypten die Chance, rechtzeitig Maßnahmen zu ergreifen, um eine drohende mehrjährige Hungersnot vermeiden zu können. Die Errettung Ägyptens vor der Hungersnot macht begreiflich, aus welchen

203 Vgl. B. Ziemer, Brot, in: WiBiLex (2021) 1–12, hier 3 (aufgerufen am 23.06.2023).
204 Vgl. B. Jacob, Das Buch Genesis, Stuttgart 2000, 482–483. Für J. Scharbert, Genesis 12–50 (NEB.AT 16), Würzburg 1986, 161, entspricht dieses Entlassen der Sklavin von Hagar „dem allgemeinen Recht der damaligen Zeit."
205 Vgl. J. Ebach, Genesis 37–50 (HThKAT), Freiburg i. Br. u. a. 2007, 269; J. Scharbert, Genesis 12–50, 260.

Gründen die Brüder Josephs die Reise nach Ägypten auf sich genommen haben, um dort Getreide kaufen zu können (vgl. Gen 42,1–38).[206] Hier ist sinnvoll hervorzuheben, dass die Reise der Familie Jakobs nach Ägypten zum Zwecke des Einkaufs von Getreide keine isolierte Geschichte ist. Vielmehr ist sie eigentlich eine Wiederholung der Vergangenheit (vgl. Gen 12,10), die auch im Hinblick auf die Rolle des Brotes im Leben auszulegen ist.[207]

Um diese entscheidende Rolle sowohl für den Stamm Jakobs als auch für Ägypterinnen und Ägypter ans Licht zu bringen, erläutert der Erzähler in Gen 47,13–26, welche Strategie Joseph als Verwalter in Ägypten zur Anwendung brachte. Es gab Gen 47,13 zufolge im ganzen Land Ägypten kein Brot. Joseph sammelte in der ersten Phase alles Silbergeld ein, was bedeutet, dass er das zentral gesammelte Getreide gegen Geld abgab und so alles Geld an sich, bzw. in Pharaos Haus, brachte.

Mit der Einziehung allen Silbergelds ist die Voraussetzung der zweiten Phase der Expropriation erreicht.[208] In diesem Kontext ist Brot „Geld", denn es ist als „Währung" verstanden, gegen die z. B. Silber, Vieh und Land zu tauschen sind.[209] Bei den Wohlhabenderen ist Brot lediglich die Beilage zum Festessen (vgl. 1 Chr 12,40–41).[210] Brot kann auch gleichbedeutend sein mit einem Mindestlohn für geleistete Arbeit (vgl. Am 7,12).

Zusammenfassend lässt sich sagen, dass als Grundnahrungsmittel Brot eine wichtige Rolle im Leben des Gottesvolkes gespielt hat, sodass, wenn es kein Brot zu essen gibt, dies gleichbedeutend damit ist, dass es überhaupt nichts zu essen gibt (vgl. 1 Sam 14,24–28.43; 28,20).

206 Vgl. J. Ebach, Genesis 37–50, 269; auch B. Jacob, Das Buch Genesis, 750–751.
207 Vgl. J. Ebach, Genesis 37–50, 275.
208 J. Ebach, Genesis 37–50, 498, zeigt, dass Josef bei dieser Phase darauf abzielt, die Silberwährung aus dem Verkehr zu ziehen; weil das Vieh (pecus) an dieser Stelle im ursprünglichen „Sinne des lateinischen Wortes pecunia (Geld) zur gültigen Währung, d. h. zum Geld wird."
209 Vgl. J. Ebach, Genesis 37–50, 498.
210 Vgl. W. Dommershausen, Art. לֶחֶם, 539.

1.2 Brot in der Beziehung Gott und Israel

Als Grundnahrungsmittel ist Brot gleichzeitig ein wichtiges Leitmotiv in den alttestamentlichen Schriften, das das Verhältnis zwischen Gott und seinem Volk charakterisiert, insofern als es eine entscheidende Rolle im Kult spielt und das Mittel *par excellence* ist, durch das Israelitinnen und Israeliten ihre Identität als Gottesvolk konsolidieren.

1.2.1 Brot und Israels Identität

Das Pessach in Ägypten dient dazu, den Exodus als zentrales – Israels Identität begründendes und bewahrendes – Ereignis im kulturellen Gedächtnis zu verankern.[211] Da dieses Pessach immer mit den Mazzot verbunden ist[212], zeichnet sich die Bedeutung des Brotes in der Begründung von Israels Identität als Gottesvolk ab.[213]

In diesem Sinne muss festgehalten werden, dass Ex 12 als Grundlage nicht nur für das Verständnis des Pessach-Festes gilt, sondern auch für die Erinnerung an den Exodus beim Pessach in Ägypten.[214] Ex 12 kann in diesem Sinne als die „Basiserzählung"[215] zum Pessach betrachtet werden. Denn in Ex 12 wird die Verbindung von Pessach und Exodus verdeutlicht. Da Ex 12 nur wenige Erzählelemente und das Ritual enthält, bietet er in der Tat keine „klare und eindeutige ‚Vorlage' für die Praxis einer Pessach-Feier, auf die man sich zurückbeziehen könnte."[216] In Ex 12 findet man Hinweise, die einen Einfluss auf die Darstellung der Feier durch spätere Überlieferungen haben werden.[217]

Für den Erzähler von Ex 12 steht die Gemeinde im Mittelpunkt der Betrachtung. In diesem Sinne gibt Gott ihr durch Mose und Aaron die Anordnung für die Feier des Pessachs. Der verwendete Begriff עֵדָה

211 Vgl. M. Lee, Breaking of Bread and Breaking of Boundaries: A Study of the Metaphor of Bread in the Gospel of Matthew, New York 2014, 30–31.

212 Vgl. J. Scharbert, Exodus (NEB.AT 24), Würzburg 1989, 49; M. Lee, Breaking of Bread and Breaking of Boundaries, 31.

213 Vgl. M. Lee, Breaking of Bread and Breaking of Boundaries, 31.

214 Vgl. C. Dohmen, Exodus 1–18 (HThKAT), Freiburg i. Br. u. a. 2015, 296.

215 C. Dohmen, Exodus 1–18, 296.

216 C. Dohmen, Exodus 1–18, 296.

217 Vgl. C. Dohmen, Exodus 1–18, 299.

(„Gemeinde", vgl. Ex 12,3) weist darauf hin, dass Israel eine „Körperschaft"[218] ist.[219] Da es beim Pessach-Fest um die Erinnerung an den Auszug aus Ägypten und somit an die Befreiung der Israeliten von Sklaverei geht, ist hervorzuheben, dass das Pessach nicht als ein isoliertes Geschehen zu begreifen ist. Vielmehr gewinnt es seine wahre Bedeutung, wenn man es mit dem Mazzot-Essen verbindet.[220] Im Kontext von Ex 12 scheint die Forderung des siebentägigen Mazzot-Essens im Anschluss an das Pessach so zu verstehen zu sein, dass der erste Tag des Mazzot-Essens mit dem Pessach-Feiertag selbst zusammenfällt. Genau in diesem Sinne ist es schließlich in Ex 12,18 auch explizit formuliert: „Im ersten Monat, am vierzehnten Tag des Monats, am Abend sollen sie Mazzot essen bis zum einundzwanzigsten Tag des Monates am Abend." Hier wird die Verbindung zwischen Pessach und Mazzot gerade nicht auf der Grundlage der Auszugsereignisse hergestellt. Vielmehr ergibt sich die Verbindung zwischen Pessach und Mazzot durch eine zeitliche Verknüpfung. Die Mazzot sind nicht auf ein besonderes Fest oder einen speziellen Ritus bezogen; zusammen mit den Bitterkräutern sind sie vielmehr ein Teil des Pessach-Mahls.[221] Entscheidend für die Anbindung des Mazzot-Festes an die Pessach-Feier ist Ex 12,17. An dieser Stelle geht es um die Erwähnung des Auszugstags und die Forderung nach der Beachtung der Mazzot -Vorschrift an diesem Tag.[222] Verbindet man diese Passage mit Ex 12,14, wo der Auszugstag als zu feiernder Gedenktag für die kommenden Generationen gefordert wird, versteht man, dass es in V. 17 gar nicht um einen einzigen Tag geht, sondern „um die Zusammenführung mit dem Pessach, dessen Feier an den 14. Nisan (Abib) gebunden ist." [223] In Bezug auf die Erinnerung an den Auszugs-

218 H. Utzschneider/W. Oswald, Exodus 1–15 (IEKAT), Stuttgart 2013, 250.
219 Obwohl der Ausdruck „Gemeinde Israels" (Ex 12,3) hier das erste Mal im Pentateuch verwendet wird, um Israel als Gemeinde zu bezeichnen, wird der Ausdruck „Gemeinde der Israeliten" oft in der Entfaltung der Erzählung verwendet. Dieser Ausdruck bezieht sich auf Israel als „Volks-, Rechts- und Kultgemeinde" (H. Utzschneider/W. Oswald, Exodus 1–15, 250).
220 Vgl. C. Dohmen, Exodus 1–18, 301; auch E. Otto, Innerbiblische Exegese im Heiligkeitsgesetz Lev 17–26, in: ders., Die Tora. Studien zum Pentateuch (BZAR 9), Wiesbaden 2009, 46–106, hier 70; V. P. Hamilton, Exodus. An Exegetical Commentary, Michigan 2011, 186–187; J. Scharbert, Exodus, 51.
221 Vgl. C. Dohmen, Exodus 1–18, 301.
222 Vgl. J. Scharbert, Exodus, 51.
223 C. Dohmen, Exodus 1–18, 301.

tag ergeben sich aus der Parallelität der Formulierungen von Ex 12,14 und Ex 12,17 für die kommenden Generationen zwei Handlungen bei Feier von Pessach: Pessach-Mahl (mit Blutritus) und das siebentätige מַצָּה-Essen.[224] Dank dieser Erinnerung sind auch voneinander weit entfernte Generationen miteinander verbunden und somit die Identität Israels als des Gottesvolkes konsolidiert.[225] In diesem Konsolidierungsidentitätsprozess darf also Brot als ein entscheidender Faktor gelten.[226]

1.2.2 Brot im Kult

Wirft man einen Blick auf die Religionsgeschichte, so bemerkt man, dass Brot in vielen Kulturen bei religiösen Vollzügen eine wichtige Rolle spielt. Beispielsweise beschreibt Flavius Josephus in den *Antiquitates* den Schaubrottisch in Analogie zu einem Tisch im Tempel von Delphi.[227] Dass die religiöse Beziehung Israels mit Gott von der Erfahrung des Exodus geprägt ist, kann nicht bestritten werden. Auffällig ist aber der Raum, den das Brot in dieser Beziehung einnimmt.

Vor allem darf Brot bei den Festen nicht fehlen; denn der Festkalender Israels richtet sich zu einem wesentlichen Teil nach der Getreideernte[228], und dementsprechend sind Feierlichkeiten auch von Brotriten bestimmt.[229] Nach Dtn 16,13 ist das Essen ungesäuerter Brote, die ursprünglich aus der neuen (Gersten-) Ernte gebacken werden (vgl. Ex 9,31; Jos 5,10–12), zentraler Inhalt des Mazzot-Festes, das mit dem Pessach-Fest verbunden ist und somit, wie oben ausgeführt, eine ent-

224 Vgl. C. Dohmen, Exodus 1–18, 301.

225 In dieser Richtung betont auch R. de Vaux, Das Alte Testament und seine Lebensordnungen. 2. Teilband: Heer und Kriegswesen. Die religiösen Lebensordnungen, Freiburg i. Br. u. a. ²1960, 351: „Die Feste des Pascha und der ungesäuerten Broten haben dazu gedient, an dieses beherrschende Ereignis der Heilsgeschichte zu erinnern."

226 Vgl. M. Lee, Breaking of Bread and Breaking of Boundaries, 35–36.

227 Vgl. F. Josephus, Ant. III, 139, übersetzt von Henry John Thackeray u. a., London – Cambridge (Mass.) 1926–1965.

228 Vgl. E. Otto, Deuteronomium 12,1–23,15 (HThKAT), Freiburg i. Br. u. a. 2016, 1390; C. Körting, Der Schall des Schofar: Israels Fest im Herbst (BZAW 285), Berlin 2014, 8–13; R. de Vaux, Das Alte Testament und seine Lebensordnungen. 2. Teilband. Heer und Kriegswesen, 352; B. Ziemer, Brot, 4.

229 Vgl. E. Otto, Innerbiblische Exegese im Heiligkeitsgesetz Lev 17–26, 70.

scheidende Rolle in der Konsolidierung der Identität Israels als Gottesvolk spielt.[230]

Zu berücksichtigen ist, dass sich die religiöse Beziehung Israels mit Gott auf die Heiligtumskonzeption zurückführen lässt: Die Israeliten sollen Gott ein Heiligtum errichten, weil er in ihrer Mitte wohnen will. Das „Wohnen", das in Ex 25,1–27,21 beschrieben wird, bezeichnet eine besondere Form der Anwesenheit Gottes; es ist sozusagen die „Erfüllung der Menschen mit seinem Geist und Wesen als ein stellvertretendes Residieren unter ihnen."[231] Dieser Gedanke wird genau in der Mitte der Rede in Ex 29,42–49 weiter entfaltet und auf das Bundesverhältnis hin konkretisiert.[232] Auf die Beschreibung der Lade des Heiligtums, die sich in Ex 25,10–22 findet, folgt die Beschreibung eines Tisches, auf dem Israeliten beständig Brote vor Gott ablegen sollen (vgl. Ex 25,30). In Ableitung von dem Wort „Schaubrote" wird dieser Tisch seit Luther in der deutschsprachigen biblischen Überlieferung als „Schaubrottisch" bezeichnet.[233]

Jedoch besteht ein erheblicher Unterschied zwischen dem Opfer von Nahrungsmitteln, insbesondere Brot, in Israels Umwelt und dem Schaubrottisch: Während es dort um eine Speisung der Götter geht, lehnt die Bibel gerade diesen Gedanken ab (vgl. Ps 50,12).[234] Die Schaubrote sind keine Nahrungsgabe an JHWH. Dies gilt auch für die Speiseopfergabe: Sie ist nicht nötig für JHWH, und er gibt sie als Unterhalt an seine Priester weiter.[235]

Das Besondere dieser „Speiseopfergabe" besteht in der Regelmäßigkeit. Das bedeutet, dass die Brote Woche für Woche, jeweils am Schabbattag, erneuert werden sollen. „Damit ist neben dem *täglichen* Tamid-Opfer (zwei einjährige Lämmer, begleitende Opfer und das Olivenöl-

230 Vgl. M. Lee, Breaking of Bread and Breaking of Boundaries, 35.

231 B. Jacob, Das Buch Exodus, Stuttgart 1997, 859.

232 Vgl. B. Jacob, Das Buch Exodus, 560.

233 Zum Schaubrot im alten Israel vgl. W. Dommershausen, Art. 543 ,לֶחֶם.

234 Vgl. F. -L. Hossfeld/E. Zenger, Die Psalmen. Psalm 1–50 (NEB.AT 29), Würzburg 1993, 314.

235 Vgl. R. de Vaux, Das Alte Testament und seine Lebensordnungen. 2. Teilband: Heer und Kriegswesen, 268; auch Th. Hieke, Levitikus 16–27 (HThKAT), Freiburg i. Br. u. a. 2014, 950.

Opfer auf dem Leuchter) ein *wöchentliches* Tamid-Opfer eingerichtet."[236] Aus diesem Grund gehören die Schaubrote zu den תָּמִיד - Opfern, sie sind beständig (vgl. Ex 25,30; Lev 24,8; Num 4,7). Dies erklärt, warum die Brote in Num 4,7 „ständiges Brot" heißen.[237] Im Klartext: Im Heiligtum sollen die Brote auf dem beschriebenen vergoldeten Tisch aufgeschichtet werden, so dass zwei Stapel mit je sechs Broten entstehen. Auf jeden Stapel soll man Weihrauch geben (vgl. Lev 24,7). Weiterhin verbrennt man bei der Erneuerung der Brote diesen Weihrauch als „Gedächtnisanteil" (vgl. Lev 24,7).[238]

Im Zusammenhang mit Lev 24,5–9, wo man ausreichende Hinweise auf den Opfercharakter der „Schaubrote" finden kann, ist zu unterstreichen, dass „die Anordnungen über die so genannten ‚Schaubrote' auf dem ‚reinen Tisch' in Analogie zum Olivenöl-Opfer auf dem ‚reinen Leuchter' zu verstehen und zu deuten sind."[239] Und die „zwölf Kuchen" repräsentieren das ganze Volk Israels vor Gott.[240] In diesem Sinn ist das Opfer keine statische Präsenz, sondern „ein dynamisches, regelmäßig aktualisiertes Geschehen."[241] Denn „für Levitikus stehen nicht der Leuchter und der Tisch im Vordergrund, sondern das regelmäßige Opfer von Olivenöl (im Tagesrhythmus) und Brot (im Wochenrhythmus) im Sinne einer fortwährenden Erinnerung und Vergegenwärtigung."[242] Dabei fallen die alten Brote als Hochheiliges den Priestern zu und dürfen nur von ihnen gegessen werden.[243]

Dafür findet sich ein Beispiel in 1 Sam 21,2–7, wo die Episode erzählt wird, wie David und seine Männer im Heiligtum von Nob „heiliges Brot" essen dürfen, da für ihren Hunger kein gewöhnliches Brot vorhanden ist. Die Männer befinden sich aber im Zustand der kultischen Reinheit, da sie seit mindestens zwei Tagen keinen Geschlechtsverkehr

236 Th. Hieke, Levitikus 16–27, 950.
237 Vgl. J. Milgrom, Leviticus 23–27, 2098–2099.
238 Th. Hieke, Levitikus 16–27, 950, ist der Meinung, dass als „Gedächtnisanteil" der bereitgestellte Weihrauch „die Brote (und damit Israel) als Ganze" repräsentiert.
239 Th. Hieke, Levitikus 16–27, 947.
240 Für Th. Hieke, Levitikus 16–27, 947, geht es zugleich bei der Gabe von Brot und Öl um „ein Opfer in Analogie zur Speiseopfergabe (Lev 2)."
241 Th. Hieke, Levitikus 16–27, 947.
242 Th. Hieke, Levitikus 16–27, 947.
243 Vgl. Th. Hieke, Levitikus 16–27, 950.

mehr hatten (vgl. Lev 15,18). Die Unterschiede zwischen 1 Sam 21,2–7 und Lev 24,5–9 sollten nicht übersehen werden: Zwar geht es auch in der soeben referierten Episode um „Schaubrote“ (Ex 35,13; 39,36), aber sie werden nur als „heilig“ (vgl.1 Sam 21), nicht als „hochheilig“ (vgl. Lev 24,9) bezeichnet. Außerdem ist der Schauplatz das Lokalheiligtum in Nob, nicht das zentrale Heiligtum in Jerusalem. Dennoch werden die beiden Stellen im Neuen Testament (Mt 12,4 par. Mk 2,26; Lk 6,7) miteinander verbunden. Damit soll ein Argument dafür gewonnen werden, dass es unter bestimmten Umständen gerechtfertigt sein kann, sich über kultische Vorschriften bzw. deren Auslegung hinwegzusetzen.[244] Daraus, dass die Brote aus der Perspektive der heiligen Schriften keine Götterspeisung und keine Nahrung für JHWH sind, ergibt sich, dass sie rein symbolischen Charakter haben, wobei die Zwölfzahl ein Übriges dazu tut: Es geht, wie schon mehrfach angedeutet, um die dynamische Repräsentanz Israels vor Gottes Angesicht.

Die beständige Präsenz der Brote im Heiligtum repräsentiert nicht nur die Israeliten vor JHWH, sondern sie zeigt die Bereitschaft Israels, „sich beständig an die Weisungen JHWHs zu halten, also den Bund zu bewahren.“[245] Thomas Hieke geht davon aus, dass die Begriffe „ewiger Bund“ und „Schabbat“, die man in Lev 24,8 findet, auf Ex 31,16 verweisen.[246] Daraus ergibt sich eine klare Symbolik, die man mit der realen Welt verknüpfen kann. In anderen Worten symbolisiert die Bereitschaft, die Schaubrote wöchentlich zu erneuern, „den ewigen Bund zwischen JHWH und Israel wie die Einhaltung des Schabbat und die Befolgung beider Gebote, des Schabbatgebotes wie des kultischen Gebotes.“[247] In dem so konstituierten Bund kann man Kult (rechter Gottesdienst) von Ethos (gerechtes Handeln an den anderen Menschen) nicht trennen.[248]

244 Vgl. Teil III.2. Abschnitt 2.3.4.3.
245 Th. Hieke, Levitikus 16–27, 950.
246 Vgl. Th. Hieke, Levitikus 16–27, 950.
247 Th. Hieke, Levitikus 16–27, 951.
248 Vgl. Th. Hieke, Levitikus 16–27, 951.

2 Metaphorische und symbolische Bedeutungen des Brotes im Alten Testament

Wie bereits aus den vorstehenden Ausführungen zu ersehen war, ist die Bedeutung des Brotes im Alten Testament nicht auf seine Ernährungsfunktion beschränkt. Im Folgenden soll das Hauptaugenmerk solchen Stellen gelten, an denen man das Bild des Brotes entweder als Metapher oder als Symbol interpretieren kann.

2.1 Brot als Gottes Gabe

Eingedenk des Bildes von Gott als Vater, das sich auf die religiöse Erfahrung Israels mit Gott, bzw. die Erfahrung in der Wüste, zurückführen lässt, gehen Israelitinnen und Israeliten davon aus, dass jedes Brot eine Gabe Gottes ist. Diese Grundüberzeugung ist schon in der Schöpfungserzählung transparent. Denn das Thema Schöpfung ist als Vorbau zu den zentralen Ereignissen der Heilsgeschichte anzusehen.[249] Im Unterschied zu Gen 3,19, wo beispielsweise der Begriff לֶחֶם ausdrücklich nur im Zusammenhang mit der schweißtreibenden Feldarbeit erwähnt wird, ist er impliziert in der Gabe von Nahrung in Gen 1,29. An dieser Stelle ist die Nahrung, die Gott seinen Geschöpfen gibt, pflanzlich. Das bedeutet, dass dabei an Getreide, aus dem das Brot hergestellt wird, und an Baumfrüchte gedacht wird.[250] Darin ist der Genesis zufolge eigentlich der Unterschied zwischen der Nahrung von Menschen und der Nahrung von Tieren zu sehen, dass die Nahrung für die Tiere in Gras und Kräutern besteht. Bemerkenswert ist, dass die Versorgung der Menschen mit Nahrung oft neben einem Ziel oder Zweck der Menschenschöpfung fester Bestandteil der Erzählungen von der Menschenschöpfung ist. So haben denn die Worte הִנֵּה נָתַתִּי לָכֶם אֶת־כָּל־עֵשֶׂב

249 Vgl. G. von Rad, Theologie des Alten Testament. 1. Bd. Theologie der geschichtlichen Überlieferungen Israels, München 1969, 150; ders., Das formgeschichtliche Problem des Hexateuchs (BWANT 65), Stuttgart 1937, 71.

250 Vgl. G. Fischer, Genesis 1–11(HThKAT), Freiburg i. Br. u. a. 2018, 157.

(„Siehe, ich gebe euch alles Gewächs“), die eine gültige Festsetzung bedeuten, auch nicht den Charakter eines Gebotes oder Gesetzes. Vielmehr spiegeln sie ein Tun des seine Geschöpfe versorgenden Schöpfers wider[251], auf das sich Jakob in seinem Gelübde beruft (vgl. Gen 28,20), indem er davon ausgeht, dass Gott der Schöpfer und Geber des täglichen Brotes ist. Dieses Bild JHWHs als Brotgeber zeigt außerdem, dass alle Kreatur wartend JHWH zugekehrt ist. Von ihm, dem Schöpfer, ist sie abhängig (vgl. Ps 145,15.16).[252] Vom seinen Geben lebt alle Kreatur. Er ist der Herr des Lebens. Daher befindet sich alle Kreatur im Stand schlechthinniger Abhängigkeit (vgl. Ps 104,28).

Im Blick auf diese symbolische Bedeutung des Brotes vermag es weiterzuführen, wenn man einen kurzen Blick auf die Manna-Geschichte in Ex 16,1–38 wirft. Deren Kontext und Bedeutung geben nämlich ausreichende Hinweise darauf, dass die Bedeutung des Brotes als Gottes Gabe mit anderen symbolischen Brotbedeutungen, bzw. Brot als Wort Gottes, zu assoziieren sind. Diese Geschichte nimmt den größten Raum in Ex 15,22–17,7 ein. Das Murren des Volkes gegen Mose und Aaron in Ex 16,2, das diese Geschichte mit der Manna-Episode in 15,24 verbindet[253], prägt den Beginn der Erzählung der Manna-Geschichte in Ex 16,1–38. Im Unterschied zu 15,22–27, wo der Durst des Volkes das Murren auslöst, geht es beim Murren in Ex 16, das in V. 3 erläutert wird, um den Hunger. Mose und Aaron hätten die ganze Gemeinde zur Wüste herausgeführt, um sie in der Wüste an Hunger sterben zu lassen (vgl. Ex 16,3b). Da sie sich an die „Fleischtöpfe“ und „Brot zum Sattwerden“, die sie in Ägypten aßen, erinnerten, wäre der Tod dort für Israeliten dem Tod in der Wüste vorzuziehen gewesen.[254] Die Ankündigung von Manna durch Mose ist in diesem Kontext Gottes Reaktion auf dieses

251 Für G. Fischer, Genesis 1–11, 156, zeigt das erste ‚siehe‘ der Bibel an, „dass Gott nun einen Partner hat, dessen Aufmerksamkeit er auf Wichtiges lenken kann. Am Anfang steht dabei die lebensnotwendige Versorgung mit Nahrung, ein elementares Grundbedürfnis, auf dessen Erfüllung alle Lebewesen angewiesen sind.“

252 Vgl. W. Eichrodt, Die Theologie des Alten Testaments. 1. Teilband: Gott und Volk, Göttingen 1968, 152.

253 Ex 15,24: „Da murrte das Volk gegen Mose, indem sie sagten: Was sollen wir trinken?“/Ex 16,2: „Da murrte die ganze Gemeinde der Israeliten gegen Mose und Aaron in der Wüste.“

254 Vgl. B. Jacob, Das Buch Exodus, 458–459; auch C. Dohmen, Exodus 1–18, 384.

Murren. Die Gabe des Brotes vom Himmel zielt nicht zuerst auf die Versorgung des Volkes einerseits und die Vermeidung des Murrens andererseits ab. Vor allem wird das Volk dabei geprüft, ob es der Weisung Gottes treu ist. In der JHWH-Rede besteht diese Weisung in der täglichen Menge dieses Brotes und der doppelten Ration am sechsten Tag (vgl. Ex 16,4). Für Christoph Dohmen schließt diese Weisung, die sich auf die Tora bezieht, „eine Art Schabbat-Reglement mit ein, so dass die Tora vor ihrer Übergabe am Sinai in dem Blick kommt, ohne dass dabei eine Konkurrenz – in Bezug auf die Übergabe der Tora oder ihren Inhalt (unterschiedliche Torot) – entstehen würde."[255]

Die Frage nach der Natur des Mannas hat zu allen Zeiten Anlass gegeben, eine natürliche Erklärung für das ‚Himmelsbrot' zu finden.[256] Es wird in dieser Richtung angenommen, „dass es sich bei diesem ‚Himmelsbrot' um das Sekret von Blatt- bzw. Schildläusen an Tamarisken handelt, das zuckerhaltig und genießbar ist."[257] Manna wird biologisch-chemisch erklärt, indem es mit dem Tamarisken-Manna verglichen wird.[258] Aber die besonderen Eigenschaften des Mannas, die die biblische Erzählung beschreibt, stimmen nicht mit dem natürlichen Phänomen überein.[259] Deswegen wird Manna als „Brot vom Himmel" (Ex 16,4) bezeichnet und gleichzeitig ist es mit der Herrlichkeit Gottes verbunden (vgl. Ex 16,7).

Da Israel durch das Manna in Ex 16 den Schabbat entdeckt und ihn erfahren kann, ist dann dieses Brot vor JHWH eine Darstellung der Beziehung JHWH-Israel, für die der Schabbat ein Zeichen des Bundes ist (vgl. Ex 31,12–17). Denn „der Schabbat ist etwas ‚Gegebenes' (vgl. V. 29), das nicht nach individueller Leistung zugeteilt wird, sondern für

255 C. Dohmen, Exodus 1–18, 384.

256 Vgl. P. Maiberger, Das Manna. Eine literarische, etymologische und naturkundliche Untersuchung, Wiesbaden 1983, 120–121.

257 C. Dohmen, Exodus 1–18, 389.

258 Vgl. J. Scharbert, Exodus, 69; auch C. Dohmen, Exodus 1–18, 389–390.

259 Vgl. C. Dohmen, Exodus 1–18, 389–390.

alle gleich ist."[260] Auf diese Weise werden Ex 16,17–18 als Grundlage für das metaphorische Verständnis des Mannawunders bezeichnet.[261]

In diesem Sinne weist auch Ex 16,32 auf Israels JHWH-Beziehung und JHWHs Israel-Beziehung hin, indem die kommenden Generationen durch die Aufbewahrung eines vollen Omer an den Auszug aus Ägypten und an JHWHs Fürsorge in dieser Zeit erinnern. Dadurch wird ein kulturelles Gedächtnis gebildet.[262] Deswegen wird nach jüdischer Sitte vor dem Genuss des Brotes stets ein Segen gesprochen, welcher Gott preist als den, der das Brot aus der Erde hervorgehen lässt. Diese Verpflichtung, die sich eigentlich auf diese religiöse Erfahrung der Israeliten mit Gott zurückführen lässt, kann zudem aus Lev 19,24 erschlossen werden, wonach man vor und nach dem Genuss der Früchte des Landes zum Lobpreis verpflichtet ist. Durch den Segen sollen die Israeliten Gott für das verheißene Land danken, das ihnen Gott gegeben hat.[263]

2.2 Brot als Wort Gottes

Die symbolische Bedeutung des Brotes als Gottes Gabe, die auch in anderer Weise seine Ernährungsfunktion unterstreicht, hat den Israeliten geholfen, die Bedeutung des Wortes Gottes zu begreifen. Das Wort Gottes ist grundsächlich das unverzichtbare Brot, das man braucht, um sein Leben zu erhalten. Diese Symbolisierung des Wortes Gottes führt zum Kern des Glaubens Israels, nämlich zu der Beziehung zwischen Gott als Vater und Israel als Volk. Es geht um die Gebote Gottes, die

260 C. Dohmen, Exodus 1–18, 390; vgl. auch C. Bergmann, Festmahl ohne Ende. Apokalyptische Vorstellungen vom Speisen in der kommenden Welt im antiken Judentum und ihre biblischen Wurzeln (BWANT 222), Stuttgart 2019, 103.

261 Vgl. C. Dohmen, Exodus 1–18, 391; auch C. Bergmann, Festmahl ohne Ende, 101–102.

262 L. Schwienhorst-Schönberger, „Brot vom Himmel". Das Manna in der Wüste (Ex 16) und die Brotrede Jesu in Kafarnaum (Joh 6), in: Communio 3 (2013) 224–236, hier 228, spricht von der „Etablierung einer institutionalisierten Form des Erinnerns vom kommunikativen in das kulturelle Gedächtnis."

263 Vgl. E. Otto, Deuteronomium 4,44–11,32 (HThKAT), Freiburg i. Br. u. a. 2012, 914–917.

Israel befolgen muss. Die Gebote sind das Leitmotiv, welches das Verhältnis Israels als Volk zu JHWH definiert.[264]

Nach Gen 2,16f. beziehen sich bereits die ersten Gebote Gottes auf die Wahl der richtigen Speisen. So entsteht eine Beziehung des Menschen zu seinem Schöpfer gerade dadurch, dass ihm der Schöpfer ein Gebot gibt. Eigentlich gehört dieses besondere Element des Menschseins zu der Erzählung von der Übertretung des Gebotes und deren Folgen. Aber die Einfügung in die Erzählung von der Erschaffung des Menschen an dieser Stelle hat einen bestimmten, vom Verfasser des Textes beabsichtigten Sinn: Die durch das Gebot entstehende Beziehung des Menschen zu Gott wird dadurch den Elementen zugeordnet, die durch die Erschaffung sein Dasein bestimmen. Gerade dies aber entspricht nun dem Verständnis des Menschen im Alten Testament besonders: Zu einem vollständigen, ganzen Menschsein gehört ein solches Sichverhalten zu Gott, das erst durch ein Gebot Gottes ermöglicht wird.[265]

Das Gebot bleibt das Wort Gottes; man kann es nur hören, indem man darin Gott hört und ihm gehorsam ist. Es eröffnet somit eine Möglichkeit, sich zu Gott zu verhalten und somit zu leben. Es wird dem Menschen durch das Gebot etwas zugetraut, er wird in einen Raum der Freiheit gestellt, der dem Tier nicht offen steht. Es ist keine Einengung, sondern eine Erweiterung seiner Existenzmöglichkeiten.[266]

Paul Maiberger geht davon aus, dass in Verbindung mit „Omer" das Manna in Ex 15,22–16,36 als Symbol des Wortes Gottes zu verstehen ist.[267] Das bedeutet, dass das Wort Gottes wirklich den Menschen ernährt. So lässt sich erklären, warum der honigsüße Geschmack des Mannas in vielen alttestamentlichen Texten in einem hohen Sinn ausgelegt wird.[268] Betrachtet als Brot der Engel, ist Manna „keine gewöhnliche irdische Nahrung, sondern Symbol und Archetyp der Seelenspeise, nämlich des göttlichen Wortes, das dem Menschen das übernatürli-

264 Vgl. C. Dohmen, Exodus 1–18, 391; J. Scharbert, Exodus, 70–71; auch M. Klinghardt/T. Staubli, Art. Brot, in: F. Crüsemann u. a. (Hg.), Sozialgeschichtliches Wörterbuch zur Bibel, München 2009, 69–73, hier 72.

265 Vgl. J. Scharbert, Genesis 1–11 (NEB.AT), Würzburg ²1985, 51.

266 Vgl. J. Scharbert, Genesis 1–11, 51–52.

267 Vgl. P. Maiberger, Das Manna, 218.

268 So z. B. Weis 16,20; Ez 2,8; 3,3–3; Ps 119,103; Spr 24,13f.; Sir 23,27; 24,20.

che Leben und einen Vorgeschmack der unerschöpflichen Liebe und Schönheit Gottes vermittelt."[269]

Da es bei Dtn 8,3a um das Motiv der Erziehung zum Gehorsam geht[270], soll in Dtn 8,3b ausgesagt werden, dass es der unmittelbare Zweck der Speisung war, Israel darüber zu belehren, dass der Mensch eben nicht nur von irdischer Speise lebt, sondern auf das an ihn ergehende Wort Gottes angewiesen ist. In diesem Sinn ist die Satzung JHWHs in Dtn 8,3b zu verstehen als alles, was aus JHWHs Mund gekommen und somit offenbart ist. Die Offenbarung der Tora ist so wie das Manna in der Wüste eine wundersame und gnädige Gabe Gottes. Im Zentrum steht die Aufforderung zum Gebotsgehorsam (vgl. Dtn 8,1.6).[271] In Lev 18,5 folgt auf die Aufforderung, den Geboten und Gesetzen zu folgen, die Verheißung, dass der Mensch, der ihnen folgt, durch sie leben wird. In diesem Vers wird wie in Dtn 8,3b ausgesagt, dass der Mensch durch die Satzung JHWHs leben werde.

2.3 Brot in menschlichen Beziehungen

Im Alten Testament stellen Essen und Trinken mehr als nur Mittel zur Befriedigung physiologischer Bedürfnisse dar. Über diese elementare Funktion hinaus haben sie auch soziale und kulturelle Bedeutung. Sie bilden das Symbol für die Gemeinschaft zwischen Menschen.[272] In diesem Sinn kommt nicht zuletzt die Bedeutung des Brotes in Betracht. Das gemeinsame Brechen des Brotes und das Teilen der Speisen konstituieren deswegen zentrale Elemente vieler biblischer Traditionen von Gastfreundschaft und Tischgemeinschaft. Zu betrachten als Gottes Gabe, soll Brot bei Tisch immer geteilt werden, um einerseits die Gastfreundschaft zu zeigen und andererseits die Gemeinschaft zu bekräftigen (vgl. Gen 18,2–8; 19,1–3).[273]

269 P. Maiberger, Das Manna, 241.
270 Das Motiv der Erziehung zum Gehorsam, das man in Dtn 8,3a findet, wird in der Tat aus Dtn 8,2 aufgenommen. Außerdem wird dieses Motiv auch durch das Motiv der Bereitstellung von Manna in Dtn 8,16 weiter entwickelt (vgl. E. Otto, Deuteronomium 4,44–11, 908).
271 Vgl. E. Otto, Deuteronomium 4,44–11, 908.
272 Vgl. G. Fischer, Genesis 1–11, 257.
273 Vgl. M. Lee, The Breaking of Bread and the Breaking of Boundaries, 43.

Ein mit der Gastfreundschaft verbundener Aspekt ist das Vertrauen, das sich bei der Teilung des Brotes entwickeln lässt. Der Ausdruck אִישׁ שְׁלוֹמִי, der sich in Ps 41,10 findet, bezeichnet den nächsten Freund, mit dem der Psalmist ein unzerstörbares Vertrauens- und Freundschaftsverhältnis geschlossen hat. Aber jetzt tritt eben dieser Freund in dem Kreis der Feinde auf.[274] In dieser Hinsicht ist zu begreifen, dass das gemeinsame Mahl Zeichen einer solchen unverletzlichen Vertrauensbindung sein kann, weil אָכַל לֶחֶם (Brot zu essen) die Mahlgemeinschaft stiftet und damit die Communio.[275]

Gemeinsam Brot zu essen stiftet außerdem Bundesverhältnisse. Für zur Besiegelung von Bündnissen geteiltes Brot ist auch Jos 9,11–13 als gutes Beispiel zu nennen. An dieser Stelle erwähnt der Erzähler Brot unter anderen Dingen, die die Bewohner von Gibeon mitgebracht haben, um zu zeigen, dass sie wirklich bereit dazu sind, das geplante Bündnis mit Josua zu schließen.[276] Aber das Verweigern des gemeinsamen Brotessens steht für Verweigerung der Gemeinschaft (vgl. Gen 43,32–33).

274 Vgl. F. -L. Hossfeld/E. Zenger, Die Psalmen. Psalm 1–50, 760–761.
275 Vgl. G. Fischer, Genesis 1–11, 257.
276 Vgl. R. D. Nelson, Joshua: A Commentary, Louisville 1997, 129–130.

3 Zusammenfassung

Aus der vorstehenden Untersuchung zur Bedeutung des Brotes im Alten Testament hat sich ergeben, dass Brot eines der wichtigen Elemente ist, die im Zentrum verschiedener Erzählungen in den alttestamentlichen Schriften stehen. Sowohl in der Erzählung der Entlassung Hagars mit ihrem Kind durch Abraham in Gen 21,9–21 als auch in der Geschichte Josephs in Gen 41,53–54 scheint die Ernährungsfunktion des Brotes in verschiedenen Situationen unterstrichen zu werden und steht somit an der Spitze der Notwendigkeiten der Menschen.

Neben seiner Ernährungsfunktion spielt das Brot in den alttestamentlichen Schriften eine entscheidende Rolle in der Konsolidierung der Identität. Durch die Erinnerung an den Exodus beim Pessach in Ägypten sind verschiedene Generationen verbunden, und somit wird die Identität Israels als Gottesvolk konsolidiert. In diesem Prozess der Identitätskonsolidierung stellt Brot einen wichtigen Faktor dar. Denn das Essen ungesäuerter Brote ist nach Dtn 16,13 der zentrale Inhalt des Mazzot-Festes. In diesem Sinne nimmt das Brot auch im Kult einen großen Raum ein. Es ist vor allem wichtig für die Feste, was sich schon daran zeigt, dass sich der Festkalender Israels zu einem wesentlichen Teil nach der Getreideernte richtet und dementsprechend auch von Brotriten bestimmt ist. Hervorgehoben werden muss im Zusammenhang mit Brot als Kultgegenstand, dass dieses nicht als Nahrungsgabe an JHWH zu verstehen ist. Gott empfängt zwar Brot als Gabe, gibt es aber als Unterhalt an seine Priester weiter. Im Heiligtum repräsentiert die beständige Präsenz der Brote die Israeliten vor JHWH und zeigt gleichzeitig die Bereitschaft Israels, sich beständig an die Weisungen JHWHs zu halten. Im Zusammenhang mit dieser Rolle wird Brot symbolisch und metaphorisch interpretiert. Brot wird vor allem als Gottesgabe angesehen, insofern als JHWH als der Schöpfer und Geber des täglichen Brotes gilt: Darin kommt das Bild Gottes als eines Vaters zum Ausdruck, das sich in seiner Substanz besonders unter Rekurs auf die religiöse Erfahrung Israels in der Wüste begreifen lässt bzw. durch die Erfahrung Israels mit dem Manna. Gerade in dieser Eigenschaft als Ernährer darf er als der Vater Israels gelten. Als Schöpfer ist Gott der

Brotgeber, der seine Kinder mit guter Nahrung versorgt. Die Geschöpfe leben in der Welt durch sein Geben.

Brot steht auch symbolisch für das Gotteswort. Die Symbolisierung des Wortes Gottes im Brot erhellt den Kern des Glaubens Israels, nämlich die Beziehung zwischen Gott als Vater und Israel als Volk. Das Wort Gottes umfasst seine Gebote. Diese sind die eigentliche Nahrung, die die Israeliten brauchen, um Kinder Gottes zu werden und ihre Beziehung mit Gott zu stärken. Sie gelten als das Leitmotiv, welches das Verhältnis des Volkes Israel zu JHWH bestimmt. Durch die Einhaltung von Gottes Wort erhält Israel folglich Brot im Überfluss. In diesem Sinne ist Brot mit dem Segen und dem Heil Gottes verbunden. Wenn aber Israel sich in einer Notsituation befindet, wird das Fehlen des Brotes zu einem Zeichen für die Strafe, die Gott über das sündige Volk verhängt hat. Solchen Zusammenhängen von Ungehorsam und Fluch werden die Ausdrücke „Brot des Elends“ (Dtn 16,3) und „Trauerbrot“ (Hos 9,4f.) entstammen. Außerdem kann Brot in zwischenmenschlichen Beziehungen das Symbol der Gastfreundschaft sein, die Gemeinschaft bekräftigen und Bundesverhältnisse stiften (vgl. Gen 31,54; Jer 41,1), wenn es gemeinsam gegessen wird. Dementsprechend steht das Verweigern des gemeinsamen Brotessens für Verweigerung der Gemeinschaft. Wegen seines jüdischen Hintergrundes sind diese alttestamentlichen Bedeutungen des Brotes für das Verständnis des ersten Evangelisten in Anschlag zu bringen, insofern als dieser darauf rekurriert, um seine Erzählung der Geschichte Jesu zu bereichern und zu kontextualisieren.

III Die Bedeutung des Brotes im Matthäusevangelium

Im Neuen Testament ist das Wort ἄρτος 97-mal belegt[277], Matthäus erwähnt es 21-mal in seinem Werk. Dies deutet darauf hin, dass das Brot in der Erzählung der Jesusgeschichte durch den ersten Evangelisten einen breiten Raum einnimmt. Dabei wird das Wort ἄρτος in unterschiedlicher Weise verwendet:

Perikopen	**Grundnahrungsmittel/ Jesus/ Gott als Brotgeber**	**ἄρτος in der Rede Jesu**
4,1–4	+**	–
6,11	+	+*
7,7–11		+*
12,1–8	+	+*
14,13–21	+**	–
15,21–28	M	M*
15,29–39	+**	–
16,5–12	+	+*
26,26–29	+**	–

Tabelle 1: Semantische Merkmale von ἄρτος im Matthäusevangelium[278]

277 Der Ausdruck ἄρτος wird besonders in den Evangelien verwendet. Neben den 21 Belegen bei Matthäus findet man ihn 21-mal bei Markus, 15-mal bei Lukas und 24-mal bei Johannes. Zudem wird er fünfmal in der Apostelgeschichte, zehnmal bei Paulus (siebenmal im 1 Kor, zweimal im 2 Thess und einmal im 2 Kor) und einmal im Hebräerbrief (9,2) verwendet (vgl. J. Behm, Art. ἄρτος, in: TWNT I (1957) 475–476); W. Moulton/A. S. Geden, Art. ἄρτος, in: ders. (Hg.), A Concordance to the Greek Testament, Edinburgh ³1963, 109–110.

278 + zeigt, dass ἄρτος die Bedeutung des Grundnahrungsmittels hat.

+* verweist darauf, dass ἄρτος zwar die Bedeutung des Grundnahrungsmittels hat, aber es nur in der Rede Jesu verwendet wird, um eine bestimmte Lehre Jesu zu verdeutlichen.

+** weist hier darauf hin, dass das Wort ἄρτος nicht nur Grundnahrungsmittel bedeutet, sondern auch im Mittelpunkt der Erzählung steht. Dabei wird Jesus als die Hauptfigur der Erzählung dargestellt.

– bedeutet, dass ἄρτος nicht in der Rede Jesu verwendet wird.

M bezieht sich auf die metaphorische Bedeutung des Brotes.

M * bedeutet, dass ἄρτος metaphorisch in der Rede Jesu verwendet wird.

Aus diesen semantischen Merkmalen ergibt sich, dass die Art und Weise, wie Matthäus das Wort ἄρτος verwendet, die spezifische Bedeutung dieses Nahrungsmittels im Entwurf seiner christologischen und ekklesiologischen Perspektiven zum Ausdruck bringt. Demgemäß wird sich dieser dritte Teil der Untersuchung in zwei Abschnitte gliedern. Zunächst soll die Bedeutung des Brotes in Bezug auf die matthäische Christologie untersucht werden (1). Dabei werden die Geschichten, in denen das Brot im Mittelpunkt der Erzählung steht, analysiert, um zu zeigen, welches Bild Jesu Matthäus darstellt. Im Zusammenhang damit wird der Blick in einem zweiten Schritt auf die ekklesiologischen Fragen der matthäischen Gemeinde geworfen. Denn der matthäische Jesus verwendet das Bild des Brotes in verschiedenen Argumentationen, um seine Lehre anschaulich zu verdeutlichen (2).

1 Narrative Christologie des Matthäus im Spiegel der Broterzählungen

Da das Ziel des ersten Evangelisten die Vorstellung Jesu für seine Gemeinde ist, soll nun gezeigt werden, wie Matthäus die Bedeutung des Brotes mit seiner Vorstellung von Jesus verbindet. Daher werden im folgenden Abschnitt das matthäische Bild Jesu bei der ersten Versuchung (4,1–4), in den zwei Speisungsgeschichten (14,13–21; 15,29–39) und beim Herrenmahl (26,26–29) untersucht.

1.1 Brot bei der ersten Versuchung (Mt 4,1–4)

1.1.1 Mt 4,1–4 und Kontext

Bei Matthäus hebt sich die Versuchungserzählung von der vorhergehenden Verkündigung des Täufers (vgl. Mt 3,1–12) und der Offenbarung des gerechten Gottessohns (vgl. Mt 3,13–17) durch den Beginn einer neuen Geschichte und eine völlig neue Thematik ab. Da „die vier ersten Verse eine Einheit bilden“[279], weisen zum einen die zeitliche Angabe (Τότε)[280] und der Ortswechsel (εἰς τὴν ἔρημον) und zum anderen die Einführung einer neuen Figur, nämlich des Satan (διάβολος), darauf hin, dass der Vers 1 als der Beginn sowohl für die erste Versuchung als auch für die ganze Versuchungsgeschichte anzusehen ist. Diese Angaben machen auch deutlich, dass es in dem fraglichen Abschnitt um eine neue Thematik geht, nämlich die Bewährung des Gottessohns in der Versuchung. Außerdem ist V. 4 als das Ende der ersten Versuchungser-

279 J. Dupont, Die Versuchungen Jesu in der Wüste (SBS 37), Stuttgart 1969, 10.
280 Τότε ist eigentlich ein matthäischer Vorzugvokabel. Matthäus verwendet dieses Wort 90-mal in seinem Evangelium (vgl. U. Luz, Mt I, 74).

zählung zu betrachten. Denn die Zeitangabe und auch der Ortswechsel, die sich in V. 5 finden, verweisen auf die zweite Versuchung.

Die erste Versuchung Jesu gehört zum Prolog des Matthäusevangeliums (Mt 1,2–4,16).[281] Denn die gleichlautend formulierte Verkündung des Täufers und Jesu (μετανοεῖτε· ἤγγικεν γὰρ ἡ βασιλεία τῶν οὐρανῶν, „Kehrt um, denn das Himmelreich ist nahe herbeigekommen!" 3,2; 4,17)[282] bildet nicht nur die Inklusion, sondern sie enthält auch ein Hauptthema dieses Abschnitts: die Gottessohnschaft Jesu.[283] Außerdem weisen die Schriftzitate und die geographischen Angaben darauf hin, dass die Rahmenperikopen in 3,1–12 und in 4,12–17 miteinander verwandt sind. Die Notiz über den großen Erfolg des Täufers (vgl. Mt 3,5) darf demnach als Vorausdeutung auf die entsprechende Notiz über den großen Erfolg Jesu im nächsten Abschnitt (vgl. Mt 4,23–25) gelesen werden. Auf diese Weise gilt 4,18–22 als ein Übergangsabschnitt, der Verbindungen sowohl nach hinten als auch nach vorne aufweist. Daraus ergibt sich der Eindruck, dass der erste Evangelist „Hauptteile nicht klar voneinander trennt, sondern durch Klammerperikopen miteinander verbindet."[284]

Die erste Versuchung (4,3–4), die mit der Einleitung (4,1–2) eine Einheit bildet, ist auch mit dem gesamten Abschnitt (3,1–4,11) verbunden. Das bedeutet, dass dank der Einleitungsnotiz in 4,1 Matthäus die

281 Vgl. M. Konradt, Mt, 4; auch W. Klaiber, Das Matthäusevangelium. 1 Teilband: Mt 1,1–16,20, Neukirchen-Vluyn 2015, 61. Im Unterschied dazu geht H. -C. Kammler, Die Versuchungsgeschichte Mt 4,1–11 im Kontext des Matthäusevangeliums, in: ZThK 100 (2003) 163–186, hier 167, davon aus, dass Mt 4,1–11 zum ersten großen Hauptteil des Matthäusevangeliums gehört, der sich „von 1,1 bis 4,11 erstreckt."

282 G. Häfner, Der verheißene Vorläufer, 68–69, zeigt, dass das Wort μετάνοια das Täuferwort mit der Verkündigung Jesu verbindet: „Eine letzte Verbindung von Täuferwort und die Verkündigung Jesu ergibt sich durch das Stichwort der metanoia, das für den mt Jesus wortstatistisch gesehen freilich nicht besonders charakteristisch ist. Es erhält sein Gewicht vor allem durch das Erscheinen in der ersten Zusammenfassung von Jesu Botschaft (4,17), hier wie an den verbleibenden Jesusworte betreffenden Belegstellen (11,20.21; 12,41) unter Verwendung des Verbes μετανοέω. Das Substantiv μετάνοια begegnet nur im Mund des Täufers. Dass dieser mit der Aufforderung zur Umkehr ein jesuanisches Thema vorwegnimmt, sollte trotz des genannten Befunden nicht bestritten werden, da der Evangelist in den Weherufen über die Städte die mangelnde Umkehr mit einer scharfen Gerichtsdrohung verbindet und die Begründung für diese Drohung durch den redaktionell gebildeten Vers 11,20 noch verstärkt hat."

283 Vgl. G. Häfner, Der verheißene Vorläufer, 71–72.

284 U. Luz, Mt I, 199.

erste Versuchung unmittelbar an die Taufgeschichte anknüpfen lässt: So wird in 3,16 beispielsweise berichtet, dass Jesus sofort nach der Taufe aus dem Wasser steigt. Mit καὶ ἰδού („und siehe“) markiert Matthäus den Beginn des für ihn allein wichtigen Geschehens. Dabei wird der Geist Gottes als eine Taube symbolisiert, um die Bedeutung der Geistmitteilung im Kontext von Taufe und Himmelsstimme anschaulich darzustellen.[285] Gottes Geist wird in Jesus gegenwärtig und legitimiert und befähigt ihn, seine irdische Mission zu erfüllen.[286] Die Verbundenheit Gottes mit Jesus, die im Herabkommen der Taube ausgedrückt ist, wird vertieft (καὶ ἰδού „und siehe“ 3,16) durch die Stimme (wieder ἐκ τῶν οὐρανῶν, „aus den Himmeln“ 3,17), die Jesus als geliebten Sohn ausweist, den Gott sich erwählt hat.[287] Und es ist auch der Geist in 4,1, der Jesus in die Wüste führt, damit dieser vom Teufel versucht wird. Das Leitthema der Gottessohnschaft Jesu, das unmittelbar 4,1–4 mit 3,13–17 verbindet, findet sich auch in dem darauffolgenden Abschnitt, nämlich der zweiten Versuchung (4,5–7).[288]

Die literarische Kohärenz von Mt 4,1–4 wird auf Mt 4,1–11 bezogen.[289] Neben dem Thema und der Sprache lassen die Versuchungsbeschreibung und insbesondere der Dialog mit dem Teufel vermuten, dass der Text keine Veränderungen erfahren hat. Dafür gibt es noch zwei weitere Hinweise, die miteinander stark verbunden sind: die Mose-Typologie und der Bezug auf die alttestamentliche Schrift bzw. Dtn 8,3.[290]

285 Vgl. G. Häfner, Der verheißene Vorläufer, 135.
286 M. Konradt, Mt, 53, argumentiert, dass die Himmelsstimme und das Herabkommen des Geistes darauf hinweisen, dass der Beginn des Wirkens Jesu „in der Kraft des Geistes (12,28) bevorsteht.“
287 U. Luz, Mt I, 214–215, geht davon aus, dass bei Matthäus Jesus schon seit seiner Geburt Gottessohn ist. Deswegen richtet sich die Himmelsstimme in Mt 4,17 nicht an ihn, sondern an Johannes den Täufer und an die Volksmenge.
288 Vgl. H. -C. Kammler, Die Versuchungsgeschichte Mt 4,1–11 im Kontext des Matthäusevangeliums, 170.
289 Vgl. Vgl. D. A. Hagner, Matthew 1–13, 62–63; U. Luz, Mt I, 220.
290 J. Dupont, Die Versuchungen Jesu in der Wüste, 10–11, betont in seiner Untersuchung der Versuchungen Jesu in der Wüste, dass es einen Zusammenhang zwischen allen Informationen, die man in Mt 4,1 4 findet, gibt. Dadurch kann auch die Einheit dieser Erzählung gesehen werden: „Wenn der Teufel Jesus auffordert, Steine in Brot zu verwandeln (V. 3), und hiermit die Antwort provoziert, dass der Mensch nicht vom Brot allein lebt (V. 4), so setzen dieser Vorschlag und die Antwort die Situation voraus, die in den zwei vorherge-

1.1.2 Mt 4,1–4 im Vergleich zu Mk 1,12–13b

Matthäus ist nicht der einzige Evangelist, der die Versuchungsgeschichte Jesu berichtet. Vielmehr berichten andere synoptische Evangelien, dass Jesus nach der Taufe durch Johannes im Jordan vom Geist in die Wüste getrieben wurde, wo er vom Teufel versucht werden sollte (vgl. Mk 1,12–13b; Lk 4,1–13). Im Licht der Zwei-Quellen-Theorie, der im Rahmen dieser Untersuchung gefolgt wird, wird Mt 4,1–4 mit Mk 1,12–13b verglichen, um das Spezifikum der ersten Versuchung bei Matthäus aufzuzeigen.

Mt 4,1–4	**Mk 1,12–13b**
[1] Τότε ὁ Ἰησοῦς ἀνήχθη	[12] Καὶ εὐθὺς τὸ πνεῦμα
εἰς τὴν ἔρημον ὑπὸ τοῦ πνεύματος πειρασθῆναι ὑπὸ τοῦ διαβόλου.	αὐτὸν ἐκβάλλει εἰς τὴν ἔρημον.
[2] καὶ νηστεύσας ἡμέρας τεσσεράκοντα καὶ νύκτας τεσσεράκοντα,	[13] καὶ ἦν ἐν τῇ ἐρήμῳ τεσσεράκοντα ἡμέρας πειραζόμενος ὑπὸ τοῦ σατανᾶ, καὶ ἦν μετὰ τῶν θηρίων,
ὕστερον ἐπείνασεν.[3] καὶ προσελθὼν ὁ πειράζων εἶπεν αὐτῷ· εἰ υἱὸς εἶ τοῦ θεοῦ, εἰπὲ ἵνα οἱ λίθοι οὗτοι ἄρτοι γένωνται.[4] ὁ δὲ ἀποκριθεὶς εἶπεν· γέγραπται· οὐκ ἐπ' ἄρτῳ μόνῳ ζήσεται ὁ ἄνθρωπος, ἀλλ' ἐπὶ παντὶ ῥήματι ἐκπορευομένῳ διὰ στόματος θεοῦ.	

Tabelle 2: Die Gestalt von Mt 4,1–4 im Vergleich zu den Synoptikern

Im Unterschied zum Markusbericht beginnt die matthäische Versuchungserzählung mit einer kleinen Einleitung. Bei Matthäus ist Ἰησοῦς das Subjekt, während dies bei Markus τὸ πνεῦμα ist. Matthäus benutzt eine passivische Form von ἄγω von ἀνάγω (Mt: ἀνήχθη, im Aorist). Markus dagegen verwendet das aktivische und präsentische

henden Versen beschrieben ist: Jesus befindet sich in der Wüste und nach einer Fastenzeit von vierzig Tagen und vierzig Nächten hat er Hunger. Alle diese Angaben hängen logisch miteinander zusammen."

ἐκβάλλει. Außerdem wechselt Matthäus die Reihenfolge der Wörter ἡμέρας τεσσεράκοντα und nennt den Teufel διάβολος, während der Teufel bei Markus σατανᾶς genannt wird und die Reihenfolge der Wörter τεσσεράκοντα ἡμέρας umgekehrt ist. Zu betonen ist, dass Matthäus zwei zusätzliche Motive zur Einleitung ihrer Erzählungen erwähnt, nämlich das Fasten/Nicht-Essen Jesu und den Hunger Jesu nach den 40 Tagen (ἐπείνασεν).

Wirft man einen Blick auf die Einleitung der Versuchungsgeschichte bei Matthäus, bemerkt man auch, dass Matthäus mit τότε Tauf- und Versuchungsgeschichte verbindet.[291] Matthäus hat den Gedanken einer Führung in die Wüste abgewandelt zu einer Führung in die Wüste hinauf. Denn er will in der Einleitung den Bezug auf Mose (z. B. Ex 24,18) in seiner Weise verdeutlichen.[292] In diesem Zusammenhang wird der Wüstenaufenthalt für ihn zur Zeit des Fastens für vierzig Tage und Nächte wie bei Mose, und der Akzent ist nicht indirekt auf die Israeltypologie gelegt, sondern auf die Mosebeziehung. Es wird hier angenommen, dass Mt 4,1a von Mk 1,12 mitbeeinflusst wird, weil dort die Rede davon ist, dass der Geist Jesus „in die Wüste" trieb (τὸ πνεῦμα αὐτὸν ἐκβάλλει εἰς τὴν ἔρημον).[293] Aus diesem Grund scheint Matthäus, „am Anfang der Versuchungsgeschichte deutlich machen zu wollen, dass alles in dieser Geschichte unter dem Gesichtspunkt der Versuchung Jesu durch den Teufel zu verstehen ist."[294]

Außerdem hält Matthäus es für sinnvoll, das Herzutreten des Teufels anzuzeigen. Er charakterisiert ihn seinem Tun entsprechend als πειράζων und unterstreicht so die Tendenz der Erzählung. Nach Mat-

291 Vgl. W. Grundmann, Das Evangelium nach Matthäus (ThHK I), Berlin [5]1981, 100.
292 U. Luz, Mt I, 224–225: „Inbesondere die Erinnerung an Mose ist für Matthäus wichtig, ohne dass sie das Ganze der Versuchungsgeschichte bestimmt." Zur Parallele von Jesus mit Mose vgl. W. D. Davies/D. C. Allison, Mt I, 358; P. Fiedler, Mt, 89; R. T. France, The Gospel of Matthew, 129; J. Gnilka, Das Matthäusevangelium. 1. Teilband: Kommentar zu Kap. 1,1–13,58 (HThKNT), Freiburg i. Br. u. a. [3]1993, 86; H. Mahnke, Die Versuchungsgeschichte im Rahmen der synoptischen Evangelien. Ein Beitrag zur frühen Christologie (BBET 9), Frankfurt am Main 1978, 61–62.
293 Vgl. M. Apel, Der Anfang in der Wüste – Täufer, Taufe und Versuchung Jesu. Eine traditionsgeschichtliche Untersuchung zu den Überlieferungen vom Anfang des Evangeliums (SBB 72), Stuttgart 2013, 221.
294 H. Mahnke, Die Versuchungsgeschichte im Rahmen der synoptischen Evangelien, 57; vgl. auch U. Luz, Mt I, 224.

thäus fordert der Versucher Jesus dann dazu auf: εἰπὲ ἵνα οἱ λίθοι οὗτοι ἄρτοι γένωνται („so gebiete, dass diese Steine Brote werden!“, Mt 4,3). Hier verwendet Matthäus den Plural (Steine/Brote). Dadurch ist der Akzent auf die Situation Jesu (für einen Menschen genügt ein Brot) zu legen. In Mt 4,4 ist Dtn 8,3 zitiert. Die Fassung von Dtn 8,3 hat sich nicht auf die Feststellung des Negativums beschränkt, sondern sie begegnete dem versucherischen Anliegen des Teufels auch positiv. Die matthäische Fortführung des Zitates enthält den positiven Gedanken, dass der Mensch von allem lebt, was der Mund Gottes spricht (ἀλλ' ἐπὶ παντὶ ῥήματι τῷ ἐκπορευομένῳ διὰ στόματος θεοῦ ζήσεται ὁ ἄνθρωπος, Dtn 8,3).[295]

Aus diesen Vergleichen ergibt sich, dass Matthäus in der Einleitungsnotiz seiner Erzählung zum Ausdruck bringt, dass der Geist Gottes Jesus in die Wüste hinaufführt. Die Initiative kommt weder von Jesus selbst noch vom Versucher. Er zeigt vielmehr, dass der Geist Gottes der Initiator dieses Geschehens ist. Außerdem parallelisiert er Jesus besonders mit Mose, indem Jesus, wie Mose, vierzig Tage und vierzig Nächte in der Wüste fastet.[296] Er nimmt auch durch das Zitat von Dtn 8,3 auf die Israeltypologie Bezug. Im Vergleich zu Israel wird Jesus als Sohn Gottes dargestellt, der gehorsam ist. Darüber hinaus wird Brot als Grundnahrungsmittel bezeichnet. Matthäus verwendet den Plural „Brote“ als einen Hinweis auf die Brotvermehrungen (vgl. Mt 14,13–21; 15,29–39) und verbindet durch die Assoziation von Brot und Stein Mt 4,1–4 mit Mt 7,9.

1.1.3 Form und Struktur von Mt 4,1–4

Da Mt 4,1–4 als ein literarische Abschnitt von Mt 4,1–11 angesehen werden soll, ist die diesen Versen eigene Form grundsätzlich im Lichte der

295 Zum Zugriff von Matthäus auf die alttestamentlichen Schriften an dieser Stelle vgl. H. Mahnke, Die Versuchungsgeschichte im Rahmen der synoptischen Evangelien, 60–61; S. Plietzsch, Die langfristige Effizienz der Tora. Mt 4,1–11, Ex 17,1–7 und Num 20,1–13 im frühjüdischen Kontext, in: C. Böttrich u. a. (Hg.), Evangelium ecclesiasticum. Matthäus und die Gestalt der Kirche. Festschrift für Christoph Kähler zum 65. Geburtstag, Frankfurt am Main 2009, 361–388, hier 368.

296 Vgl. Ex 24,18; 34,28; Dtn 9,9.11.18.25; 10,10.

Form der gesamten Versuchungserzählung (vgl. Mt 4,1–11) zu definieren. Die Versuchungsgeschichte „stellt ein vom Anfang bis zum Schluss durchkonstruiertes Ganzes dar“[297], das in gedrängter Fülle die Bedeutung der eschatologischen Würde Jesu als Gottessohn zum Ausdruck bringt. Kunstvoll werden die eschatologischen Aussagelinien und die Israellinie miteinander verzahnt, und die innere gedankliche Struktur ist in der Abfolge der einzelnen Versuchungsakte wohlüberlegt.

In diesem Sinn ist die Versuchungsgeschichte nicht als Produkt mündlicher Erzählungskunst anzusehen, sondern als Resultat umfassender Auseinandersetzung mit der Sendung und dem Geschick Jesu, bzw. als ein offenkundig durch reflektiertes Studium der Schrift geprägtes Kunstwerk, dessen Entstehung nur literarisch vorstellbar ist.[298]

Da Auseinandersetzungen mit den jüdisch-eschatologischen Vorstellungen, besonders mit zelotischem und nationalem Messianismus, die den Weg Jesu begleiten, zeigt die Versuchungsgeschichte exemplarisch, was vom ganzen Leben Jesu gilt. In diesem Sinne ist Jesus von Nazareth der endzeitliche Heilsbringer, der im Gehorsam gegen Gottes Willen den Anbruch des Reiches Gottes predigt, Kranke heilt, der dabei Nachstellungen ausgesetzt ist, leidet, schließlich ans Kreuz gebracht wird, und stirbt, und der aufersteht. Insgesamt stellt die Versuchungsgeschichte ein „Summarium hoher frühchristlicher Christologie und Soteriologie“[299] dar. Sie ist deshalb als eine christologisch-soteriologische Geschichte zu verstehen, weil in Mt 4,1–11 eine ganz vom Glauben an den Christus als Gottessohn und Heiland geprägte Geschichte vorliegt, die der Unterweisung und Festigung der Glaubenden dienen soll. Außerdem macht die Kennzeichnung der Versuchungsgeschichte als christologisch-soteriologische Geschichte deutlich, dass es in der Ver-

297 A. Fuchs, Versuchung Jesu, in: Studien zum Neuen Testament und seiner Umwelt 9 (1984) 95–159, hier 110.

298 Vgl. U. Luz, Mt I, 221.

299 H. Schürmann, Das Lukasevangelium (HThKNT). 1. Teilband: Kommentar zu Kap. 1,1–9,50, Freiburg i. Br. u. a. [4]1990, 220. Ähnlich geht J. Dupont, Die Versuchungen Jesu in der Wüste, 41, davon aus, dass die Versuchungsgeschichte „einer der theologischen Höhepunkte des Evangeliums, eine Zusammenfassung der christlichen Messianologie“ ist.

suchungsgeschichte primär um Sendung und Wesen der Person Jesu Christi als Sohn Gottes geht.[300]

Grundsätzlich lässt Mt 4,1–4 sich in zwei Abschnitte gliedern:

1. 4,1–2: Einleitung
2. 4,3–4: Die erste Versuchung

Diese Strukturierung stützt sich nicht nur auf die sprachliche Ebene der Erzählung, sondern auch auf die Charakterisierungen der auftretenden Figuren, auf deren Handlungen und Rede. Man kann also festhalten, dass Mt 4,1–4 parallele Strukturen aufweist:

> A (V.1): Dann wurde Jesus vom Geist in die Wüste geführt, um vom Teufel versucht zu werden
>
> > B (V.2): Und nachdem er vierzig Tage und vierzig Nächte lang gefastet hatte, hungerte ihn zuletzt
>
> A´ (V.3): Da trat der Versucher zu ihm und sagte: Bist du Gottes Sohn, so gebiete, dass diese Steine Brot werden!
>
> > B´(V.4): Er aber antwortete und sprach: Es steht geschrieben: „Nicht vom Brot allein wird der Mensch leben, sondern von jedem Wort, das aus dem Munde Gottes hervorgeht.“

Aus dieser Struktur ergibt sich, dass A und A´ parallel zueinanderstehen. Das bedeutet, dass Jesus im Zentrum von zwei Handlungen steht, die auch von zwei verschiedenen Figuren ausgeführt werden, nämlich dem Geist, der Jesus in die Wüste führt (ἀνήχθη), und dem Versucher, der Jesus versucht (πειρασθῆναι). Außerdem stehen auch B und B´ parallel zueinander. Jesus ist hier der Einzige, der vierzig Tage und vierzig Nächte fastet, und das schriftliche Zitat aus Dtn 8,3 spricht.

300 Vgl. H.-C. Kammler, Die Versuchungsgeschichte Mt 4,1–11 im Kontext des Matthäusevangeliums, 184.

1.1.4 Auslegung

1.1.4.1 Einleitung (Mt 4,1–2)

Die Erzählung von der Versuchung in der Wüste zielt darauf ab, „Jesus als seiner Sendung treu, als dem Auftrag Gottes gehorsam vorzuführen."[301] Die erste der drei Versuchungen berichtet vom Verhalten Jesu in der Wüste, in die ihn der Geist führt. Die Wüste kann auch als Aufenthaltsort böser Geister angesehen werden.[302] Im Rahmen des Matthäusevangeliums verbindet man die Wüste als Ort der Versuchung mit der Geschichte Israels in der Wüste.[303] Der Teufel zielt darauf ab, „Jesus zu Fall zu bringen."[304]Auffällig ist, dass bei Matthäus der Geist Gottes bereits auf Jesus herabgekommen ist, bevor er ihn in die Wüste führt, und dass als das Ziel der Hineinführung in die Wüste ausdrücklich die Versuchung durch den Teufel angegeben ist. In diesem Zusammenhang ist die Wüste für ihn „Schauplatz des Geschehens, nicht imaginärer Ort wie die Tempelzinne oder der hohe Berg, die der Teufel hervorzaubert."[305]

Der Ausdruck ὑπὸ τοῦ διαβόλου weist auf die altbiblische Vorstellung der Versuchung hin. Nach dieser Vorstellung wird nicht der Sün-

301 P. Fiedler, Mt, 89. H.-C. Kammler, Die Versuchungsgeschichte Mt 4,1–11 im Kontext des Matthäusevangeliums, 184, drückt dies in anderen Worten aus: „In der Versuchungsgeschichte des Matthäusevangeliums und ebenso auch in der mit ihr fest verbundenen Tauferzählung wird dem Gehorsam Jesu keineswegs ein ethisch-paradigmatischer Sinn beigemessen. Es geht vielmehr in beiden Texten um den einzigartigen, weil streng soteriologisch qualifizierten Gehorsam des Gottessohnes gegenüber der ihm vom Vater aufgetragenen Sendung."

302 So z. B. Lev 16,10; Tob 8,3; 4 Macc 18,8; 2 Bar 10,8; Mt 12,43; Lk 11,24. In dieser Richtung halten auch W. D. Davies/D. C. Allison, Mt I, 354, fest: „Also, in Jewish and Christian belief, as in Persian and Egyptian religion, the wilderness was the haunt of the evil spirits, a dangerous zone outside the boundaries of the society." Vgl. auch P. Gaechter, Das Matthäus-Evangelium. Ein Kommentar, München 1962, 110. Zur Bedeutung der Wüste vgl. G. Sauer/J. B. Bauer, Art. Wüste, in: J. Marböck/K. M. Woschitz (Hg.), Bibeltheologisches Wörterbuch, Köln 1994, 606–607.

303 Vgl. W. Wiefel, Mt, 63; vgl. auch W. Grundmann, Mt, 101.

304 M. Konradt, Mt, 54. Auch vgl. W. D. Davies/D. C. Allison, Mt I, 360, weisen darauf hin, dass das Ziel vom Teufel durch die Verwendung an dieser Stelle von ὁ πειράζων verdeutlicht wird. Darüber hinaus verwendet Matthäus πειράζω, wenn er von den Pharisäern oder den Sadduzäern, die auftreten, um Jesus herauszufordern, spricht (vgl. Mt 16,1; 19,3; 22,18.35).

305 J. Gnilka, Mt I, 85.

der versucht, sondern der Gerechte. Hier kann man Abraham (Gen 22) und Ijob als Beispiele erwähnen. Da der Gerechte in besonderem Maße die göttliche Gabe und Berufung empfangen hat, liegt auf ihm die Pflicht, dass er sich bewähre und den vollen Gehorsam leiste. Darum steht die Versuchung mit dem Empfang des Geistes in engem Zusammenhang. Nicht obwohl, sondern gerade weil er der Träger des Geistes ist, wird Jesus in den Kampf geführt.[306]

Im Vorfeld der ihm auferlegten Prüfung in der Wüste fastet Jesus, wie gesehen, vierzig Tage und Nächte lang, und danach hungerte ihn. Erst der Hunger nach dem Fasten ruft den Teufel auf den Plan. Indem Matthäus ausdrücklich von „Fasten" spricht, deutet er eine Verbindung zu 6,16–18 und 9,14f. an. Die Ergänzung der vierzig Nächte zu den Tagen erinnert an Mose (Ex 34,28 und Dtn 9,9 mit dem Fastenmotiv) und Elia (1 Kön 19,8). Jesus hat bei seinem gesamten Handeln die Schrift vor Augen.[307] Bei Mose sind beispielsweise die 40 Tage mit der an ihn gerichteten Rede Gottes angefüllt. Demgegenüber schweigt Matthäus darüber, was sie bei Jesus anfüllte. Die Fastentage und -nächte müssen somit Jesus in die Lage gebracht haben, die Lockungen in den Zumutungen des Versuchers zu verspüren, und umso höher ist die Kraft seines Widerstandes einzuschätzen.[308]

1.1.4.2 Die Versuchung (Mt 4,3–4)

Matthäus lässt den Teufel an Jesus „herantreten": προσέρχομαι ist ein bevorzugtes matthäisches Verb. Es wird 52-mal bei Personen verwendet, die sich Jesus nähern.[309] Dadurch versucht Matthäus, die Hoheit Jesu zum Ausdruck zu bringen. Die Bezeichnung des Teufels als Versucher definiert den Grund, warum er zu Jesus kommt. Für Peter Fiedler könnte auch diese Bezeichnung „im Blick auf Menschen gewählt sein,

306 Vgl. D. A. Hagner, Matthew 1–13, 63–64.

307 Die Verwendung der alttestamentlichen Schriften deutet darauf hin, dass die Schriften im Rahmen des Matthäusevangeliums als „Leitworte" zu betrachten sind, „mit denen Mt seine theologischen Gedanken entwickelt" (A. Sand, Das Evangelium nach Matthäus, Regensburg 1986, 60).

308 J. Gnilka, Mt I, 86, geht davon aus, dass das Fasten Jesu „wichtig und als Vorbereitung auf die Erprobung angemessen erschienen sein" muss.

309 Es gibt zwei Ausnahmen, diese sind Mt 17,7 und 28,18.

von denen Matthäus später erzählt, dass sie mit solcher Absicht zu Jesus kommen (etwa 16,23).“[310]

Außerdem macht das Kompositum προσελθών das Pronomen beim ersten Verbum überflüssig. Matthäus zielt auf die Verdeutlichung des Gegensatzes ab, der im Bereich des Willens besteht. Der Akzent liegt nicht darauf, dass Jesus den Satan sieht, sondern darauf, dass er ihn hört, auch wenn Matthäus wahrscheinlich an ein Sichtbarwerden des Satans gedacht hat. Mit der Formulierung „εἰ υἱὸς εἶ τοῦ θεοῦ“ wird gezeigt, dass der Teufel bei Matthäus Jesu Gottessohnschaft nicht in Frage stellt. Vielmehr bringt er „diese als Voraussetzung für die nachfolgende Aufforderung vor, die Jesus zu einer eigenmächtigen Demonstration der ihm als Gottessohn zukommenden Macht verleiten soll.“[311] Mit der Bezeichnung Jesu als Sohn Gottes wird der Bezug auf die Gottesstimme von 3,17 hergestellt.[312]

Wie in der Geburts- und der Taufgeschichte gilt auch hier die Verbundenheit Jesu mit Gott als seinem Vater als der feststehende Tatbestand, aus dem sich das Ziel Jesu ergibt. Von dieser Gewissheit her hat er sein Wollen und Handeln zu ordnen. Das bestimmt die gesamte literarische Arbeit, durch die Matthäus das Bild Jesu verdeutlicht hat.[313] Daher wird nicht gezeigt, wie Jesus mit Gott verkehrt und die Einheit mit Gott erlebt, sondern wie er sich kraft der Einheit mit Gott, die er hat, zur Welt verhält. Daran, dass die ganze Erzählung, durch die die Gottessohnschaft Jesu bejahende Aussage getragen ist, wird sichtbar, dass das Denken des ersten Evangelisten vom Glauben geprägt ist.[314]

Darüber hinaus zeigt der Bericht, wo Matthäus die satanischen Wirkungen vermutet hat, nämlich nicht in der Natur und deren den Menschen schädigenden Vorgängen, sondern in der Verderbnis der Frömmigkeit, in der Verfälschung der Gotteskindschaft. Ein Sohn Gottes, der

310 P. Fiedler, Mt, 90.

311 M. Konradt, Mt, 55.

312 Zum Bezug von Mt 4,3 auf Mt 3,17 vgl. W. D. Davies/D. C. Allison, Mt I, 361; P. Fiedler, Mt, 90; U. Luz, Mt I, 225; W. Klaiber, Mt I, 62.

313 In anderen Worten schreibt auch M. Konradt, Mt, 55: „Für Matthäus ist der Gehorsam gegenüber Gottes Wort, in dem das Leben zu finden ist, von leitender Bedeutung. Jesus lebt diesen Gehorsam vor.“ Vgl. auch J. Gnilka, Mt I, 87–88; W. Grundmann, Mt, 101–102.

314 An dieser Stelle geht H. Frankemölle, Mt I, 188, davon aus, dass Matthäus im Licht von Dtn 6,4f. den jüdischen Monotheismus betonen will.

aus der Abhängigkeit von Gott herausträte und eigenmächtig handelte, würde Satanisches offenbaren. Hier tritt Brot im Sinne des wichtigsten Grundnahrungsmittels in Erscheinung. In dieser Bedeutung verwendet Matthäus den Ausdruck (εἰ υἱὸς εἶ τοῦ θεοῦb, εἰπὲ ἵνα οἱ λίθοι οὗτοι ἄρτοι γένωνται, vgl. Mt 4,3b-d), um zu zeigen, in welcher Weise sich Jesus an dieser Stelle angesichts des Hungers verhält. Durch diese Schilderung kennzeichnet der erste Evangelist die Identität Jesu. Der Plural ‚Brote' kann sich, wie schon erwähnt, auf das Manna in der Wüste beziehen.[315] Im Unterschied zu Israel in der Wüste (vgl. Ex 16,1–3) zeigt die Ablehnung Jesu, Brote in Steine zu verwandeln, dass er zur Sendung durch Gott treu ist.[316] Diese Treue Jesu wird durch das eingeführte Zitat aus Dtn 8,3 LXX zum Ausdruck gebracht. Im Rahmen der ersten Versuchung weist die Einfügung dieses Zitates darauf hin, dass es für Jesus nicht um die Sorge um sich selbst geht. Dadurch wird unterstrichen, die „Bereitschaft, alle Gerechtigkeit zu erfüllen (vgl. Mt 3,15), sich ganz in den Dienst der Verkündigung des Himmelreichs zu stellen (vgl. Mt 6,33)."[317] Für Matthäus hat diese Selbstlosigkeit Jesu, die keinem eigensüchtigen Begehren gehorcht, ihren Grund: Sie ist grundsätzlich die Kehrseite seiner Gottesgewissheit. Das Gottes gewisse, auf Gottes Hilfe wartende Vertrauen ist also das Kennzeichen des Sohns.[318]

1.1.5 Zusammenfassung

Die erste Versuchung liegt darin, dass Jesus die göttliche Macht, die ihm als dem Sohn Gottes eignet, dazu gebrauchen soll, sich in der Situation elementarer leiblicher Not selbst durch ein Wunder zu helfen: „Wenn du Gottes Sohn bist, so sprich, dass diese Steine zu Brot werden!" (4,3). Die Verwandlung der Steine in Brote wird an dieser Stelle vom Ver-

315 Für P. Fiedler, Mt, 90, zielt der Plural Steine-Brote (εἰπὲ ἵνα οἱ λίθοι οὗτοι ἄρτοι γένωνται, vgl. Mt 4,3d) „in der Aufforderung des Versuchers wohl nicht auf den Überfluss ab, den sich der Sohn Gottes verschaffen könnte, sondern auch auf die Speisungserzählungen, denen zufolge Jesus solchen Überfluss geschaffen hat (14,20f.; 15,39). Dort jedoch tut er es für andere und verwirklicht darin seinen messianischen Auftrag, während er ihn hier verriete."

316 Vgl. P. Fiedler, Mt, 90.

317 P. Fiedler, Mt, 90.

318 Vgl. M. Konradt, Mt, 55.

sucher als Beweis der Gottessohnschaft Jesu durch den Versucher verstanden. Aus seiner Sicht genügen Jesus Brote, um satt zu werden und damit seine Macht zu zeigen. Brote stellen daher wichtige Elemente in der satanischen Erprobung der Sohnschaft Jesu dar.

Grundsätzlich korrespondiert der Aufforderung des Teufels innerhalb der matthäischen Passionsgeschichte jener beißende Spott, mit dem die unter dem Kreuz Stehenden den Gekreuzigten lästern: „Hilf dir selbst, wenn du Gottes Sohn bist, und steige vom Kreuz her ab!" (Mt 27,40b), und: „Anderen hat er geholfen, sich selbst kann er nicht helfen! Ist er der König Israels, so steige er jetzt vom Kreuz herab, dann werden wir an ihn glauben!" (Mt 27,42). Dass die erste Versuchungsszene mit dem zitierten Passionstext zusammengeschaut werden kann, bringt theologisch zum Ausdruck, dass für den ersten Evangelisten Jesus seine göttliche Macht grundsätzlich nicht zur Selbsthilfe verwendet - und zwar weder in der Situation des Hungers, indem er durch sein Schöpferwort Steine in Brote verwandelt, noch als der an das Kreuz Geschlagene, indem er etwa vom Kreuz herabsteige. Durch die Replik Jesu, die sich auf das Gotteswort bezieht, hat Matthäus für das ganze Wirken Jesu festgestellt, dass selbstbezogene Wunder in allen Lagen für Jesus unmöglich waren, nicht, weil er nicht der Sohn Gottes gewesen wäre, sondern gerade weil er das war und ist. Ihm gab seine Sohnschaft die unmittelbare Rückbindung an Gott den Vater, die ihm jede Verwendung der göttlichen Macht für die Erhaltung und Steigerung seines eigenen Lebens verbot. Es wird zum Merkmal Jesu, dass er nichts für sich begehrt, sondern einzig das besitzt, was er empfängt. Hunger und die Aufforderung der Verwandlung der Steine in Brote bieten in der matthäischen Perspektive die Gelegenheit zur Darstellung von Jesu Identität[319]: Er ist der gehorsame Gottessohn, der seine Macht verwendet, wie die beiden Speisungswundergeschichten Mt 14,13–21 und Mt 15,32–39 exemplarisch erkennen lassen, um Menschen göttliche Barmherzigkeit zu erweisen.

319 In Mt 7,9 benutzt Matthäus die Kombination Brot-Stein, um Gott als guten Vater darzustellen (vgl. Teil III.2. Abschnitt 2.2.3).

1.2 Die Speisung der Fünftausend (Mt 14,13–21)

1.2.1 Mt 14,13–21 und Kontext

Im Rahmen des Matthäusevangeliums beginnt die erste Brotvermehrungsgeschichte mit V. 13. Die Kombination der Konjunktion δέ mit dem Adverb ἐκεῖθεν und die Bewegung Jesu (ἀνεχώρησεν) begründen diese Auffassung. Jesus befindet sich in Mt 13,54 in Nazareth, seiner Vaterstadt, wo er wegen des Kleinglaubens der Bewohner wenige Demonstrationen seiner göttlichen Macht gegeben hat. Und in Mt 14,1–12 berichtet der erste Evangelist vom Martyrium des Täufers und erzählt außerdem, dass der Tetrarch Herodes (Antipas) die Kunde von Jesus erhält; er sagt daher zu seinen Knechten, den Hofdienern, dass Jesus der von Toten auferweckte Johannes sei (vgl. Mt 14,2). Für Herodes sind die Wunder Jesu das Auffallende, und daher muss in seinen Augen in Jesus der von den Toten erweckte Johannes wirksam sein.[320] Er hat den Täufer enthaupten lassen, nachdem dieser die gemäß dem jüdischen Recht illegitime Ehe zwischen ihm und Herodias, ursprünglich der Frau seines Bruders, scharf kritisiert hatte. In diesem Zusammenhang lässt Matthäus in V. 12 noch einmal die Jünger des Johannes auftreten, die Jesus über den Tod des Täufers informieren. Es ist unzweifelhaft, dass das Vorgehen von Herodes Antipas gegen Johannes auch für Jesus eine Gefahr bedeutet, zumal der Tetrarch ihn für den von den Toten auferweckten Täufer hält (V. 2).[321] Dies erklärt, warum nach der

320 J. Gnilka, Mt II, 3, bemerkt, dass man aus der Aussage von Herodes in Mt 14,2 den Schluss ziehen darf, „dass auch der Täufer Wunder gewirkt hat, was seine Identifikation mit Elija an anderer Stelle bestätigen könnte."

321 Für W. Trilling, Das Evangelium nach Matthäus. 2. Teilband, Düsseldorf [2]1972, 61, soll der Tod des Täufers „zeichenhaft für Jesus bedeutsam sein. Er geht den gleichen Weg und wird dem gleichen Schicksal des Prophetentodes ausgeliefert. Die Fäden der Geschichte Gottes reißen nicht ab. Was der Täufer begonnen hat, wird Jesus aufnehmen und zur Vollendung führen."

Nachricht vom Tod des Täufers (V. 12) Jesus sich erneut zurückzieht.[322] Mit dieser Ortsangabe und der Notiz, dass ihm die Volksmengen auf dem Landweg folgten, kann man umfassend begreifen, dass der erste Evangelist kunstvoll die szenische Voraussetzung für das nachfolgende Speisungswunder geschaffen hat. Die Zeitangabe Ὀψίας δὲ γενομένης ist der Hinweis auf den Beginn der Erzählung des Speisungswunders (vgl. V. 15).[323]

Außerdem ist V. 21 als das Ende dieser Geschichte anzusehen. Denn er fungiert als Schlussnotiz der Geschichte und zugleich als Fenster auf die nächste Perikope. Die Entlassung der Volksmenge durch Jesus und der Befehl an seine Jünger, ins Schiff zu steigen und ihm ans jenseitige Ufer vorauszufahren (V. 22), sind als die Vorbereitung auf die folgenden Szenen, nämlich des Wandelns Jesu auf dem See (vgl. 14,22–27) einerseits und andererseits des Wandelns des Petrus auf dem Wasser (vgl. 14,28–33), zu betrachten.[324]

Die Platzierung von Mt 14,13–21 im Rahmen des Matthäusevangeliums ist strategisch. Inhaltlich ist die erste Brotvermehrungsgeschichte mit dem Makrokontext des Matthäusevangeliums verbunden. In Mt 1,1–4,16 geht es um die Verkündigung des Kommens des Messias. Nach dieser zuversichtlichen Verkündigung lässt Matthäus Jesus in Israel wirken, wo er predigt, lehrt und heilt (vgl. Mt 4,17–11,1). Die Begegnungen zwischen Jesus und den religiösen und politischen Eliten Israels führen zu einer Krise (vgl. Mt 11,2 –16,12). Trotz dieser Krise ist Jesus in Mt 16,13–20,34 auf den Weg nach Jerusalem. Auch Matthäus lässt Jesus

322 Deswegen ist die Anknüpfung dieser ersten Brotvermehrung im Matthäusevangelium für J. Gnilka, Mt II, 7, locker: „Was Jesus zu hören bekam, ist das grausame Geschick des Täufers, seines Vorläufers. Die Exposition erzählt von einem Rückzug Jesu in eine einsame Gegend."

323 Vgl. B. Kowalski, Jesus sättigt ganz Israel (Die Speisung der Fünftausend): Mt 14,13–21, in: R. Zimmermann (Hg.), Kompendium der frühchristlichen Wundererzählungen. 1. Bd.: Die Wunder Jesu, München 2013, 442–453, hier 442; J. Gnilka, Mt II, 8.

324 H. Frankemölle, Mt II, 197, ist der Meinung, dass die Reaktion der Jünger in Mt 14,22–33 ein Hinweis ist, der dem Leser helfen kann, die erste Brotvermehrungserzählung in Mt 14,13–21 von Mt 14,22–33 zu trennen: „Erfuhr der Leser bei der Geschichte von der Speisung der Fünftausend in 13–21 von keiner Reaktion der Jünger auf das Wunder […], liest er in der nun folgenden Geschichte vom Gang Jesus auf dem Wasser (24–27) sowie vom mutigen und sinkenden Petrus (28–32) und als Abschluss ein umfassendes Bekenntnis der Jünger im Boot […]."

in Jerusalem wirken (vgl. Mt 21,1–28,15), wo er getötet und auferstehen wird. Nach seiner Auferstehung gibt Jesus auf dem Berg seinen Jüngern den Auftrag, alle Völker zu seinen Jüngern zu machen (vgl. Mt 28,16–20).

Zu bemerken ist, dass die sogenannte „Gleichnisrede" Jesu (vgl. Mt 13,1–15) im Zentrum von 11,2–16,12 steht. Dabei wird ein Gegensatz zwischen den Jüngern, die die Geheimnisse des Himmelreiches verstehen, und denen, die sie nicht verstehen, hergestellt. In Mt 13,52 lässt Matthäus Jesus seine Rede mit einem Kommentar schließen: „Deswegen gleicht jeder Schriftgelehrte, der Jünger des Himmelreichs geworden ist, einem Hausherrn, der aus seinem Schatz Neues und Altes hervorholt". Nach diesem Kommentar verlässt Jesus den Ort der Gleichnisrede (vgl. Mt 13,52) und ab 13,53–16,12 wird die Krise zwischen ihm und den religiösen Eliten des Landes verschärft.

Daher fügt Matthäus die erste Brotvermehrungsgeschichte nach zwei Geschichten ein: Die Ablehnung Jesu in seiner Heimatstadt aufgrund des dortigen Kleinglaubens (vgl. Mt 13,54–58)[325] und die Tötung Johannes' des Täufers durch Herodes (vgl. Mt 14,1–12).[326]

Auf diese Weise bereitet Mt 14,22f. nicht nur die folgenden Szenen vor, sondern stellt auch zugleich enge Bezüge zur vorangehenden Erzählung her, so dass diese Verse als Überleitung betrachtet werden können. Wie in V. 13f. zieht sich Jesus auch in V. 23 für sich allein an

325 Dass Jesus nicht viele Machttaten in Nazareth vollbrachte, liegt für Matthäus nicht daran, dass er dies nicht vermocht hätte (dies würde nicht in seine hohe Christologie passen), sondern „an ihrem Unglauben". Da V. 58 impliziert, dass Jesus zumindest wenige Machttaten wirkte, ist hier strenggenommen vorausgesetzt, dass nicht ganz Nazareth Unglauben zeigte. Matthäus legt den Akzent auf das – negative – Gesamtbild. Dass dieses nicht auf die jüdischen Volksmengen im Ganzen zu verallgemeinern ist, ist im Gesamtduktus des Matthäus evident. Allerdings stellen die Nazarener auch keinen einsamen Sonderfall da. Zwar erwächst der Grund für das Unverständnis der Nazarener spezifisch aus ihrer Vertrautheit mit der Herkunftsfamilie Jesu, doch stehen sie damit prototypisch für die, die Jesus mit Ablehnung entgegentreten. Außerdem verkünden Jesus und Johannes dieselbe Botschaft, erleiden dasselbe Geschick und haben dieselben Gegner. Darum ist es für Matthäus selbstverständlich, dass die verwaisten Jünger des Johannes zu Jesus gehen (vgl. J. Gnilka, Mt I, 513–514).

326 H. Frankemölle, Mt II, 194, zeigt, dass die Reaktion der Volksmenge, die Jesus in der Exposition der ersten Brotvermehrung folgen, „in scharfem Kontrast zur Ablehnung des Propheten ‚Jesus' in seiner Heimatstadt und zur Ablehnung und Ermordung des Propheten Johannes des Täufers durch Herodes" steht.

einen einsamen Ort zurück, nachdem seine Einsamkeit bereits in V. 13 durch die bei ihm zusammenströmende Volksmenge unterbrochen wurde. Dabei drängt er zunächst die Jünger, ins Boot zu steigen und an das andere Ufer vorauszufahren (vgl. Mt 14,22) und schickt dann die nunmehr gesättigten Volksmengen fort (vgl. Mt 14,22), um schließlich, für sich allein (V. 13.), auf den Berg (vgl. 5,1; 15,29) zu steigen, um zu beten (vgl. V. 23). Die Zeitangabe ὀψίας δὲ γενομένης (Mt 14,23, „als es Abend geworden war") wird aus V. 15a (Ὀψίας δὲ γενομένης) wiederholt.

Mt 14,13–21 ist ein kohärenter Text. Verschiedene sprachliche und erzählerische Mittel sind für seine Kohärenz verantwortlich: Sprachlich benutzt der erste Evangelist hauptsächlich das Vergangenheitstempus Aorist, um die Geschichte zu erzählen. Die Konjunktionen καί und δέ verbinden unterschiedliche Handlungen der Figuren und die Hauptteile der Geschichte. Aus dieser Verbindung ergeben sich eine Logik und eine Steigerung in der Erzählung. Das Wunder geschieht an einem öden Ort, und die handelnden Figuren sind Jesus, die Jünger und die Volksmenge. Relevanter als die unterschiedliche Zeichnung der Charaktere ist, dass es in der Erzählung keine Einführung neuer Figuren gibt. Außerdem zu beobachten ist eine auffällige Korrespondenz zwischen den Fragen und den Antworten der Figuren der erzählten Geschichte.

1.2.2 Die Gestalt von Mt 14,13–21 im Vergleich zu den Parallelstellen

Im Neuen Testament wird sechsmal von einer wunderbaren Speisung einer großen Volksmenge durch Jesus berichtet. Viermal wird erzählt, wie Jesus fünftausend Menschen mit fünf Broten und zwei Fischen gespeist hat, zweimal, wie er viertausend Menschen mit sieben Broten und „ein paar Fischen" sättigte. Um das Profil des matthäischen Berichtes herauszufinden, wird Mt 14,13–21 in der folgenden Untersuchung mit den entsprechenden Berichten in den synoptischen Evangelien einerseits und außerhalb der Synoptiker andererseits verglichen.

1.2.2.1 Mt 14,13–21 im Vergleich zu Mt 15,29–39

Mt 14,13–21	**Mt 15,29–39**
13 Ἀκούσας δὲ ὁ Ἰησοῦς ἀνεχώρησεν ἐκεῖθεν ἐν πλοίῳ εἰς ἔρημον τόπον κατ᾽ ἰδίαν· καὶ ἀκούσαντες οἱ ὄχλοι ἠκολούθησαν αὐτῷ πεζῇ ἀπὸ τῶν πόλεων.	
	29 Καὶ μεταβὰς ἐκεῖθεν ὁ Ἰησοῦς ἦλθεν παρὰ τὴν θάλασσαν τῆς Γαλιλαίας, καὶ ἀναβὰς εἰς τὸ ὄρος ἐκάθητο ἐκεῖ.
14 Καὶ ἐξελθὼν εἶδεν πολὺν ὄχλον	30 καὶ προσῆλθον αὐτῷ ὄχλοι πολλοὶ ἔχοντες μεθ᾽ ἑαυτῶν χωλούς, τυφλούς, κυλλούς, κωφούς, καὶ ἑτέρους πολλοὺς καὶ ἔρριψαν αὐτοὺς παρὰ τοὺς πόδας αὐτοῦ,
καὶ ἐσπλαγχνίσθη ἐπ᾽ αὐτοῖς	
καὶ ἐθεράπευσεν τοὺς ἀρρώστους αὐτῶν.	καὶ ἐθεράπευσεν αὐτούς·
	31 ὥστε τὸν ὄχλον θαυμάσαι βλέποντας κωφοὺς λαλοῦντας, κυλλοὺς ὑγιεῖς καὶ χωλοὺς περιπατοῦντας καὶ τυφλοὺς βλέποντας· καὶ ἐδόξασαν τὸν θεὸν Ἰσραήλ. 32 Ὁ δὲ Ἰησοῦς προσκαλεσάμενος τοὺς μαθητὰς αὐτοῦ εἶπεν· σπλαγχνίζομαι ἐπὶ τὸν ὄχλον, ὅτι ἤδη ἡμέραι τρεῖς προσμένουσίν μοι καὶ οὐκ ἔχουσιν τί φάγωσιν· καὶ ἀπολῦσαι αὐτοὺς νήστεις οὐ θέλω, μήποτε ἐκλυθῶσιν ἐν τῇ ὁδῷ.
15 Ὀψίας δὲ γενομένης προσῆλθον αὐτῷ οἱ μαθηταὶ λέγοντες· ἔρημός ἐστιν ὁ τόπος καὶ ἡ ὥρα ἤδη παρῆλθεν· ἀπόλυσον τοὺς ὄχλους, ἵνα ἀπελθόντες εἰς τὰς κώμας ἀγοράσωσιν ἑαυτοῖς βρώματα.	33 καὶ λέγουσιν αὐτῷ οἱ μαθηταί·

	πόθεν ἡμῖν ἐν ἐρημίᾳ ἄρτοι τοσοῦτοι ὥστε χορτάσαι ὄχλον τοσοῦτον;
16 ὁ δὲ [Ἰησοῦς] εἶπεν αὐτοῖς·	34 καὶ λέγει αὐτοῖς ὁ Ἰησοῦς· πόσους ἄρτους ἔχετε;
οὐ χρείαν ἔχουσιν ἀπελθεῖν, δότε αὐτοῖς ὑμεῖς φαγεῖν.	
17 οἱ δὲ λέγουσιν αὐτῷ· οὐκ ἔχομεν ὧδε εἰ μὴ πέντε ἄρτους καὶ δύο ἰχθύας.	οἱ δὲ εἶπαν· ἑπτὰ καὶ ὀλίγα ἰχθύδια.
18 ὁ δὲ εἶπεν· φέρετέ μοι ὧδε αὐτούς.	
19 καὶ κελεύσας τοὺς ὄχλους ἀνακλιθῆναι ἐπὶ τοῦ χόρτου, λαβὼν τοὺς πέντε ἄρτους καὶ τοὺς δύο ἰχθύας, ἀναβλέψας εἰς τὸν οὐρανὸν εὐλόγησεν καὶ κλάσας ἔδωκεν τοῖς μαθηταῖς τοὺς ἄρτους, οἱ δὲ μαθηταὶ τοῖς ὄχλοις.	35 καὶ παραγγείλας τῷ ὄχλῳ ἀναπεσεῖν ἐπὶ τὴν γῆν 36 ἔλαβεν τοὺς ἑπτὰ ἄρτους καὶ τοὺς ἰχθύας καὶ εὐχαριστήσας ἔκλασεν καὶ ἐδίδου τοῖς μαθηταῖς, οἱ δὲ μαθηταὶ τοῖς ὄχλοις.
20 καὶ ἔφαγον πάντες καὶ ἐχορτάσθησαν, καὶ ἦραν τὸ περισσεῦον τῶν κλασμάτων δώδεκα κοφίνους πλήρεις.	37 καὶ ἔφαγον πάντες καὶ ἐχορτάσθησαν. καὶ τὸ περισσεῦον τῶν κλασμάτων ἦραν ἑπτὰ σπυρίδας πλήρεις.
21 οἱ δὲ ἐσθίοντες ἦσαν ἄνδρες ὡσεὶ πεντακισχίλιοι χωρὶς γυναικῶν καὶ παιδίων.	38 οἱ δὲ ἐσθίοντες ἦσαν τετρακισχίλιοι ἄνδρες χωρὶς γυναικῶν καὶ παιδίων.
	39 Καὶ ἀπολύσας τοὺς ὄχλους ἐνέβη εἰς τὸ πλοῖον καὶ ἦλθεν εἰς τὰ ὅρια Μαγαδάν.

Tabelle 3: Die Gestalt von Mt 14,13–21 im Vergleich zu Mt 15,29–39

Wirft man einen Blick auf die beiden Speisungsberichte innerhalb des Matthäusevangeliums, so bemerkt man sofort, dass sie nicht nur inhaltlich miteinander vergleichbar sind, sondern weitgehend auch in ihren Formulierungen: „Durch Kürzungen und Parallelisierung der Vorlagen hat Matthäus beide Speisungserzählungen typisiert."[327] In beiden Berichten werden dieselben Figuren und Gruppen, nämlich Jesus, die

327 L. Schenke, Die wunderbare Brotvermehrung, 160.

Jünger und die Volksmenge erwähnt. Beide unterstreichen auch das sich Zurückziehen Jesu und insbesondere seine Barmherzigkeit gegenüber der Volksmenge, die ihn zu Machttaten veranlasst (vgl. Mt 14,14//15,32). In beiden Fällen kommt die Volksmenge zu Jesus (vgl. Mt 14,13d//15,30a). Während die Volksmenge in beiden Geschichten nicht spricht, führen die Jünger mit Jesus den Dialog (vgl. Mt 14,15–19a//15,32–35).

Außerdem ist der zentrale Gestus der Brechung und Austeilung des Brotes in diesen Speisungserzählungen in auffälliger Übereinstimmung mit dem Abendmahlsbericht geschildert (vgl. Mt 14,19b–c//15,36). Weiterhin spielen die Jünger, die auf ihre geringen Mundvorräte hinweisen, eine wichtige Rolle bei der Austeilung der vermehrten Brote und Fische (vgl. Mt 14,19c//15,36c).

Es wird berichtet, dass die Leute essen und satt werden (vgl. Mt 14,20a//15,37a) und die Jünger sogar übrig gebliebene Stücke in Körben einsammeln (vgl. Mt 14,20b//15,37b). Genannt werden drei Gruppen von Menschen, die von den vermehrten Broten und Fischen essen, nämlich Männer, Frauen und Kinder, von denen allerdings nur jeweils die ersten in die Zählung eingehen (vgl. Mt 14,21//15,38).

Trotz dieser Übereinstimmungen fallen auch die Unterschiede zwischen den beiden Berichten auf. Diese Unterschiede unterstreichen den singulären Charakter jener Erzählung beim ersten Evangelisten. So ist vor allem zu erwähnen, dass sich Jesus in Mt 14,13 zurückzieht, weil er den Bericht über das Martyrium des Johannes gehört hat, während Mt 15,29a von der Rückkehr Jesu aus dem heidnischen Gebiet, wo er ausnahmsweise die Tochter der Heidin geheilt hat, berichtet. In Mt 14,13b entweicht Jesus allein mit dem Boot in eine einsame Gegend. Dagegen kommt er in Mt 15,29b an den See von Galiläa und steigt auf einen Berg und setzt sich. Während die Menschen, die in Mt 15,30 zu Jesus kommen, Lahme, Blinde, Krüppel, Stumme und viele andere Kranke bringen und ihm zu Füßen legen, damit er sie heilt, sind die geheilten Kranken in Mt 14,14 bereits unter der Volksmenge, die Jesus zu Fuß aus den Städten nachfolgt. Die Reaktionen der Volksmenge werden in Mt 15,31 unterstrichen, was in Mt 14,13f. nicht der Fall ist.

Außerdem schlagen die Jünger Jesus in Mt 14,15 vor, die herbeigeströmten Menschen in die Dörfer zu entlassen, damit diese sich dort etwas zu essen kaufen. Dagegen fragen in Mt 15,33 die Jünger Jesus, wo sie für die hungrige Menge in der Wüste Brot hernehmen sollen. Hervorzuheben ist hier, dass die Initiative für die Versorgung der Menschen in Mt 15,32 von Jesus kommt. Er gibt auch den Grund an, warum er die Leute nicht entlassen will: καὶ ἀπολῦσαι αὐτοὺς νήστεις οὐ θέλω, μήποτε ἐκλυθῶσιν ἐν τῇ ὁδῷ („Ich will nicht sie nicht hungrig wegschicken, sonst brechen sie auf dem Weg zusammen").

In beiden Erzählungen wird die Zeit unterschiedlich angegeben: Nach den Worten Jesu in Mt 15,32 hat die Volksmenge schon drei Tage bei ihm verbracht, und in Mt 14,15b kommen die Jünger darauf zu sprechen, dass der Ort abgelegen ist und es schon spät geworden ist.[328] Jesus fordert in Mt 14,16b die Jünger auf, den Menschen Speise zu geben. Dabei fragt er sie nicht, wie viele Brote sie haben. Im Unterschied dazu fordert Jesus sie in Mt 15,34 nicht explizit zur Speisung auf, aber er fragt sie, was vorrätig ist.

Aus fünf Broten und zwei Fischen ergibt sich in Mt 14,17–20 ein derart reiches Mahl für die Hungrigen, dass sogar zwölf Körbe voll übrigbleiben, während in Mt 15,34c–37 berichtet wird, dass sieben Brote und nur wenige Fische vorrätig sind und nach stattgehabter Speisung sieben Körbe voll übrig sind. Die Gesättigten sind in Mt 14,21 etwa fünftausend Männer, dazu noch Frauen und Kinder. Auf Jesu Geheiß setzen sie sich ins Gras (vgl. 14,19). In Mt 15,38 dagegen sind es viertausend Männer nebst Frauen und Kindern, die sich auf dem Boden lagern (vgl. 15,35c). Als auffälliger Unterschied zwischen den beiden Speisungsgeschichten lässt sich festhalten, dass der erste Evangelist am Ende der Speisung der Viertausend Jesus die Menge fortschicken und dann mit dem Boot in die Gegend von Magdala fahren lässt, während in Mt 14,13–21 von einem Verlassen des Schauplatzes der Brotvermehrung durch Jesu und seine Jünger nicht berichtet wird.

Diese Übereinstimmungen und Unterschiede sind, wie sich aus der vergleichenden Lektüre beider Speisungsgeschichten folgern lässt, ein Hinweis darauf, dass es im Matthäusevangelium nicht um eine einfache Wiederholung der gleichen Geschichte geht. Vielmehr spielt jede der beiden Geschichten eine wichtige Rolle im Werk des ersten Evan-

328 Vgl. auch J. Bolyki, Jesu Tischgemeinschaften (WUNT 2/96), Tübingen 1998, 90; J. Gnilka, Mt II, 37.

gelisten.[329] Um diese Rolle herauszuarbeiten, wird im Folgenden ein Blick auf die wichtigste Quelle des Matthäus zu werden sein, nämlich das Markusevangelium.

1.2.2.2 Mt 14,13–21 im Vergleich zu Mk 6,30–44

Mt 14,13–21	Mk 6,30–44
	30 Καὶ συνάγονται οἱ ἀπόστολοι πρὸς τὸν Ἰησοῦν καὶ ἀπήγγειλαν αὐτῷ πάντα ὅσα ἐποίησαν καὶ ὅσα ἐδίδαξαν. 31 καὶ λέγει αὐτοῖς· δεῦτε ὑμεῖς αὐτοὶ κατ᾽ ἰδίαν εἰς ἔρημον τόπον καὶ ἀναπαύσασθε ὀλίγον. ἦσαν γὰρ οἱ ἐρχόμενοι καὶ οἱ ὑπάγοντες πολλοί, καὶ οὐδὲ φαγεῖν εὐκαίρουν.
13 Ἀκούσας δὲ ὁ Ἰησοῦς ἀνεχώρησεν ἐκεῖθεν ἐν πλοίῳ εἰς ἔρημον τόπον κατ᾽ ἰδίαν	32 Καὶ ἀπῆλθον ἐν τῷ πλοίῳ εἰς ἔρημον τόπον κατ᾽ ἰδίαν.
καὶ ἀκούσαντες οἱ ὄχλοι ἠκολούθησαν αὐτῷ πεζῇ ἀπὸ τῶν πόλεων.	33 καὶ εἶδον αὐτοὺς ὑπάγοντας καὶ ἐπέγνωσαν πολλοὶ καὶ πεζῇ ἀπὸ πασῶν τῶν πόλεων συνέδραμον ἐκεῖ καὶ προῆλθον αὐτούς.
14 Καὶ ἐξελθὼν εἶδεν πολὺν ὄχλον καὶ ἐσπλαγχνίσθη ἐπ᾽ αὐτοῖς	34 Καὶ ἐξελθὼν εἶδεν πολὺν ὄχλον καὶ ἐσπλαγχνίσθη ἐπ᾽ αὐτούς, ὅτι ἦσαν ὡς πρόβατα μὴ ἔχοντα ποιμένα, καὶ ἤρξατο διδάσκειν αὐτοὺς πολλά.
καὶ ἐθεράπευσεν τοὺς ἀρρώστους αὐτῶν.	

329 In Bezug auf das Verhältnis von Mt 14,13–21 zu 15,29–39 stellt auch M. Konradt, Mt, 253, fest: „Das Zusammenspiel von Wiederholung und Variation, das das Verhältnis zu 14,13–21 kennzeichnet, setzt sich darin fort, dass in V. 39 und in 14,22 im Anschluss an die Speisung in zwar unterschiedlichen, aber doch miteinander verwandten Konstellationen von der Entlassung des Volkes die Rede ist: In 14,22 steigen die Jünger ins Boot, während Jesus die Volksmengen entlässt; in 15,39 entlässt Jesus die Volksmengen und steigt selbst ins Boot."

15 Ὀψίας δὲ γενομένης προσῆλθον αὐτῷ οἱ μαθηταὶ λέγοντες· ἔρημός ἐστιν ὁ τόπος καὶ ἡ ὥρα ἤδη παρῆλθεν· ἀπόλυσον τοὺς ὄχλους, ἵνα ἀπελθόντες εἰς τὰς κώμας ἀγοράσωσιν ἑαυτοῖς βρώματα.	35 Καὶ ἤδη ὥρας πολλῆς γενομένης προσελθόντες αὐτῷ οἱ μαθηταὶ αὐτοῦ ἔλεγον ὅτι ἔρημός ἐστιν ὁ τόπος καὶ ἤδη ὥρα πολλή· 36 ἀπόλυσον αὐτούς, ἵνα ἀπελθόντες εἰς τοὺς κύκλῳ ἀγροὺς καὶ κώμας ἀγοράσωσιν ἑαυτοῖς τί φάγωσιν.
16 ὁ δὲ [Ἰησοῦς] εἶπεν αὐτοῖς· οὐ χρείαν ἔχουσιν ἀπελθεῖν,	37 ὁ δὲ ἀποκριθεὶς εἶπεν αὐτοῖς·
δότε αὐτοῖς ὑμεῖς φαγεῖν.	δότε αὐτοῖς ὑμεῖς φαγεῖν. καὶ λέγουσιν αὐτῷ· ἀπελθόντες ἀγοράσωμεν δηναρίων διακοσίων ἄρτους καὶ δώσομεν αὐτοῖς φαγεῖν; 38 ὁ δὲ λέγει αὐτοῖς· πόσους ἄρτους ἔχετε; ὑπάγετε ἴδετε.
17 οἱ δὲ λέγουσιν αὐτῷ· οὐκ ἔχομεν ὧδε εἰ μὴ	καὶ γνόντες λέγουσιν·
πέντε ἄρτους	πέντε,
καὶ δύο ἰχθύας.	καὶ δύο ἰχθύας.
18 ὁ δὲ εἶπεν· φέρετέ μοι ὧδε αὐτούς.	
19 καὶ κελεύσας τοὺς ὄχλους ἀνακλιθῆναι ἐπὶ τοῦ χόρτου,	39 καὶ ἐπέταξεν αὐτοῖς ἀνακλῖναι πάντας συμπόσια συμπόσια ἐπὶ τῷ χλωρῷ χόρτῳ. 40 καὶ ἀνέπεσαν πρασιαὶ πρασιαὶ κατὰ ἑκατὸν καὶ κατὰ πεντήκοντα.
λαβὼν τοὺς πέντε ἄρτους καὶ τοὺς δύο ἰχθύας, ἀναβλέψας εἰς τὸν οὐρανὸν εὐλόγησεν καὶ κλάσας ἔδωκεν τοῖς μαθηταῖς τοὺς ἄρτους, οἱ δὲ μαθηταὶ τοῖς ὄχλοις.	41 καὶ λαβὼν τοὺς πέντε ἄρτους καὶ τοὺς δύο ἰχθύας ἀναβλέψας εἰς τὸν οὐρανὸν εὐλόγησεν καὶ κατέκλασεν τοὺς ἄρτους καὶ ἐδίδου τοῖς μαθηταῖς [αὐτοῦ] ἵνα παρατιθῶσιν αὐτοῖς,
	καὶ τοὺς δύο ἰχθύας ἐμέρισεν πᾶσιν.

[20] καὶ ἔφαγον πάντες καὶ ἐχορτάσθησαν, καὶ ἦραν τὸ περισσεῦον τῶν κλασμάτων δώδεκα κοφίνους πλήρεις.	[42] καὶ ἔφαγον πάντες καὶ ἐχορτάσθησαν,[43] καὶ ἦραν κλάσματα δώδεκα κοφίνων πληρώματα καὶ ἀπὸ τῶν ἰχθύων.
[21] οἱ δὲ ἐσθίοντες ἦσαν ἄνδρες ὡσεὶ πεντακισχίλιοι	[44] καὶ ἦσαν οἱ φαγόντες [τοὺς ἄρτους] πεντακισχίλιοι ἄνδρες.
χωρὶς γυναικῶν καὶ παιδίων.	

Tabelle 4: Die Gestalt von Mt 14,13–21 im Vergleich zu Mk 6,30–44

Auf den ersten Blick ist zu beobachten, dass die Übereinstimmungen zwischen den Berichten des Markus und des Matthäus frappant sind. In beiden Speisungserzählungen wird unterstrichen, dass die Brotvermehrung an einem einsamen Ort stattfindet (vgl. Mt 14,13a//Mk 6,31). Die Volksmenge, die sich dort einfindet, kommt zu Fuß aus den Städten (vgl. Mt 14,13b//Mk 6,33). Bei Matthäus und bei Markus wird erwähnt, dass Jesus, als er diese Volksmenge sieht, Erbarmen hat (vgl. 14,14//Mk 6,34).[330] Da es schon spät geworden ist, schlagen die Jünger Jesus vor, die Menschen zu entlassen, damit sie sich das Essen kaufen können. Aber die Reaktion Jesu ist ganz anders. Er befiehlt ihnen, die Menge zu speisen (vgl. Mt 14,15–16//Mk 6,35–37). Matthäus und Markus stimmen auch darin überein, dass fünf Brote und zwei Fische vorrätig sind, die Jesus dann vermehrt. Bei beiden Evangelisten finden sich deutliche, gewiss nicht zufällige Übereinstimmungen zwischen der Schilderung der zentralen Gesten des Brechens und der Austeilung des Brotes und dem entsprechenden Moment im Abendmahlsbericht (vgl. Mt 14,17–20//Mk 6,38–42). Bei Matthäus wie bei Markus werden die mit Frauen und Kindern herbeigeeilten fünftausend Männer aufgefordert, sich im Gras niederzulassen (vgl. Mt 14,19//Mk 6,39). In beiden Berichten bleiben von ihrer Speisung zwölf Körbe voll (vgl. Mt 14,20–21//Mk 6,44).

Die Unterschiede zwischen diesen Berichten sind ebenfalls auffällig. Vor allem bemerkt man, dass die Erzählfassung bei Markus sprachlich einfacher und erzählerisch unbeholfener ist als der Bericht bei Matthäus.[331]

330 Vgl. F. J. Moloney, Gebrochenes Brot für gebrochene Menschen, 123; U. Luz, Mt II, 396.
331 Vgl. L. Schenke, Die wunderbare Brotvermehrung, 21.

Matthäus berichtet nicht über die Mission der Jünger. Er gibt einem anderen Grund dafür an, dass Jesus sich im Boot „an einen abgelegenen Ort" zurückzieht. Nicht wie bei Markus weicht er der lästigen Volksmenge aus (vgl. Mk 6,31–32). Im Gegenteil: Er flieht vor Herodes, dessen Mord am Täufer Johannes ihm berichtet wird (vgl. Mt 14,13).[332] Während der erste Evangelist Jesus in Mt 14,13 allein an den einsamen Ort der Speisung fahren lässt, gelangt er nach Markus mit seinen Jüngern dorthin (vgl. Mk 6,32). In Mt 14 fehlt der Vergleich des Volkes mit einer hirtenlosen Herde (vgl. Mk 6,34b), und Jesus wendet sich sofort der Volksmenge zu und heilt ihre Kranken. Festgehalten sei hier, dass Matthäus den oben genannten Vergleich bereits in 9,36 vorgenommen hat, weshalb er an dieser Stelle unterbleiben kann.[333]

Im Dialog Jesu mit den Jüngern bei Matthäus fehlt auch die unverständige Jüngerfrage (vgl. Mk 6,37b). Mit ihr ist auch die Frage Jesu nach den Mundvorräten der Jünger entfallen. So entwickelt sich bei Matthäus ein kurzer, prägnanter Dialog, in dem die Jünger nicht wie bei Markus als unverständig erscheinen. Ihre Antwort klingt zwar kleinmütig, aber sie ist nicht grundsätzlich tadelnswert.[334] Matthäus übernimmt zwar von Markus den Befehl Jesu an die Menge, sich auf dem Gras zu lagern, lässt aber die genaue Beschreibung der Lagerordnung weg. Ansonsten tendiert Matthäus eigentlich eher dazu, Hinweise auf das Alte Testament und die Erfüllung dort ausgesprochener Prophezeiungen zu unterstreichen. Der Grund für diese Auslassung an dieser Stelle kann darin zu suchen sein, dass ihm hier mehr noch als an dem alttestamentlichen Bezug daran gelegen ist, die Erzählung auf das wunderbare Tun der Speisung zu konzentrieren.[335]

Obwohl Matthäus in Mt 14,17 und 14,19 die Fische nennt, lässt er die besondere Verteilung und die Einsammlung der Fische, die bei Markus in 6,41 eigens geschildert wird, unerwähnt.[336] Seine Darstellung des Wunders konzentriert sich ganz auf die Brote. Bei der Schilderung der Speisung findet man Mt 14 konsequenter durchgestaltet als Mk 6.

332 Vgl. L. Schenke, Die wunderbare Brotvermehrung, 22.
333 Vgl. L. Schenke, Die wunderbare Brotvermehrung, 22–23.
334 Vgl. L. Schenke, Die wunderbare Brotvermehrung, 23.
335 Vgl. J. Gnilka, Mt II, 7.
336 Vgl. L. Schenke, Die wunderbare Brotvermehrung, 21.

Denn es wird in Mt 14,19 berichtet, dass Jesus die Brote den Jüngern gibt, und diese sie an die Volksmenge weitergeben. Dagegen scheint die Darstellung von Mk 6,41 geschlossen zu sein, insofern als Markus nicht nur berichtet, dass Jesus selbst die Fische ausgeteilt hat, sondern auch das Tun von Jüngern nur in einem Finalsatz nennt: „damit sie ihnen vorlegten" (Mk 6,41). Während Matthäus berichtet, dass die von Jesus Gespeisten etwa fünftausend Mann waren, die Frauen und Kinder nicht gerechnet (vgl. Mt 14,21), ist bei Markus schlicht von fünftausend Mann die Rede (vgl. Mk 6,44).

1.2.2.3 Mt 14,13–21 im Vergleich zu Joh 6,1–15

Mt 14,13–21	Joh 6,1–15
[13] Ἀκούσας δὲ ὁ Ἰησοῦς ἀνεχώρησεν ἐκεῖθεν ἐν πλοίῳ εἰς ἔρημον τόπον κατ᾽ ἰδίαν· καὶ ἀκούσαντες	[1] Μετὰ ταῦτα ἀπῆλθεν ὁ Ἰησοῦς πέραν τῆς θαλάσσης τῆς Γαλιλαίας τῆς Τιβεριάδος.
οἱ ὄχλοι ἠκολούθησαν αὐτῷ πεζῇ ἀπὸ τῶν πόλεων.	[2] ἠκολούθει δὲ αὐτῷ ὄχλος πολύς, ὅτι ἐθεώρουν τὰ σημεῖα ἃ ἐποίει ἐπὶ τῶν ἀσθενούντων.[3] ἀνῆλθεν δὲ εἰς τὸ ὄρος Ἰησοῦς καὶ ἐκεῖ ἐκάθητο μετὰ τῶν μαθητῶν αὐτοῦ.[4] ἦν δὲ ἐγγὺς τὸ πάσχα, ἡ ἑορτὴ τῶν Ἰουδαίων.
[14] Καὶ ἐξελθὼν εἶδεν πολὺν ὄχλον καὶ ἐσπλαγχνίσθη ἐπ᾽ αὐτοῖς καὶ ἐθεράπευσεν τοὺς ἀρρώστους αὐτῶν.[15] Ὀψίας δὲ γενομένης προσῆλθον αὐτῷ οἱ μαθηταὶ λέγοντες· ἔρημός ἐστιν ὁ τόπος καὶ ἡ ὥρα ἤδη παρῆλθεν· ἀπόλυσον τοὺς ὄχλους, ἵνα ἀπελθόντες εἰς τὰς κώμας	[5] Ἐπάρας οὖν τοὺς ὀφθαλμοὺς ὁ Ἰησοῦς καὶ θεασάμενος ὅτι πολὺς ὄχλος ἔρχεται πρὸς αὐτὸν
	λέγει πρὸς Φίλιππον·
ἀγοράσωσιν ἑαυτοῖς βρώματα.	πόθεν ἀγοράσωμεν ἄρτους ἵνα φάγωσιν οὗτοι;[6] τοῦτο δὲ ἔλεγεν πειράζων αὐτόν·
[16] ὁ δὲ [Ἰησοῦς]	

εἶπεν αὐτοῖς· οὐ χρείαν ἔχουσιν ἀπελθεῖν, δότε αὐτοῖς ὑμεῖς φαγεῖν.	αὐτὸς γὰρ ᾔδει τί ἔμελλεν ποιεῖν. [7] ἀπεκρίθη αὐτῷ [ὁ] Φίλιππος· διακοσίων δηναρίων ἄρτοι οὐκ ἀρκοῦσιν αὐτοῖς ἵνα ἕκαστος βραχύ [τι] λάβῃ.
[17] οἱ δὲ λέγουσιν αὐτῷ·	[8] λέγει αὐτῷ εἷς ἐκ τῶν μαθητῶν αὐτοῦ, Ἀνδρέας ὁ ἀδελφὸς Σίμωνος Πέτρου·[9] ἔστιν παιδάριον ὧδε ὃς
οὐκ ἔχομεν ὧδε εἰ μὴ πέντε ἄρτους καὶ δύο ἰχθύας.	ἔχει πέντε ἄρτους κριθίνους καὶ δύο ὀψάρια· ἀλλὰ ταῦτα τί ἐστιν εἰς τοσούτους;
[18] ὁ δὲ εἶπεν· φέρετέ μοι ὧδε αὐτούς.	[10] εἶπεν ὁ Ἰησοῦς·
[19] καὶ κελεύσας τοὺς ὄχλους ἀνακλιθῆναι ἐπὶ τοῦ χόρτου,	ποιήσατε τοὺς ἀνθρώπους ἀναπεσεῖν. ἦν δὲ χόρτος πολὺς ἐν τῷ τόπῳ. ἀνέπεσαν οὖν οἱ ἄνδρες τὸν ἀριθμὸν ὡς πεντακισχίλιοι.
λαβὼν τοὺς πέντε ἄρτους	[11] ἔλαβεν οὖν τοὺς ἄρτους ὁ Ἰησοῦς
καὶ τοὺς δύο ἰχθύας, ἀναβλέψας εἰς τὸν οὐρανὸν	
εὐλόγησεν καὶ κλάσας ἔδωκεν τοῖς μαθηταῖς τοὺς ἄρτους, οἱ δὲ μαθηταὶ τοῖς ὄχλοις.	καὶ εὐχαριστήσας διέδωκεν
	τοις ἀνακειμένοις ὁμοιως καὶ ἐκ τῶν ὀψαρίων ὅσον ἤθελον.
[20] καὶ ἔφαγον πάντες καὶ ἐχορτάσθησαν,	[12] ὡς δὲ ἐνεπλήσθησαν, λέγει τοῖς μαθηταῖς αὐτοῦ· συναγάγετε τὰ περισσεύσαντα κλάσματα, ἵνα μή τι ἀπόληται.
καὶ ἦραν τὸ περισσεῦον τῶν κλασμάτων δώδεκα κοφίνους πλήρεις.	[13] συνήγαγον οὖν καὶ ἐγέμισαν δώδεκα κοφίνους κλασμάτων ἐκ τῶν πέντε ἄρτων τῶν κριθίνων ἃ ἐπερίσσευσαν τοῖς βεβρωκόσιν.

[21]οἱ δὲ ἐσθίοντες ἦσαν ἄνδρες ὡσεὶ πεντακισχίλιοι χωρὶς γυναικῶν καὶ παιδίων.	
	[14]Οἱ οὖν ἄνθρωποι ἰδόντες ὃ ἐποίησεν σημεῖον ἔλεγον ὅτι οὗτός ἐστιν ἀληθῶς ὁ προφήτης ὁ ἐρχόμενος εἰς τὸν κόσμον.[15]Ἰησοῦς οὖν γνοὺς ὅτι μέλλουσιν ἔρχεσθαι καὶ ἁρπάζειν αὐτὸν ἵνα ποιήσωσιν βασιλέα, ἀνεχώρησεν πάλιν εἰς τὸ ὄρος αὐτὸς μόνος

Tabelle 5: Die Gestalt von Mt 14,13–21 im Vergleich zu Joh 6,1–15

Obwohl die Unterschiede zwischen den Berichten des ersten und des vierten Evangelisten auffällig sind, findet man einige Übereinstimmungen: Matthäus und Johannes berichten, dass eine Menschenmenge Jesus folgt, von diesem bemerkt (vgl. Mt 14,13b//Joh 6,2a.5a). Gemeinsam sind beiden Berichten als Basis der Speisevermehrung fünf Brote und zwei Fische (vgl. Mt 14,17b//Joh 6,9b).[337] In beiden Evangelien wird gleichermaßen berichtet, dass Jesus die Menschen sich ins Gras niedersetzen lässt (vgl. Mt 14,19//Joh 6,10); dass er die Brote und Fische nimmt und das Dankgebet spricht (vgl. Mt 14,19b//Joh 6,11); dass die Hungernden bei der Speisung satt werden. Ebenso erwähnen beide Evangelisten, dass an dem Mahl etwa fünftausend Männer teilnehmen und die übriggebliebenen Stücke zwölf Körbe füllen (vgl. Mt 14,20//Joh 6,13).

Im johanneischen Bericht hat Jesus durchweg die Initiative. Er begibt sich „an das andere Ufer des galiläischen Meeres, des Tiberias“ (Joh 6,1). Die große Volksmenge folgt ihm, weil sie die Zeichen gesehen hat, die er an den Kranken gewirkt hat (vgl. Joh 6,2b). Eine solche Begründung für das Handeln der Menge fehlt bei Matthäus. In Joh 6 stößt man auf wichtige Details, die sich nur dort finden.[338] Zu erwähnen ist hier einmal V. 3. Dort wird berichtet, dass Jesus den Berg besteigt und sich inmitten seiner Jünger niedersetzt. Diese erzählerische Zutat hebt die Feierlichkeit der gesamten folgenden Szene und rückt die Person des Gottessohns

337 Vgl. J. Gnilka, Johannesevangelium (NEB.NT 4), Würzburg 1993, 46.
338 Vgl. L. Schenke, Die wunderbare Brotvermehrung, 120.

im Mittelpunkt. Jesus beginnt seinen Dialog mit einer Frage an Philippus: „Wo sollen wir Brote kaufen, damit diese essen können?“ (Joh 6,5). Jesus stellt diese Frage nur, um den Jünger zu prüfen, das heißt wohl, um zu erfahren, was ihm der Jünger zutraut; denn er selber weiß ja bereits, was er vorhat (vgl. Joh 6,6). Bei Matthäus hat Jesus Erbarmen mit der Volksmenge und der Dialog beginnt mit dem Vorschlag der Jünger (vgl. Mt 14,14–15).

Außerdem berichtet Johannes, dass die Gerstenbrote und die zwei Fische von einem kleinen Jungen gebracht werden (vgl. Joh 6,9). Nach dem Dankgebet teilte er selbst die vermehrten Speisen aus, und zwar gibt er den Menschen (Joh 6,11, „so viel sie wollten“). Im Unterschied dazu erwähnt Matthäus nicht, woher die Brote und Fische kamen, und wie bereits beobachtet, lässt er weiterhin die Jünger die Speisen austeilen (vgl. Mt 14,19c). Zu betonen ist, dass in Joh 6,14–15 von einer Reaktion der Volksmenge auf das Wunder berichtet wird: Diese erkennt nämlich in ihm den Propheten, der in die Welt kommen soll. Dazu findet sich nichts bei Matthäus. Demgegenüber fehlt bei Johannes die Schlussnotiz des ersten Evangelisten über Frauen und Kinder unter den Gespeisten.

Aus diesen Unterschieden zwischen Mt 14,13–21 und Joh 6,1–15 ergibt sich zusammenfassend, dass eine literarische Beziehung zwischen diesen beiden Berichten wenig wahrscheinlich ist. Daher soll hier mit Alkuin Heising angenommen werden, dass die johanneische Fassung der Brotvermehrungserzählung Züge jener literarischen frühen – mündlichen – Form aufweist, „die durch Mosesmotiv und Elisäusspeisung ihre theologische Eigenart bekommen hat, und zwar in einer Ausprägung wie sich bei den Synoptikern nicht mehr erhalten hat.“[339]

1.2.2.4 Der Blick auf das matthäische Profil von Mt 14,13–21

Im Ergebnis kann festgehalten werden, dass Matthäus durch die Erzählung der ersten Brotvermehrung (vgl. Mt 14,13–21) den Akzent auf die Identität Jesu setzt. Jesus ist für ihn der Heiland der Menschen. Aus Erbarmen heilt er die Kranken. Er ist der Gastgeber, der etwa fünftau-

339 A. Heising, Die Botschaft der Brotvermehrung. Zur Geschichte und Bedeutung eines Christusbekenntnisses im Neuen Testament (SBS 15), Stuttgart 1966, 77.

send Männer, dazu Frauen und Kinder, speist. Jesus ist der Messias Israels. Dadurch bringt Matthäus die Souveränität Jesu zum Ausdruck.

Ein anderer Akzent der matthäische Erzählung ist der Charakter des Mahles. Das Mahl besteht aus den vermehrten fünf Broten und zwei Fischen. Es hat einen inklusiven und familiären Charakter. Denn Matthäus erwähnt auch Frauen und Kinder. Bei der Austeilung und beim Einsammeln erwähnt Matthäus nur die vermehrten Brote. Denn er verbindet durch die Zeitangabe (vgl. Mt 14,15//26,20), die Geste der Bereitung und Austeilung seine Erzählung mit dem Abendmahlsbericht (vgl. Mt 26,26–29). Außerdem betont er die Rolle der Jünger. Diese werden positiv vorgestellt. Obwohl sie kleinmütig sind, verstehen sie die Aufforderung Jesu und verteilen die Brote und Fische, und sammeln das Übriggebliebene ein.

1.2.3 Literarische Gattung und Struktur

In Bezug auf die literarische Gattung der Brotvermehrungserzählung gibt es unterschiedliche Meinungen von Exegeten. Im Hinblick auf die literarische Beziehung zwischen Matthäus und Markus geht Willi Marxsen beispielsweise davon aus, dass die Brotvermehrungserzählung als ein veranschaulichender Kommentar zu dem paulinischen Begriff εὐαγγέλιον anzusehen sei. „Evangelium" bedeutet in dieser Hinsicht „nicht einfach bewahrende Erinnerung an das Wirken Jesu, sondern vergegenwärtigende Anrede, Verkündigung."[340] Zu diesem Zweck habe Markus die Geschichte geschaffen. Dieser Gesichtspunkt ist allerdings nicht ausreichend, um die Gattung der Speisungserzählung zu erklären. Denn Markus hat auch bekanntlich diese Geschichte aus der mündlichen Überlieferung in sein Evangelium aufgenommen.[341] In seiner Untersuchung der synoptischen Tradition unterstreicht Rudolf Bultmann, dass die Brotvermehrungserzählung als „eine stilgemäße Wundergeschichte" anzusehen sei.[342] Er stützt seine Argumentation auf den

340 W. Marxsen, Einleitung in das Neue Testament. Eine Einführung in ihre Probleme, Gütersloh ²1964, 124.

341 Vgl. A. Heising, Die Botschaft der Brotvermehrung, 15.

342 Vgl. R. Bultmann, Die Geschichte der synoptischen Tradition (FRLANT 29), Göttingen ⁴1971, 82.

Aufbau dieser Geschichte, der in der Tat die Gattung der Wundergeschichte in Judentum und Hellenismus charakterisiert: Die Schilderung einer Notlage, Aufbau eines Dialogs mit Steigerung der Spannung, Illustration des Wunders nur am Erfolg, Schlusseffekt (Überbleiben von mehr Rest) und wirkungsvolle Betonung der Zahl der Gesättigten am Schluss.[343] Für Bas van Iersel ist die Brotvermehrungsgeschichte keine stilgemäße Wundergeschichte, weil es keinen Hilferuf in der Not und keinen Chorschluss gibt, durch den die Reaktion der Anwesenden ausgedrückt würde. Daher sieht er die Entwicklung der Wundergeschichte als vorzeitig abgebrochen an.[344]

Hier ist zu unterstreichen, dass das Fehlen einer explizit formulierten Reaktion der Anwesenden allein nicht ausreicht, um die Zughörigkeit der Brotvermehrungserzählung zur wundergeschichtlichen Gattung zu verneinen. Auf diese Weise ist die Speisung der Fünftausend für Gerd Theißen als ein Geschenkwunder anzusehen. Denn es werden in dieser Geschichte materielle Güter überraschend bereitgestellt. Außerdem verleihen die Geschenkwunder „überdimensionale und außergewöhnliche Gaben, verwandelte, vermehrte, gehäufte Lebensmittel."[345] Da Matthäus mit seinen Brotvermehrungserzählungen versucht, eine heilsbedeutsame Botschaft zu verkünden und *ipso facto* die Identität Jesu zu verdeutlichen, werden die Speisungsgeschichten im Rahmen dieser Untersuchung als *kerygmatische Wundergeschichte* betrachtet.[346]

343 Vgl. R. Bultmann, Die Geschichte der synoptischen Tradition, 231–236.

344 Vgl. B. van Iersel, Die wunderbare Speisung und das Abendmahl in der synoptischen Tradition, in: NT 7 (1967) 167–194, hier 182.

345 G. Theißen, Urchristliche Wundergeschichte. Ein Beitrag zur formgeschichtlichen Erforschung der synoptischen Evangelien, Göttingen 1974, 111.

346 Ähnlich stellt auch A. Heising, Die Botschaft der Brotvermehrung, 55, fest: „Zusammenfassend lässt sich die mit der kerygmatischen Wundergeschichte der Brotvermehrung Jesu in der ältesten Traditionsschicht verbundene Absicht als theologische Verkündigungsintention bestimmen."

Im Wesentlichen besteht Mt 14,13–21 aus vier Erzählungsabschnitten:

1. 14,13–14: Einleitung
2. 14,15–18: Charakterisierung der Not
3. 14,19: Wundertat
4. 14,20–21: Demonstration

Diese Struktur entspricht dem schematischen Aufbau einer Wundererzählung. Das bedeutet, „dass die Speisungserzählungen beeinflusst sind von einem Erzählungsschema, das sich in weiteren alttestamentlichen und neutestamentlichen Erzählungen nachweisen lässt.“[347] Zunächst lässt sich feststellen, dass auf eine Einleitungsnotiz, in der die Situation in aller Kürze dargestellt wird, ein Dialog zwischen Jesus und den Jüngern folgt. An dieser Stelle werden einerseits die Not, bzw. die Mangelsituation der anwesenden Volksmenge geschildert und andererseits Umfang und Art der vorhandenen Mundvorräte festgestellt. Im Anschluss daran wird die eigentliche Speisung erzählt, die durch den Befehl zur Lagerung der Volksmenge auf dem Gras und dessen Ausführung eingeleitet wird. Im Mittelpunkt stehen dann Jesu Danksagung oder Segnung über den Speisen und deren Austeilung. Daran schließt sich die Mahlzeit des Volkes an, deren Wirkung hier die vollkommene Sättigung aller ist.[348] Ein abschließender Erzählteil berichtet vom Einsammeln der Reste und der Zahl der Gesättigten, wodurch das vorausgegangene Wunder eindrucksvoll demonstriert und bestätigt wird. Aber das Problem besteht darin, dass diese Erzählung keine explizit geschilderte Reaktion der Volksmenge enthält. Es ist anzunehmen, dass der erste Evangelist verschiedene Ausdrücke verwendet, um diesen Aspekt in seiner Erzählung zum Ausdruck zu bringen: „sie aßen alle und wurden satt“ (vgl. Mt 14,19), „zwölf Körbe voll“ (vgl. Mt 14,19), „die Essenden aber waren ungefähr fünftausend Männer, ohne Frauen und Kinder“ (vgl. Mt 14,21).

347 L. Schenke, Die wunderbare Brotvermehrung, 49.
348 Vgl. L. Schenke, Die wunderbare Brotvermehrung, 49–50; W. Wiefel, Mt, 272.

1.2.4 Auslegung

1.2.4.1 Einleitung (Mt 14,13–14)

Die Erzählung der Speisungsgeschichte der Fünftausend beginnt beim ersten Evangelisten, wie gesehen, mit der Flucht Jesu vor Herodes. Durch seine Verwendung der Kombination ἀνεχώρησεν und ἐκεῖθεν[349], die sich auch in 4,1 und 15,21 befindet, weckt Matthäus die Aufmerksamkeit seiner Leserinnen und Leser und lenkt sie in die Richtung der neu zu erzählenden Geschichte.[350] In diesem Sinne besteht das unmittelbare Motiv für die Flucht Jesu bei Matthäus in der Kunde vom Tod des Täufers einerseits und in der Reaktion von Herodes über Jesus andererseits: „Dieser ist Johannes der Täufer. Er wurde von den Toten auferweckt. Deshalb wirken die Wunderkräfte in ihm" (14,1).[351] Diese Reaktion „macht jedenfalls deutlich, dass Johannes und Jesus dieselben Feinde haben. Jesus und sein Vorläufer gehören zusammen, sogar in den Augen des bösen Vierfürsten."[352]

In der Tat erzählt Matthäus in der Exposition von einem Rückzug Jesu in eine einsame Gegend und an dieser Stelle erwähnt er die Jünger noch nicht. Die Wahl eines Bootes setzt die Nähe zu einem Gewässer voraus. Für Joachim Gnilka verweist die einsame Gegend auf das Ostufer des Sees.[353] Sie kann auch auf das Nordufer verweisen. Denn hier befinden sich Dörfer in der Nähe.[354] Jesus tritt aus seiner Einsamkeit heraus. Denn er sieht, wie ihm die Volksmenge nachfolgt: καὶ ἀκούσαντες οἱ ὄχλοι ἠκολούθησαν αὐτῷ πεζῇ ἀπὸ τῶν πόλεων (vgl. Mt 14,14) und dies hat sein Erbarmen geweckt. Grundsätzlich bleibt Erbarmen in den alttestamentlichen Schriften „eine Eigenschaft

349 ἐκεῖθεν bezieht sich auf die Heimatstadt Jesus, also Nazareth (vgl. Mt 13,54–58), wo Jesus Ablehnung erfahrt.

350 Vgl. H. Frankemölle, Mt II, 194; W. Grundmann, Mt, 363.

351 Vgl. W. Wiefel, Mt, 272–273; H. Frankemölle, Mt II, 194.

352 U. Luz, Mt II, 390. Vgl. auch R. T. France, The Gospel of Matthew, 560. H. Frankemölle, Mt II, 194, geht davon aus, dass im Matthäusevangelium die Verkündigung des Himmelreichs und die Verwirklichung der Gerechtigkeit Jesus und Johannes den Täufer verbinden. In diesem Sinne gehören auch die Jünger des Täufers und die Jünger Jesu zusammen: „Wie Johannes, der Täufer und Lehrer Jesu, und Jesus, der Nachfolger des Johannes, zusammengehören, so gehören auch die Jünger des Täufers und die Jünger Jesu zusammen."

353 Vgl. J. Gnilka, Mt II, 8.

354 Vgl. J. Gnilka, Mt II, 8–9.

Gottes."[355] In diesem Sinne erweist Jesus seine Gottesmacht und Gnade in der Heilung der Kranken, die herbeigetragen werden und in der Vermehrung des Brotes. Er ist daher Gotteshelfer in menschlichem Leid.[356]

1.2.4.2 Charakterisierung der Not (Mt 14,15–18)

Der Dialog zwischen Jesus und den Jüngern nimmt in der Perikope breiten Raum ein, was seine Bedeutsamkeit unterstreicht. Der Vorschlag der Jünger, das Volk zu entlassen, erscheint der Abendstunde angemessen: Ὀψίας δὲ γενομένης (V. 15a). Formulierung und Handlung beim Segen in dieser Speisungsgeschichte spielen auf das Herrenmahl in Mt 26,26–29 an: λαμβάνω (nehmen) – ἄρτοι (Brote) – καί (und) – εὐλογέω (Lobpreis sprechen) – κλάω (brechen) – δίδωμι (geben) – μαθηταί (Jünger) (vgl. Mt 14,29)//λαμβάνω (nehmen) – ἄρτος (Brot) – καί (und) – εὐλογέω (Lobpreis sprechen) – κλάω (brechen) – δίδωμι (geben) – μαθηταί (Jünger) (vgl. Mt 26,26).[357] In dem Vorschlag der Jünger wird bemerkt, dass es keine ausgesprochene Notsituation gegeben ist: ἔρημός ἐστιν ὁ τόπος καὶ ἡ ὥρα ἤδη παρῆλθεν· ἀπόλυσον τοὺς ὄχλους, ἵνα ἀπελθόντες εἰς τὰς κώμας ἀγοράσωσιν ἑαυτοῖς βρώματα (V. 15b.). Berichtet wird dann jedoch, dass Jesus das Ansinnen der Jünger zurückweist und damit andeutet, was er tun will. Die Aufforderung Jesu, οὐ χρείαν ἔχουσιν ἀπελθεῖν, δότε αὐτοῖς ὑμεῖς φαγεῖν, ist eine Herausforderung an den Glauben der Jünger. Denn ihr Hinweis auf den wenigen Proviant zeigt ihre Zweifel.[358] Aus dem Dialog geht hervor, dass Jesus einen bestimmten Plan hat. In diesem Plan spielen die Zwölf offensichtliche eine Hauptrolle.

355 Vgl. J. Gnilka, Mt II, 8.

356 Vgl. B. Kowalski, Jesus sättigt ganz Israel, 448–449; J. Gnilka, Mt II, 8. In anderen Worten drückt es U. Luz, Mt II, 400, aus, wenn er betont: „Aus Erbarmen heilt er zunächst die Kranken des Volkes. Das ist keine Floskel: Das Erbarmen des Messias Israels mit seinem Volk ist Matthäus wichtig; er zeigt sich fast immer in seinen Heiligungen. Ebenso grundlegend ist der Heiligungsauftrag der Jünger in der Mission. An die Heilungen schließt sich die Speisung an."

357 Die Übereinstimmung von Mt 14,19 mit 26,20 lässt sich für J. Gnilka, Mt II, 8, auf die jüdischen Tischsitten zurückführen und der Abend ist außerdem „die Stunde der Hauptmahlzeit, so dass das Allgemeine, nicht das Besondere die Koinzidenz ergibt." Zum Bezug von Mt 14,19 auf Mt 26,20 vgl. auch R. T. France, The Gospel of Matthew, 561–162; J. Gnilka, Mt II, 8; W. Grundmann, Mt, 363; M. Konradt, Mt, 234; U. Luz, Mt II, 401.

358 Vgl. U. Luz, Mt II, 400–401.

Es wird angenommen, dass im Gegensatz zu Mk 6,37 in Mt 14,15–18 die Jünger nicht als Unverständige zu betrachten sind. Im Gegenteil: Sie sind „eher zaghaft, mutlos."[359] Zwar mangelt ihnen der Glauben nicht, aber in ihrem Sorgen setzen sie zu wenig auf Jesus.[360] Dies weist darauf hin, dass für Matthäus die konkreten Fragen wie die nach dem täglichen Brot zum Glauben gehören. Denn der „Glaube gründet sich nicht auf das Wunder, sondern erhofft und erbittet es."[361] Deswegen geht Jesus auf die Skepsis der Jünger nicht ein, sondern lässt sich die wenigen Brote und Fische bringen, um das Wunder vor den Jüngern zu machen. Außerdem zeigt Joachim Gnilka, dass die Mahlzeit des Fischers am See grundsätzlich aus Brot und Fisch besteht.[362] Trotzdem ist der Fisch in diesem Kontext als die kärgliche Zutat zum Brot zu betrachten. Denn das Brot machte „den Hauptbestandteil des jüdischen Mahles"[363] aus.

1.2.4.3 Wundertat (Mt 14,19)

Vor der Vermehrung befiehlt Jesus, dass sich die Volksmenge im Gras lagert: καὶ κελεύσας τοὺς ὄχλους ἀνακλιθῆναι ἐπὶ τοῦ χόρτου (14,19a).[364] Dieser Befehl zeigt die Souveränität Jesu.[365] Nach den ergänzenden Angaben in Mk 6,40 mussten die Jünger die Menge veranlassen, sich in Gruppen von fünfzig und hundert Personen niederzulassen. Matthäus lässt diese Notiz aus, denn für ihn ist der Gedanken an die Restitution des Gottesvolks der Wüstenzeit nicht wichtig. Außerdem stimmen die

359 J. Gnilka, Mt II, 8; vgl. auch W. Grundmann, Mt, 363–364.
360 M. Konradt, Mt, 233, argumentiert, dass die Intervention der Jünger mit der Fürsorge zu tun hat und gleichzeitig die Jünger als Kleingläubige bezeichnet: „Die Intervention der Jünger, die Volksmenge angesichts der fortgeschrittenen Stunde zu entlassen, geschieht in fürsorglicher Absicht, doch wird man darin im Zusammenspiel mit V. 17 zugleich eine Manifestation des für sie charakteristischen Kleinglaubens (s. zu 8,26) zu erblicken haben, zumal in dem Rückblick auf die Speisungsgeschichten in 16,7–10 dann explizit die Anrede der Jünger als Kleingläubige begegnet."
361 U. Luz, Mt II, 401.
362 Vgl. J. Gnilka, Mt II, 8.
363 J. Gnilka, Mt II, 8.
364 Für J. Gnilka, Mt II, 8, war der Ort des Geschehens „einsam, aber nicht wüst". P. Gaechter, Mt, 477, nennt ihn die Beticha: „Die Beticha ist dort, wo die Brotvermehrung vermutlich stattfand, im Frühjahr voll sehr großer Blätter, die auf kniehohen Stielen wachsen und, wenn niedergetreten, immerhin ein grünes Polster abgeben. Die Anweisung Jesu war nicht eben leicht auszuführen und verursachte den Zwölfen große Mühe."
365 Vgl. M. Konradt, Mt, 234; U. Luz, Mt II, 401.

matthäischen Formulierungen in V. 19 (λαβὼν τοὺς πέντε ἄρτους καὶ τοὺς δύο ἰχθύας, ἀναβλέψας εἰς τὸν οὐρανὸν εὐλόγησεν) mit den jüdischen Tischsitten überein.[366] Hier ist einzufügen, dass die hausgebackenen Brote wie noch heute in der Form von dicken Fladen (4,3) waren, die zerrissen oder gebrochen wurden. In einem jüdischen Milieu werden Brote oder Speisen nicht gesegnet, sondern wird Gott dadurch gepriesen.[367] Was also dabei verteilt wurde, waren nicht ganze Brote, sondern Brotstücke. Im Rahmen dieser Geschichte soll angenommen werden, dass sich die Stücke auch unter den Händen der Zwölf vermehren, ein Umstand, der weder ihnen selbst noch dem Volk verborgen bleiben kann. Diese Rolle der Jünger als Vermittler des heilvollen Handelns Jesu wird in V. 19c–d deutlich gemacht.[368]

1.2.4.4 Demonstration (Mt 14,20–21)

V. 20 wird als Schluss der Geschichte mit der Demonstration des Wunders bezeichnet. Die Macht Gottes wird durch die Sättigung der Volksmenge und die übrig gebliebenen Brotstücke einerseits[369] und durch die Zahl der Gespeisten andererseits aufgezeigt.[370] Dabei wird deutlich, dass diese Demonstration als eine Überbietung der wundersamen Speisung zu verstehen ist, die in 2 Kön 4,42–44 von Elischa erzählt wird.[371] Zu beobachten ist, dass die Hungersnot in 2 Kön 4,42–44 im Mittelpunkt der Erzählung steht, während bei Matthäus besonders die Barmherzigkeit Jesu für die Volksmenge (vgl. Mt 14,14) in den Vor-

366 Vgl. U. Luz, Mt II, 401. An dieser Stelle geht J. Gnilka, Mt II, 9, davon aus, dass die Brotvermehrung bei Matthäus ein indirekter Hinweis auf die Eucharistie ist. Vgl. auch W. Grundmann, Mt, 364; W. Wiefel, Mt, 273.

367 Vgl. Teil II. Abschnitt 2.1.

368 Vgl. R. Feneberg, Die Erwählung Israels und die Gemeinde Jesu Christi. Biographie und Theologie Jesu im Matthäusevangelium (HBS 58), Freiburg u. a. 2009, 252–253; auch M. Konradt, Mt, 234.

369 U. Luz, Mt II, 402, unterstreicht, dass die Zahl zwölf Hinweise weder auf die zwölf Jünger noch auf die Stämme Israel ist: „Durch nichts im Text ist angedeutet, dass die 12-Zahl hier einen Bezug zu den zwölf Jüngern haben könnte. Dass Matthäus an die zwölf Stämme Israel dachte, ist nach der Auslassung von Mk 6,40 sogar unwahrscheinlich."

370 Vgl. auch R. T. France, The Gospel of Matthew, 563; M. Konradt, Mt, 234; H. Frankemölle, Mt II, 195–196.

371 Ähnlich hält auch J. Gnilka, Mt II, 7, fest, dass für die Entstehung der Brotvermehrungsgeschichte in Mt 14,13–21 „sicher mit einem Einfluss der Speisung der Hundert durch den Propheten Elischa 2 Kön 4,42–44 zu rechnen" ist.

grund gerückt wird. Als auffällige Gemeinsamkeit ist festzuhalten, dass in beiden Berichten die zu vermehrenden Speisen gebracht werden, die Hungernden satt werden und sogar noch einiges übriglassen (vgl. Mt 14,18. 20//2 Kön 4,42b.44b).[372] Im Unterschied zu Elischa, der zwanzig Gerstenbrote und frische Körner ohne Dankgebet für hundert Männer vermehrt, heilte Jesus bei Matthäus die Kranken und speist fünftausend Männer, dazu noch Frauen und Kinder. Er speist sie nach dem Dankgebet mit fünf Broten und zwei Fischen. Hier wird Jesus als der erwartete Messias des Wortes und der Tat dargestellt.[373] Im Unterschied zu Markus und Lukas erwähnt Matthäus Frauen und Kinder. Diese Erwähnung der Frauen und Kinder spielt eine doppelte Rolle: Einerseits unterstreicht sie die Größe der Gabe und zeigt andererseits den „familiären Charakter des Mahles an."[374]

1.3 Die Speisung der Viertausend (Mt 15,29–39)

1.3.1 Textkritik

Μαγαδάν (V. 39) ist ein neutestamentliches Hapaxlegomenon.[375] Die Lesart Μαγαδάν ist in den Majuskeln ℵ 01, B 03 und D 05 bezeugt.[376] Dagegen wird sie in den Majuskeln K 017, L 019 und Θ 038, den Minuskelfamilien 1 und 13, den Minuskeln 700, 892, 1241 und 1424, dem Mehrheitstext und der Harklensis durch Μαγδαλα und in den Majuskeln C 04, N 022 und W 032, den Minuskeln 33, 565 und 579, den altlateini-

372 Vgl. A. Heising, Die Botschaft der Brotvermehrung, 18.

373 L. Schenke, Die wunderbare Brotvermehrung, 95–96, weist mit Recht darauf hin, wenn er als Ergebnis seines Vergleiches von Mt 14,13–21 und 2 Kön 4,42–44 feststellt: „Das von Jesus vollbrachte Wunder der Speisung ist somit gewaltiger als das des Elischa. Jesus ist größer als Elischa, der als größter Wundertäter des Alten Testaments galt. Durch die Wahl seiner literarischen Mittel macht also der neutestamentliche Erzähler auch deutlich, dass Jesu den Propheten Elischa und damit alle alttestamentlichen Propheten weit überragt."

374 J. Gnilka, Mt II, 9.

375 Vgl. K. Aland u. a., Vollständige Konkordanz zum Griechischen Neuen Testament, Berlin 1978, 449.

376 Vgl. B. u. K. Aland. u. a. (Hg.), Nestle – Aland, Novum Testamentum Graece, Stuttgart [18]2012. Der kritische Apparat zum Mt 15,39.50.

schen Handschriften q, in der mesokemischen und der bohairischen Übersetzungen durch Μαγδαλαν ersetzt.[377]

Die zweite Korrektur der Majuskel ℵ 01, die Vulgata und ein Teil der altlateinischen Überlieferung, die sahidische Übersetzung und Eusebius Caesariensis lesen Μαγεδαν. Da „die Lage des Zielorts Magadan unbekannt"[378] ist, könnte Μαγδαλα, der Name einer Stadt am See Genezareth[379], die ursprüngliche Lesart sein[380], und die Variante Μαγαδάν auf einen Schreibfehler von Kopisten zurückzuführen sein. Im Rahmen dieser Untersuchung wird Μαγδαλα verwendet.

1.3.2 Mt 15,29–39 und Kontext

Mit V. 29 beginnt die Speisung der Viertausend im Matthäusevangelium. Dafür sind als die Gründe zunächst die geographischen Angaben und die Bewegung Jesu zu nennen. Zudem hat Jesus nach der Speisung der Fünftausend seinen Jüngern aufgetragen, nach Magdala nahe der Jordanmündung zu fahren. Dort sollten sie auf ihn warten, bis er das Volk zum Fortgehen bewogen hätte (vgl. Mt 14,22). Die Auseinandersetzungen Jesu mit den Pharisäern und Schriftgelehrten, die aus Jerusalem herbeigekommen sind (vgl. Mt 15,1), spielen eine wichtige Rolle bei der Entfaltung dieser Erzählung. Denn diese Konflikte motivieren in der Darstellung des ersten Evangelisten den Rückzug Jesu in die Gegend von Tyrus und Sidon (vgl. Mt 15,21). Zu präzisieren ist, dass sich Jesus nach 15,29 in heidnischen Gegenden aufgehalten hat, in denen er plötzlich der kananäischen Frau begegnet, um deren Glaubens willen er ihre besessene Tochter heilt. Es wird berichtet, dass er nach dieser Heilung an den See von Galiläa weiterzieht[381], wo er auf einen Berg steigt und sich niedersetzt.

377 Vgl. B. u. K. Aland. u. a. (Hg.), Nestle – Aland, Novum Testamentum Graece. Der kritische Apparat zum Mt 15,39.50.

378 M. Konradt, Mt, 253.

379 Vgl. M. Küchler, Art. Magdala, in: LThK 6 (³2000) 1182; G. Maier, Art. Magadan, in: ders., Lexikon zur Bibel, Wuppertal – Zürich 1994, 1015.

380 Vgl. J. Gnilka, Mt II, 38.

381 παρὰ τὴν θάλασσαν τῆς Γαλιλαίας in Mt 15,29a bezieht sich im Rahmen des Matthäusevangeliums auf die galiläische Seite des Sees (vgl. z. B. in Mt 4,18; 13,1).

Diese Perikope findet ihren Abschluss durch die Entlassung der Menge durch Jesus und durch die geographische Angabe über seinen nächsten Aufenthaltsort (vgl. Mt 15,39). Nach der Speisung der Menge lässt Matthäus Jesus mit dem Boot der hier favorisierten Lesart zufolge nach Magdala fahren, wo er Besuch von Pharisäern und Sadduzäern bekommt, die von ihm ein Zeichen vom Himmel fordern (vgl. Mt 16,1). Im Unterschied zu Mt 15,39 sind einerseits diese Pharisäer und Sadduzäer in der Erzählung neu auftretende Figuren und Magdala ist andererseits ein neuer Schauplatz. In diesem Arrangement von Schauplätzen und Figuren findet man den Hinweis auf den Beginn einer neuen Perikope.

Die Speisung der Viertausend ist keine isolierte Geschichte im Matthäusevangelium. Der Evangelist hat sie in den Erzählblock von Mt 11,2–16,20 eingefügt, der von den Wanderungen Jesu in Galiläa berichtet.[382] Thematisch ist sie unmittelbar mit der vorausgehenden Perikope, der Heilung der Tochter der kanaanäischen Frau einerseits (vgl. Mt 15,21–28) und den nachfolgenden Perikopen, der zweiten Zeichenforderung und dem anschließenden neuerlichen Fortgang Jesu andererseits (vgl. Mt 16,1–4) verbunden. Ihre Verbundenheit mit 15,21–28 besteht darin, dass es grundsätzlich um das Heil Jesu Christi für alle geht, denn „Jesus hat Gott nicht in den Grenzen Israels eingesperrt, sondern sich vom Glauben der Heiden bewegen lassen."[383]

Außerdem ist die Perikope in Mt 16,1–4 in der Darstellung des vollmächtigen Handelns Jesu eine letzte Konfliktszene, die sich im Kontext des Erzählblocks 11,2–16,20 verstehen lässt. Hier steht die Messianität Jesu in Frage. Jesus hat sie durch die Speisung der Volksmenge und die Massenheilung demonstriert. Vor diesem Hintergrund muss die Zeichenforderung der Pharisäer und Sadduzäer als böswillig gelten.[384] Das Heilungssummar (vgl. Mt 15,29–31) ist als ein Teil der Speisung der Viertausend zu betrachten.[385] Beide Abschnitte bilden eine literari-

382 Vgl. M. Konradt, Mt, 4.

383 U. Luz, Mt II, 437. Für H. Frankemölle, Mt II, 211, betrifft das heilende Wirken Jesu nicht nur den ganzen Menschen, sondern auch alle Menschen.

384 Vgl. U. Luz, Mt II, 445.

385 Mt 15,29–31 wird hingegen in der Untersuchung von J. Gnilka, Mt II, 33–35, als eine literarische Einheit neben Mt 15,32–39 betrachtet.

sche Einheit.[386] Diese literarische Einheit entsteht dadurch, dass neben den sprachlichen und syntaktischen Details, wie z. B. das Erzähltempus, die Wiederholung der Ausdrücke, bzw. die semantische Beziehung (ἔρχομαι, V. 29a.30a.39c; ἀναβαίνω, V. 29b.39b) und der Schilderung des Wunders, die darauf hindeuten, dass Matthäus für beide Geschichten den gleichen Schauplatz und dieselben Figuren benutzt: Der Berg am See von Galiläa ist somit der Schauplatz und das Volk, das Jesus in V. 37 speist, ist dasselbe, das bereits in V. 30 mit den Kranken zu Jesus gekommen ist.

Daraus lässt sich folgern, dass bei Matthäus anders als in Mk 8,1a, wo es eine einleitende Bemerkung gibt, der Abschnitt über den Weg Jesu zum See von Galiläa und die Krankenheilungen in V. 29–31 als die Einleitung zu der Perikope zu betrachten ist.[387] Außerdem rahmen die zwei geographischen Überleitungsangaben in V. 29 und V. 39 die gesamte Speisungserzählung. Festzuhalten bleibt, dass sich weder Ambiguität in der Verwendung der Personalpronomina noch eine auffällige Lücke in der Erzählung findet. Alle Personalpronomina beziehen sich auf den naheliegenden Gegenstand und der Ortswechsel Jesu markiert den Schluss der Erzählung.

1.3.3 Die Gestalt von Mt 15,29–39 im Vergleich zu Mk 8,1–10

Im Neuen Testament findet man die Speisung der Viertausend an zwei Stellen, nämlich in Mt 15,29–39 und in Mk 8,1–10. Der Vergleich dieser Berichte führt dazu, das Profil der matthäischen Erzählung herauszufinden.

386 Vgl. W. Trilling, Das wahre Israel, 133.
387 Vgl. U. Luz, Mt II, 439.

1.3.3.1 Mt 15,29–39 im Vergleich zu Mk 8,1–10

Mt 15,29–39	**Mk 8,1–10**
29 Καὶ μεταβὰς ἐκεῖθεν ὁ Ἰησοῦς ἦλθεν παρὰ τὴν θάλασσαν τῆς Γαλιλαίας, καὶ ἀναβὰς εἰς τὸ ὄρος ἐκάθητο ἐκεῖ. 30 καὶ προσῆλθον αὐτῷ ὄχλοι πολλοὶ ἔχοντες μεθ' ἑαυτῶν χωλούς, τυφλούς, κυλλούς, κωφούς, καὶ ἑτέρους πολλοὺς καὶ ἔρριψαν αὐτοὺς παρὰ τοὺς πόδας αὐτοῦ, καὶ ἐθεράπευσεν αὐτούς· 31 ὥστε τὸν ὄχλον θαυμάσαι βλέποντας κωφοὺς λαλοῦντας, κυλλοὺς ὑγιεῖς καὶ χωλοὺς περιπατοῦντας καὶ τυφλοὺς βλέποντας· καὶ ἐδόξασαν τὸν θεὸν Ἰσραήλ.	
	1 Ἐν ἐκείναις ταῖς ἡμέραις πάλιν πολλοῦ ὄχλου ὄντος καὶ μὴ ἐχόντων τί φάγωσιν,
32 Ὁ δὲ Ἰησοῦς	
προσκαλεσάμενος τοὺς μαθητὰς αὐτοῦ εἶπεν· σπλαγχνίζομαι ἐπὶ τὸν ὄχλον, ὅτι ἤδη ἡμέραι τρεῖς προσμένουσίν μοι καὶ οὐκ ἔχουσιν τί φάγωσιν· καὶ ἀπολῦσαι αὐτοὺς νήστεις οὐ θέλω, μήποτε ἐκλυθῶσιν ἐν τῇ ὁδῷ.	προσκαλεσάμενος τοὺς μαθητὰς λέγει αὐτοῖς· 2 σπλαγχνίζομαι ἐπὶ τὸν ὄχλον, ὅτι ἤδη ἡμέραι τρεῖς προσμένουσίν μοι καὶ οὐκ ἔχουσιν τί φάγωσιν· 3 καὶ ἐὰν ἀπολύσω αὐτοὺς νήστεις εἰς οἶκον αὐτῶν, ἐκλυθήσονται ἐν τῇ ὁδῷ· καί τινες αὐτῶν ἀπὸ μακρόθεν ἥκασιν.
33 καὶ λέγουσιν αὐτῷ οἱ μαθηταί· πόθεν ἡμῖν ἐν ἐρημίᾳ ἄρτοι τοσοῦτοι ὥστε χορτάσαι ὄχλον τοσοῦτον;	4 καὶ ἀπεκρίθησαν αὐτῷ οἱ μαθηταὶ αὐτοῦ ὅτι πόθεν τούτους δυνήσεταί τις ὧδε χορτάσαι ἄρτων ἐπ' ἐρημίας;
34 καὶ λέγει αὐτοῖς ὁ Ἰησοῦς· πόσους ἄρτους ἔχετε; οἱ δὲ εἶπαν· ἑπτὰ καὶ ὀλίγα ἰχθύδια.	5 καὶ ἠρώτα αὐτούς· πόσους ἔχετε ἄρτους; οἱ δὲ εἶπαν· ἑπτά.
35 καὶ παραγγείλας τῷ ὄχλῳ ἀναπεσεῖν ἐπὶ τὴν γῆν	6 καὶ παραγγέλλει τῷ ὄχλῳ ἀναπεσεῖν ἐπὶ τῆς γῆς·

36 ἔλαβεν τοὺς ἑπτὰ ἄρτους καὶ τοὺς ἰχθύας καὶ εὐχαριστήσας ἔκλασεν καὶ ἐδίδου τοῖς μαθηταῖς, οἱ δὲ μαθηταὶ τοῖς ὄχλοις.	καὶ λαβὼν τοὺς ἑπτὰ ἄρτους εὐχαριστήσας ἔκλασεν καὶ ἐδίδου τοῖς μαθηταῖς αὐτοῦ ἵνα παρατιθῶσιν, καὶ παρέθηκαν τῷ ὄχλῳ. 7 καὶ εἶχον ἰχθύδια ὀλίγα· καὶ εὐλογήσας αὐτὰ εἶπεν καὶ ταῦτα παρατιθέναι.
37 καὶ ἔφαγον πάντες καὶ ἐχορτάσθησαν. καὶ τὸ περισσεῦον τῶν κλασμάτων ἦραν ἑπτὰ σπυρίδας πλήρεις. 38 οἱ δὲ ἐσθίοντες ἦσαν τετρακισχίλιοι ἄνδρες χωρὶς γυναικῶν καὶ παιδίων.	8 καὶ ἔφαγον καὶ ἐχορτάσθησαν, καὶ ἦραν περισσεύματα κλασμάτων ἑπτὰ σπυρίδας. 9 ἦσαν δὲ ὡς τετρακισχίλιοι. καὶ ἀπέλυσεν αὐτούς.
39 Καὶ ἀπολύσας τοὺς ὄχλους ἐνέβη εἰς τὸ πλοῖον καὶ ἦλθεν εἰς τὰ ὅρια Μαγαδάν.	10 Καὶ εὐθὺς ἐμβὰς εἰς τὸ πλοῖον μετὰ τῶν μαθητῶν αὐτοῦ ἦλθεν εἰς τὰ μέρη Δαλμανουθά.

Tabelle 6: Die Gestalt von Mt 15,29–39 im Vergleich zu Mk 8,1–10

Die Übereinstimmungen zwischen Mt 15,29–39 und Mk 8,1–10 sind auffällig. Vor allem bemerkt man, dass die Initiative, die Volksmenge zu speisen, in beiden Berichten allein von Jesus ausgeht, hier wie dort motiviert durch das Erbarmen mit der Menge (vgl. Mt 15,32//Mk 8,1–2). Darauf reagieren die Jünger bei Matthäus und bei Markus jeweils mit einer Frage (vgl. Mt 15,33//Mk 8,4). Zu beobachten ist, dass Jesus in beiden Erzählungen auf die Frage seiner Jünger mit einer weiteren Frage reagiert. Er erkundigt sich, was die Jünger schon an Speisen vorrätig haben (vgl. Mt 15,34//Mk 8,5b).[388] Vor dem Dankgebet für die Speisen und deren Austeilung fordert Jesus die Menge auf, sich auf dem Boden niederzulassen (vgl. Mt 15,35–36//Mk 8,6–7). Berichtet wird bei Matthäus wie bei Markus von der Sättigung aller Gespeisten und ebenso von den sieben Körben voll mit Resten (vgl. Mt 15,37//Mk 8,8). Beide Evangelisten erwähnen, dass Viertausend an dem Mahl teilgenommen haben; Matthäus nimmt diese Zahl wiederum als die der Männer und erwähnt Frauen und Kinder (vgl. Mt 15,38//Mk 8,9).

388 Vgl. K. Kertelge, Markusevangelium (NEB.NT 2), Würzburg 1994, 79.

Gleichzeitig unterscheiden sich diese Erzählungen in ihrer sprachlichen Gestalt nur wenig voneinander. Während Mk 8,1–10 keine Verbindung zum vorausgehenden Markustext aufweist und mit der allgemeinen Angabe Ἐν ἐκείναις ταῖς ἡμέραις πάλιν πολλοῦ ὄχλου ὄντος („In jenen Tagen waren wieder einmal viele Menschen um Jesus versammelt", Mk 8,1a) neu einsetzt, wird Mt 15,29–39 durch ein Heilungssummarium eingeleitet (vgl. Mt 15,29–31).

Obwohl beide Erzählungen einen Dialog Jesu mit den Jüngern enthalten, lassen sich auffällige Unterschiede beobachten. So gibt Jesus in Mk 8,2 zu bedenken, dass die Volksmenge auf dem Wege verschmachten müsste, wenn er sie ungespeist nach Hause schickte. Natürlich denkt Jesus nicht daran, so zu handeln.[389] In Mt 15,32 ist die entsprechende Äußerung Jesu so gestaltet, dass kein Leser auf den Gedanken kommen kann, Jesus habe auch nur einen Augenblick daran gedacht, die Leute ungespeist wegzuschicken: καὶ ἀπολῦσαι αὐτοὺς νήστεις οὐ θέλω („Und sie fortschicken, hungrig, will ich nicht", Mt 15,32c).[390] Schon durch diese Formulierung wird deutlich, was Jesus will: die Speisung des Volkes. Im Markusevangelium gibt Jesus anschließend noch einen Grund, warum es wichtig ist, die Volksmenge zu speisen: καί τινες αὐτῶν ἀπὸ μακρόθεν ἥκασιν („Denn einige von ihnen sind von weit hergekommen", Mk 8,3). Im Unterschied dazu verkürzt Matthäus seinen Bericht, indem er diesen weiteren Grund auslässt.[391]

Die Antwort der Jünger greift in Mt 15 die Absicht Jesu richtig auf. Sie fragen, woher ihnen in der abgelegenen Gegend die Brote zukommen können, damit sie die Volksmenge sättigen. Die hohe Zahl der zu Speisenden wird hier unterstrichen (ὄχλον τοσοῦτον, Mt 15,33). Ihnen ist somit klar, dass sie diejenigen sind, die dem Volk zu essen zu geben haben. In Mk 8,4 sind dagegen die Jünger als wesentlich weniger sensi-

389 Vgl. J. Gnilka, Mt II, 36.

390 Vgl. M. Konradt, Mt, 252.

391 J. Gnilka, Mt II, 36, ist der Meinung, dass die Ausdrücke „Ferne" und „aus der Ferne" im Rahmen der biblischen Terminologie auf die Heiden hinweisen (vgl. Eph 2,12.17; Apg 2,39; 22,21; Jos 9,6). Wenn Matthäus also Mk 8,3b („Denn einige von ihnen sind von weit hergekommen") auslässt, „würde dieses Detail belegen, dass Mt den Gedanken, unter den Mahlteilnehmern befanden sich Heiden, ausschließen wollte."

bel dargestellt, indem sie fragen, woher jemand an so abgelegenem Ort genug Brote nehmen soll, um die Menge satt zu machen.

Ein weiterer Unterschied zwischen beiden Fassungen betrifft die erzählerische Einführung der „Fische". Während sie in Mk 8 erst in V. 7 etwas mühsam in die Erzählung eingebracht werden, nachdem Segnung und Austeilung der Brote bereits vollzogen sind, werden sie in Mt 15 von vornherein in die Erzählung eingefügt. Sowohl in der Antwort der Jünger auf Jesu Frage als auch bei der Darstellung von Segnung und Austeilung der Speisen werden sie erwähnt. Frauen und Kinder nicht gerechnet, sind die Gesättigten bei Matthäus viertausend Mann (οἱ δὲ ἐσθίοντες ἦσαν τετρακισχίλιοι ἄνδρες χωρὶς γυναικῶν καὶ παιδίων, Mt 15,38). Hingegen waren es bei Markus etwa viertausend (ἦσαν δὲ ὡς τετρακισχίλιοι, Mk 8,9). Markus erwähnt weder Frauen noch Kinder.

Während Matthäus nach der Entlassung der Volksmenge als nächstes Reiseziel Jesu, wie gesehen, die Gegend von Magdala angibt, steuert er bei Markus das Gebiet von Dalmanuta an. Markus lässt Jesus zusammen mit den Jüngern, Matthäus dagegen allein das Boot besteigen.

1.3.3.2 Der Blick auf das matthäische Profil von Mt 15,29–39

Zusammenfassend lässt sich aus diesem Vergleich festhalten, dass Matthäus in seiner Erzählung die Bedeutung der Mission Jesu vertieft. Aus Erbarmen heilt und speist Jesus die jüdische Volksmenge. Diese Speisung findet im Rahmen des Matthäusevangeliums im jüdischen Gebiet statt. Denn Jesus ist nur zu den verlorenen Schafen Israels gesandt und speist die „Kinder" mit „Brot" (vgl. Mt 15,26). Das Mahl besteht aus sieben Broten und wenigen Fischen. Durch die Geste Jesu und die Danksagung verbindet der erste Evangelist diese Erzählung mit Mt 14,13–21 einerseits und dem Abendmahlsbericht andererseits. Die Erwähnung von Frauen und Kindern weist außerdem auf „den familiären Charakter dieses Mahls"[392] hin. Die Jünger, die auch positiv dargestellt sind, spielen eine wichtige Rolle in der Erzählung: Sie geben Antwort auf die Fragen Jesu, bringen die sieben Brote und wenige Fische, verteilen sie nach der Danksagung und sammeln die übriggebliebenen Brotstücke ein.

392 J. Gnilka, Mt II, 9.

1.3.4 Literarische Gattung und Struktur

Wie die Speisung der Fünftausend (vgl. Mt 14,13–21) ist auch die Speisung der Viertausend in Mt 15,29–39 eine kerygmatische Wundergeschichte: „Der Verfasser hat die Brotvermehrung einfach ganz von der kerygmatischen Absicht her als kerygmatische Wundergeschichte dargestellt."[393] So ergibt sich ein vierteiliger Aufbau zuzüglich einer Schlussnotiz (V. 39), die kein Teil der Wunderdarstellung selbst mehr ist:

1. 15,29–31: Einleitung mit Heiligungen
2. 15,32–34: Charakterisierung der Not
3. 15,35–36: Wundertat
4. 15,37–38: Demonstration

Diese Struktur ist in der Tat typisch für die kerygmatische Wundergeschichte. Sie ist durch die Verkündigungsabsicht einer heilsbedeutsamen Botschaft geprägt. Daher wird diese Perikope, wie oben gesehen, durch ein Heilungssummar eingeleitet. Darauf folgt das ausführliche Gespräch Jesu mit den Jüngern, an das sich das Wunder anschließt. Obwohl auch hier von keiner Reaktion der Volksmenge unmittelbar nach der Speisung berichtet wird, hat der erste Evangelist eine solche Reaktion schon unmittelbar nach den Heilungen eingefügt (V. 31). Daher dürfen seine Mitteilungen in V. 37–38 im Sinne des charakteristischen Aufbaus kerygmatischer Wundergeschichten gelten.[394]

1.3.5 Auslegung

1.3.5.1 Einleitung mit Heilungen (Mt 15,29–31)

Mt 15,29 weist auf den Rückzug Jesu aus dem heidnischen Gebiet hin.[395] Im Vergleich zu Mk 7,31 hat Matthäus die Reiseroute Jesu verändert. An dieser Stelle macht diese Korrektur der geographischen Angaben die

393 A. Heising, Die Botschaft der Brotvermehrung, 56.
394 Vgl. A. Heising, Die Botschaft der Brotvermehrung, 20.
395 Vgl. J. Gnilka, Mt II, 34; M. Konradt, Mt, 251.

theologische Perspektive des ersten Evangelisten deutlich.[396] Der Berg kann an Mt 5,1 erinnern. In Mt 5,1 wird berichtet, dass sich viele Menschen um Jesus versammeln, um sein Wort zu hören. Eine große Zahl von Menschen nähert sich auch Jesus in Mt 15,29 und bringt ihre Kranken mit. Man darf sogar vermuten, dass Matthäus denselben Berg im Sinn hat. Es geht um den Ort der Offenbarung Jesu als Lehrer. Im Rahmen der Speisung der Viertausend ist er deswegen „nicht nur der Lehrer einer basileiagemäßen Praxis auf dem Berg, sondern er verwirklicht auch selbst konkret die Basileia/die Wirklichkeit Gottes in Krankenheilungen jeder Art (vgl.11,4–5) und in der Stillung des Hungers."[397] Damit ist bereits die Entscheidung in einer exegetischen Streitfrage angedeutet. Manche Interpreten vermuten, dass Matthäus die Heilungswunder in heidnischem Land habe geschehen lassen, mithin eine Heidenwirksamkeit Jesu großen Stils voraussetze.[398] Es ist anzunehmen, dass diese Möglichkeit ausgeschlossen ist. Denn die irdische Mission Jesu ist im Rahmen des Matthäusevangeliums auf Israel konzentriert und die Heilung einer Heidin ist als Ausnahme zu verstehen.[399] Außerdem spricht dafür auch die Reaktion der Volksmenge auf die Heilungen. Es geht um die Preisung des Gottes Israels: ἐδόξασαν τὸν θεὸν Ἰσραήλ (V. 31c). Diese Worte sind eine feststehende liturgische Formel (vgl. Ps 40,14; 71,18).[400] Da es auch im Alten Testament Stellen gibt[401], in denen die Juden immer diese Worte benutzen, um Gott zu loben, lässt sich folgern, dass die Preisung des Gottes Israels in Mt 15,31b nicht zur Vermutung Anlass geben darf, „dass es Heiden sind, die so sprechen und sich dem Gott Israels nähern würden."[402]

396 Die Veränderung besteht darin, dass Matthäus Jesus nicht in ein heidnischen Territorium führen lässt, weiter an das Meer von Galiläa. Aber Jesus reist im Markusevangelium über Sidon und er wirkt auch in der Dekapolis weiter (vgl. J. Gnilka, Mt II, 29; M. Konradt, Mt, 251).

397 H. Frankemölle, Mt II, 211.

398 Wie z. B. J. Jeremias, Jesu Verheißung für die Völker, Stuttgart 1956, 29; P. Gaechter, Mt, 505.

399 U. Luz, Mt II, 440, unterstreicht es in anderen Worten, wenn er festhält: „Matthäus weiß zwar, dass Jesus im heidnischen Phönizien war, aber er hat kein Interesse daran, eine Reise ins Heidenland geographisch auszumalen. Seine Ausflüge über die Grenzen Israels in 8,28–34 und 15,21–28 sind Ausnahmen, genau wie die Begegnungen mit einzelnen Heiden."

400 Vgl. J. Gnilka, Mt II, 35.

401 Vgl. 1 Kön 1,48; 8,15.23.25; 2 Kön 19,15; 1 Chr 4,10; 15,12; 16,4; 2 Chr 6,4.

402 J. Gnilka, Mt II, 35.

1.3.5.2 Charakterisierung der Not (Mt 15,32–34)

Zunächst ist zu beobachten, dass im Vergleich zu Mt 14,32–34 in Mt 15,29–39 die Jünger nicht an Jesus herantreten, um ihn auf das Problem der Versorgung der Volksmenge aufmerksam zu machen. Im Gegenteil: Da Jesus Erbarmen mit der Volksmenge hat, ruft er die Jünger zu sich. Sozusagen dient das Motiv des Erbarmens dazu, die Speisung zu initiieren. So ist der in der Menge sich regende Hunger kein spiritueller Hunger. Vielmehr ist er, wie in Mt 14,13–21, ein konkreter.[403]

Durch den Dialog zwischen Jesus und den Jüngern bringt der erste Evangelist wieder die Rolle der Jünger in seinem Werk zum Ausdruck. Sie weisen zuerst auf die Unmöglichkeit hin, die große Volksmenge in der Einöde zu sättigen. Aber es soll angenommen werden, dass die Frage Jesu nach der Zahl der Brote in V. 34b nicht als eine reine Informationsfrage zu verstehen ist. „Vielmehr schwingt hier ein tadelnder Rückverweis auf ihren Einwand in 14,17 mit: Aufgrund ihrer zuvor mit Jesus gemachten Erfahrung sollten sie wissen, dass Jesu in 15,32 angedeutetes Vorhaben nicht unmöglich ist.“[404] In der Replik der Jünger in V. 34c-d lässt Matthäus ihren Kleinglauben deutlich werden, indem sie beispielsweise durch die Verwendung einer Diminutivform ‚wenige Fischlein‘ deutlich machen, dass sie nicht in der Lage sind, die Volksmenge zu speisen.[405]

1.3.5.3 Wundertat (Mt 15,35–36)

Die Vorbereitung der Speisung besteht darin, dass Jesus die Volksmenge auffordertet, sich auf der Erde zu lagern: καὶ παραγγείλας τῷ ὄχλῳ ἀναπεσεῖν ἐπὶ τὴν γῆν (V. 35). Es lässt sich beobachten, dass der Bericht in 15,35–36 eine Verkürzung von 14,19 darstellt. Beispielsweise lässt Matthäus nicht nur die Beschreibung des Ortes aus, sondern er spricht auch in V. 36 von der Danksagung statt vom Aufblicken zum Himmel und vom Sprechen des Lobpreises (vgl. Mt 14,19). Obwohl Mt 15,36 an die Abendmahlsüberlieferung (vgl. Mt 26,26) erinnern kann, muss unterstrichen werden, dass die Speisung nicht mit dem Herren-

403 Vgl. J. Gnilka, Mt II, 37.
404 M. Konradt, Mt , 252.
405 Vgl. M. Konradt, Mt, 253; vgl. auch J. Gnilka, Mt II, 37.

mahl gleichzusetzen ist, sondern vielmehr eine konkrete Sättigungsmahlzeit mit Brot und Fischen darstellt.[406] Für Ulrich Luz erinnerte diese Speisung „die Gemeinde *auch* an das Herrenmahl und half ihr so zu begreifen, dass etwas von dem, was hier berichtet wird, auch in ihrem eigenen Erfahrungsbereich vorkam."[407]

1.3.5.4 Demonstration (Mt 15,37–38)

Mt 15,37–38 erinnert bis in den Wortlaut hinein an die erste Speisungsgeschichte in Mt 14; nur die genannten Zahlen und das jeweils für Korb verwendete Wort sind verschieden. Die Zahlen der Gespeisten und Gesättigten und ebenso die mit Resten gefüllten Körbe deuten in beiden Fällen auf die Großartigkeit des Wunders hin. Überdies unterstreicht die Erwähnung von Frauen und Kindern an dieser Stelle den familiären Charakter der Speisung[408]. Matthäus schließt seinen Bericht mit der Entlassung der Volksmenge durch Jesus und der Überfahrt Jesu nach Magdala. Da Magadan, wie durch die Textkritik gezeigt, nicht bekannt ist, könnte Magdala am Westufer des Sees gemeint sein.[409]

1.3.6 Zusammenfassung

Die strategischen Positionen der beiden Brotvermehrungserzählungen weisen auf ihre Funktion im Matthäusevangelium hin. Im Hinblick auf seine christologische Perspektive versucht der erste Evangelist durch diese Berichte sein Ziel zu erreichen, nämlich die Vorstellung Jesu als Immanuel und Sohn Gottes, der von Gott gekommen ist, um den Menschen das Heil zu bringen. Die Brotvermehrungserzählungen lassen sich daher als eine Art Konzentrat des irdischen Wirkens Jesu auffassen.

In diesem Sinne darf mit Blick auf die erste der beiden Erzählungen die Bedeutung der Speisung der Fünftausend darin vermutet wer-

406 J. Gnilka, Mt II, 38, erklärt, dass diese Geschichte auch von jüdischen Tischsitten geprägt ist: „Mt hat die Mahlhandlung jüdischen Tischsitten angeglichen, indem er Jesus einen einzigen Tischsegen vor der Mahlzeit sprechen lässt." Vgl. P. Fiedler, Mt, 283.

407 U. Luz, Mt II, 441–442; vgl. P. Fiedler, Mt, 283.

408 Vgl. J. Gnilka, Mt II, 9.

409 Vgl. F. M. Abel, Géographie de la Palestine I, Paris [3]1967, 373; J. Gnilka, Mt II, 38; M. Konradt, Mt, 253; U. Luz, Mt II, 442; A. Sand, Mt, 319.

den, dass der erste Evangelist Jesus als Messias vorstellt. Hier zeigt sich Jesus mit seinem Volk. Es gibt keine Heiden. Matthäus bestätigt folglich durch diese Erzählung die programmatische Mission Jesu: Er ist nur zu den verlorenen Schafen des Hauses Israels gesandt (vgl. Mt 15,24). Überdies macht der Kontext der Erzählung diese Vorstellung Jesu deutlich: Matthäus berichtet, dass sich Jesus nach der Ablehnung in Nazareth, seinem Heimatort (vgl. Mt 13,54), einerseits und dem Bericht vom Tod des Täufers andererseits (vgl. Mt 14,3–12) in eine einsame Gegend zurückgezogen hat. Dass die Menge ihm zu Fuß aus den Städten folgt, zeigt, dass Matthäus Jesus als Gastgeber des ganzen Volkes auftreten lässt. In diesem Sinn ist Jesus der erwartete Messias Israels, der sein Volk nicht nur heilt, sondern es auch mit seinem Wort und guter Speise nährt. Er bringt somit die Botschaft des Erbarmens Gottes. Daher ist die Barmherzigkeit Jesu für den ersten Evangelisten der Ausgangspunkt des Wunders. Jesus heilt und speist die Menge aus Erbarmen.

Außerhalb des Gleichnisses Jesu in Mt 18,21–35 wird das Wort „Erbarmen" in den synoptischen Evangelien nicht für menschliches Verhalten verwendet. Es bezieht sich sonst immer auf Gottes Verhalten und durch die Anwendung auf Jesus weist es die Göttlichkeit seines Tuns aus.[410] Dies deutet darauf hin, dass sich Gott durch Jesus des Menschen erbarmt. Jesus lädt Israel zu seinem Tisch ein. Denn die Initiative des Wunders geht von ihm aus, als er die Not seines Volkes sieht. Daraus ergibt sich, dass der erste Evangelist das Bild von Brot in dieser Erzählung bewusst verwendet, um seinen Leserinnen und Lesern das Immanuel-Motiv zu erklären und zu veranschaulichen. In dieser Hinsicht macht er deutlich, dass sich das Erbarmen Gottes nicht nur auf das Volk Israel beschränkt. Gott zeigt vielmehr auch sein Erbarmen gegenüber den Heiden (vgl. Mt 1,23//28,20). Denn Jesus ist von Gott für alle Menschen gekommen, und er offenbart durch diese Wunder seine Vollmacht als Sohn Gottes. Er ist der Spender des Brotes und des Wortes. Zusammenfassend lässt sich folgern, dass die zwei Brotvermehrungserzählungen sehr komplementär sind. Sie sind nicht als eine zweimal im Grund identisch sich wiederholende Geschichte zu

410 Vgl. Mt 9,36; 14,14; 15,32; 20,30.36; Mk 1,41; 6,34; 8,2; 9,22; Lk 7,13; 10,28; 15,20.

nehmen: Mt 15,29–39 vertieft das Bild Jesu als Messias Israels, welches in Mt 14,13–21 entfaltet wird.[411]

In diesen Berichten wohnt außerdem dem Handeln Jesu eine spezielle Symbolik inne. Das ergibt sich aus den im Bericht verwendeten Wörtern. „Er nahm- sprach das Dankgebet- brach - gab" (V. 19), das sind genau die Ausdrücke, und zwar in der nämlichen Reihenfolge, mit denen die Urkirche die Einsetzung der Eucharistie zu erzählen pflegte, so dass wir sie als die eucharistische Terminologie bezeichnen dürfen. Das Dankgebet vor und nach dem Mahl war bei den Juden üblich, ebenso das Brechen des Brotes und sein Verteilen, wenn es sich um ein Mahl von mehreren handelte. Aber die Verwendung dieser Terminologien sowohl im eucharistischen Bericht wie in den Erzählungen der beiden Brotvermehrungen ist nicht zufällig. Den Grund, weshalb diese Dinge einzeln aufgezählt wurden, muss man in der außergewöhnlichen Feierlichkeit sehen, mit welcher Jesus sowohl bei den Brotvermehrungen wie bei der Einsetzung der Eucharistie handelt. Es geht grundsätzlich um das Selbstverständnis der matthäischen Gemeinde. Trotz der Anwendung eucharistischer Terminologie sind die Brotvermehrungen nicht mit dem Herrenmahl gleichzusetzen. Sie zeigen auf, dass Jesus nicht nur den Willen Gottes offenbart, sondern „dessen Wirklichkeit den Menschen in Heilungen, aber auch in der Tischgemeinschaft (vgl. 9,9–15; 14,15–21) erfahren"[412] lässt.

Einen speziellen Symbolwert hatte das Brotwunder für die Jünger. Sie stehen von Anfang an beim Brotwunder als Beauftragte und Gehilfen Jesu gegenüber dem Volk auf seiner Seite. In seinem Namen und Auftrag sind sie Gebende, und was sie geben, ist Brot, das sich in der Wunderkraft Jesu selbst unter ihren Händen vermehrt. Im Gegensatz zu Markus unterstreicht der erste Evangelist die Rolle der Jünger. Jesus hat sie in seinen Dienst genommen. Im Unterschied zu Markus, der Frauen und Kinder nicht nennt, unterstreicht Matthäus ihre Präsenz.

411 Vgl. H. Frankemölle, Mt II, 195; R. E. Brown, An Introduction to the New Testament, 187. In dieser Richtung D. C. Allison, Matthew. A shorter Commentary based on the three-Volume (ICC), London – New York 2004, 260–261, hält Mt 15, 29–39 für die Ergänzung von Mt 14,13–21. Denn die Beschreibung des Wunders in Mt 15,29–39 deutet auf den Beginn der Erfüllung alttestamentlicher Zion-Verheißung hin.
412 H. Frankemölle, Mt, 130.

Sie nehmen an diesem Mahl teil. Diese Erwähnung weist auf die Größe der Gabe und den familiären Charakter dieser Mähler hin. Somit zeigt er, wie Jesus in seiner Mission, Menschen zu heilen, keine Kategorie der Menschen ausschließt.[413]

1.4 Das Herrenmahl (Mt 26,26–29)

1.4.1 Mt 26,26–29 und Kontext

Mit V. 26 beginnt der matthäische Herrenmahlsbericht. Dafür sprechen zwei Hauptgründe. Einerseits geht es in Mt 26,25 noch um den Dialog zwischen Jesus und Judas, bzw. um die Frage des Judas, ob er der Verräter sei, und die Antwort Jesu, die eigentlich eine Bestätigung ist, dass Judas der Verräter sein werde. Andererseits beginnt Matthäus seinen Herrenmahlsbericht mit dem *Genitivus absolutus*, der einen Hinweis auf die Mahlsituation gibt und die Trennung dieses Berichts vom Dialog Jesu mit Judas markiert: Ἐσθιόντων δὲ αὐτῶν λαβὼν ὁ Ἰησοῦς ἄρτον.[414] V. 29 beschließt diese Erzählung. Denn Matthäus macht in Mt 26,30 eine Zeitangabe und berichtet vom Ortswechsel Jesu. Jesus und seine Jünger verlassen hier den Raum, wo sie das Abendmahl gefeiert haben, und gehen zum Ölberg. Mit diesen Angaben lenkt Matthäus die Aufmerksamkeit seiner Leserinnen und Leser auf die nächste Erzählung, nämlich die Ankündigung der Verleugnung (vgl. Mt 26,30–35).

Im Matthäusevangelium gehört der Abendmahlsbericht (26,17–29) zur Passions- und Auferstehungserzählung (vgl. Mt 28,1–28,20).[415] Er nimmt innerhalb der Passionsereignisse einen wichtigen Platz ein. Der erzählerische Gesamtabschnitt ist zwischen der Salbung in Bethanien (vgl. Mt 26,1–13) und der Ankündigung der Verleugnung Jesu durch Petrus (vgl. Mt 26,30–35) platziert. Dazu gehören die Schilderung der Mahlvorbereitung (vgl. Mt 26,17–19), die Identifizierung des Verräters

413 Vgl. H. Frankemölle, Mt, 130.
414 Vgl. U. Luz, Das Evangelium nach Matthäus. 4. Teilband: Mt 26–28 (EKK I,4), Neukirchen-Vluyn 2002, 94. W. Wiefel, Mt, 449, weist außerdem darauf hin, dass man Ἐσθιόντων δὲ αὐτῶν doppelt auffasst: „Historisch berichtend, auf das seit V. 21 (auch dort) im Gange befindliche Mahl oder den liturgischen Sitz im Leben anzeigend."
415 Vgl. M. Konradt, Mt, 4.

(vgl. Mt 26,20–25) und sowie die Deuteworte über Brot und Kelch (vgl. Mt 26,26–29).

Obwohl Mt 26,26–29 sich als ein literarisch durchgeformter Abschnitt darstellt, verbindet Matthäus ihn mit den zwei ersten Episoden. Sprachlich kann man beispielsweise bemerken, dass der erste Evangelist in V. 21 und V. 26 den *Genitivus absolutus* benutzt, um einen neuen Abschnitt zu beginnen. Überdies geschehen die drei berichteten Episoden am ersten Tag des Festes der ungesäuerten Brote (vgl. Mt 26,17). Dabei sitzen Jesus und die Jünger am Tisch in dem Raum, der von den Jüngern vorbereitet wurde (V. 19.20.26). Jesus ist mit den zwölf Jüngern (V. 17.20.26). Außerdem verbindet Matthäus das Herrenmahl mit der nachfolgenden Erzählung (vgl. Mt 26,30–35). Der Zusammenhang besteht darin, dass in beiden Berichten Jesus noch mit seinen Jüngern ist. Durch dieses Zusammensein mit den Jüngern entfaltet Matthäus in jedem Abschnitt einen Aspekt des Passionsgeschehens.[416]

Die literarische Einheit des Herrenmahlsberichts im Matthäusevangelium steht außer Frage. Die Teilnehmer an diesem Mahl sind Jesus und seine Jünger. Dabei spielen allerdings die Jünger eine untergeordnete Rolle. Daher lässt sich die Einheit des Textes durch die Reden und das Handeln Jesu erkennen: Jesus spricht allein, und die Jünger sind nur die passiven Teilnehmer am Mahl.[417] Zusammenfassend lässt sich festhalten, dass Matthäus durch diese erzählerische Einbindung die Bedeutung des Herrenmahls unterstreicht und dieses Mahl als Paschamahl darstellt.[418]

416 Vgl. U. Luz, Mt IV, 124–125.

417 E. Lohmeyer, Das Evangelium des Matthäus, Leipzig 1958, 356: „Bei Mt gibt es (im Herrenmahlsbericht, C.K.K.) nur einen Handelnden und Sprechenden, den Meister." Vgl. auch J. Schröter, Das Abendmahl, 45.

418 Vgl. J. Schröter, Das Abendmahl. Frühchristliche Deutungen und Impulse für die Gegenwart (SBS 210), Stuttgart 2006, 43.

1.4.2 Die Gestalt von Mt 26,26–29 im Vergleich zu den Parallelstellen

Das Herrenmahl gehört ins Zentrum des christlichen Glaubens.[419] Im Neuen Testament wird es explizit nicht nur in den Synoptikern berichtet, sondern man findet die Erzählung von diesem Mahl auch bei Paulus, nämlich in 1 Kor 11,23–25.

1.4.2.1 Mt 26,26–29 im Vergleich zu Mk 14,22–25

Mt 26,26–29	**Mk 14,22–25**
26 Ἐσθιόντων δὲ αὐτῶν λαβὼν ὁ Ἰησοῦς ἄρτον καὶ εὐλογήσας ἔκλασεν καὶ δοὺς τοῖς μαθηταῖς εἶπεν· λάβετε φάγετε, τοῦτό ἐστιν τὸ σῶμά μου.	22 Καὶ ἐσθιόντων αὐτῶν λαβὼν ἄρτον εὐλογήσας ἔκλασεν καὶ ἔδωκεν αὐτοῖς καὶ εἶπεν· λάβετε, τοῦτό ἐστιν τὸ σῶμά μου.
27 καὶ λαβὼν ποτήριον καὶ εὐχαριστήσας ἔδωκεν αὐτοῖς λέγων· πίετε ἐξ αὐτοῦ πάντες,	23 καὶ λαβὼν ποτήριον εὐχαριστήσας ἔδωκεν αὐτοῖς, καὶ ἔπιον ἐξ αὐτοῦ πάντες.
	24 καὶ εἶπεν αὐτοῖς·
28 τοῦτο γάρ ἐστιν τὸ αἷμά μου τῆς διαθήκης τὸ περὶ πολλῶν ἐκχυννόμενον εἰς ἄφεσιν ἁμαρτιῶν.	τοῦτό ἐστιν τὸ αἷμά μου τῆς διαθήκης τὸ ἐκχυννόμενον ὑπὲρ πολλῶν.
29 λέγω δὲ ὑμῖν, οὐ μὴ πίω ἀπ᾽ ἄρτι ἐκ τούτου τοῦ γενήματος τῆς ἀμπέλου ἕως τῆς ἡμέρας ἐκείνης ὅταν αὐτὸ πίνω μεθ᾽ ὑμῶν καινὸν ἐν τῇ βασιλείᾳ τοῦ πατρός μου.	25 ἀμὴν λέγω ὑμῖν ὅτι οὐκέτι οὐ μὴ πίω ἐκ τοῦ γενήματος τῆς ἀμπέλου ἕως τῆς ἡμέρας ἐκείνης ὅταν αὐτὸ πίνω καινὸν ἐν τῇ βασιλείᾳ του θεου.

Tabelle 7: Die Gestalt von Mt 26,26–29 im Vergleich zu Mk 14,22–25

Zwischen den beiden Berichten von Matthäus und Markus sind die Übereinstimmungen frappant: Die Deutung von gebrochenem Brot und gemeinsam getrunkenem Wein als Leib und Blut Jesu, die Betonung von deren Heilswirkung („für viele") sowie die Deutung des Blutes Jesu als Blut des Bundes gemeinsam werden sowohl bei Matthaus

419 In eine ähnliche Richtung betont auch J. Schröter, Das Abendmahl, 9: „Das Abendmahl ist ein zentraler Bestandteil des christlichen Gottesdienstes."

als auch bei Markus berichtet. In dieser Hinsicht verbinden die beiden Evangelisten das Herrenmahl mit den Passionsberichten.[420]

Aber es gibt auch auffällige Unterschiede zwischen den beiden Berichten: Während bei Markus nicht gesagt wird, von wem die Rede ist, bemerkt man, dass bei Matthäus die Personen ausdrücklich bezeichnet werden: Jesus (ὁ Ἰησοῦς), der spricht und allein der Handelnde ist, und die Jünger (τοῖς μαθηταῖς), die als passive Teilnehmer erwähnt werden. Die Stilisierung von V. 26 bei Matthäus bringt den liturgischen Charakter dieser Erzählung zum Ausdruck. Im Unterschied zu Markus verbindet Matthäus beispielsweise λαβών und εὐλογήσας durch καί, und er vermeidet καί vor εἶπεν, schreibt δούς statt ἔδωκεν (V. 26). Der Akzent ist auch ganz auf das Brotbrechen gelegt. Denn die κλάσις τοῦ ἄρτου ist als wesentliche Handlung des ersten Aktes herausgehoben.[421] Matthäus verbindet auch in V. 27 ποτήριον und εὐχαριστήσας durch καί. Dadurch betont er auch die Handlung Jesu. Für Joachim Jeremias geht die Einfügung von καί zwischen unterschiedlichen Handlungen Jesu auf eine liturgische Entwicklung zurück.[422] Diese Tendenz bestätigt sich sogleich an dem λάβετε (V. 26c) und φάγετε (V. 26d) im Gegensatz zum λάβετε bei Markus (V. 22), weil das φάγετε dem Befehl πίετε („Trinkt", V. 27) korrespondiert. Außerdem wird in Mt 26,27 die im Indikativ gehaltene Schilderung in Mk 14,23 durch einen Imperativ ersetzt.[423]

Das eingefügte γάρ in Mt 26,28 betont die Aufforderung zum Trinken und begründet diese theologisch durch die verba testamenti.[424] Damit ist eine Akzentverschiebung eingetreten: Bei Markus folgt das Kelchwort auf den Bericht vom Vollzug des Trinkens, während Matthäus das Kelchwort und das Trinken begründend aufeinander bezieht.[425] Auch hier liegt wohl ein Reflex der liturgischen Feier vor, in

420 Vgl. U. Luz, Mt IV, 95.

421 Vgl. J. Jeremias, Die Abendmahlsworte, Göttingen [4]1967, 107; J. Gnilka, Mt II, 399.

422 Vgl. J. Jeremias, Die Abendmahlsworte, 106–107.

423 U. Luz, Mt IV, 95, unterstreicht den liturgischen und gemeinschaftlichen Aspekt der matthäischen Benutzung von λάβετε und πίετε.

424 Vgl. auch W. D. Davies/D. C. Allison, Mt III, 473; M. Konradt, Mt, 406; U. Luz, Mt IV, 95.

425 Vgl. auch J. Finegan, Die Überlieferung der Leidens- und Auferstehungsgeschichte Jesu (BZNW 15), Berlin 1934, 10–11.

der die Aufforderung zum Nehmen und Essen und zum Trinken ihren Sitz im Leben hat.[426]

Die weiteren Änderungen sind: die Benutzung des περί (V. 28) durch Matthäus statt des ὑπέρ bei Markus[427]; die Einfügung von εἰς ἄφεσιν ἁμαρτιῶν (V. 28)[428] und die Verwendung des Ausdrucks τοῦ πατρός μου, um Gott zu nennen, während Markus τοῦ θεοῦ verwendet. An all diesen Änderungen lässt sich die Überarbeitung der markinischen Vorlage durch Matthäus zeigen.[429]

1.4.2.2 Mt 26,26–29 im Vergleich zu 1 Kor 11,23–25

Mt 26,26–29	1 Kor 11,23–25
26 Ἐσθιόντων δὲ αὐτῶν	
	23 Ἐγὼ γὰρ παρέλαβον ἀπὸ τοῦ κυρίου, ὃ καὶ παρέδωκα ὑμῖν, ὅτι ὁ κύριος Ἰησοῦς ἐν τῇ νυκτὶ ᾗ παρεδίδετο
λαβὼν ὁ Ἰησοῦς ἄρτον καὶ εὐλογήσας ἔκλασεν καὶ δοὺς τοῖς μαθηταῖς εἶπεν· λάβετε φάγετε, τοῦτό ἐστιν τὸ σῶμά μου.	ἔλαβεν ἄρτον 24 καὶ εὐχαριστήσας ἔκλασεν καὶ εἶπεν· τοῦτό μού ἐστιν τὸ σῶμα
	τὸ ὑπὲρ ὑμῶν· τοῦτο ποιεῖτε εἰς τὴν ἐμὴν ἀνάμνησιν.

426 Vgl. U. Luz, Mt IV, 95; J. Finegan, Die Überlieferung der Leidens- und Auferstehungsgeschichte Jesu, 10.

427 Vgl. H. Patsch, Abendmahl und historischer Jesus, 70; J. Gnilka, Mt II, 400; U. Luz, Mt IV, 95; M. Konradt, Mt, 406.

428 J. Schröter, Das Abendmahl, 47, zeigt, dass sich die Erklärung von εἰς ἄφεσιν ἁμαρτιῶν in dem generellen Kontext des Matthäusevangeliums findet: „Ein auffälliger Zug bei Matthäus, der bereits an dieser Stelle zu besprechen ist, ist die beim Kelchwort zu findende nähere Ausdeutung des vergossenen Bundesblutes durch die Wendung „zur Vergebung der Sünden". [...]. Der Grund hierfür liegt darin, dass das Thema Sünde und Vergebung im MtEv eine besondere Bedeutung besitzt. Dies geht bereits daraus hervor, dass der Name ‚Jesus' in Mt 1,21 durch ‚Er wird nämlich sein Volk von ihren Sünden retten' gedeutet wird. Die durch das Kommen Jesu in der Gemeinde ermöglichte – und von ihr deshalb auch geforderte – Sündenvergebung spielt dann in der Jesuserzählung des Matthäus eine wichtige Rolle. Jesus lehrt die Jünger, dass sie den Vater um den Erlass ihrer Schulden bitten sollen (6,12), es gibt einen Zusammenhang zwischen der Vergebungsbereitschaft Gottes und derjenigen der Menschen untereinander (6,14f.; 18,23–35), die Vollmacht Jesu zur Vergebung der Sünden wird auf die Menschen übertragen (9,8)."

429 Vgl. J. Gnilka, Mt II, 400; M. Konradt, Mt, 405; U. Luz, Mt IV, 95.

27 καὶ λαβὼν ποτήριον καὶ εὐχαριστήσας ἔδωκεν αὐτοῖς λέγων·	25 ὡσαύτως καὶ τὸ ποτήριον μετὰ τὸ δειπνῆσαι λέγων·
πίετε ἐξ αὐτοῦ πάντες,	
28 τοῦτο γάρ ἐστιν τὸ αἷμά μου τῆς διαθήκης τὸ περὶ πολλῶν ἐκχυννόμενον εἰς ἄφεσιν ἁμαρτιῶν.	τοῦτο τὸ ποτήριον ἡ καινὴ διαθήκη ἐστὶν ἐν τῷ ἐμῷ αἵματι· τοῦτο ποιεῖτε, ὁσάκις ἐὰν πίνητε, εἰς τὴν ἐμὴν ἀνάμνησιν.
29 λέγω δὲ ὑμῖν, οὐ μὴ πίω ἀπ' ἄρτι ἐκ τούτου τοῦ γενήματος τῆς ἀμπέλου ἕως τῆς ἡμέρας ἐκείνης ὅταν αὐτὸ πίνω μεθ' ὑμῶν καινὸν ἐν τῇ βασιλείᾳ τοῦ πατρός μου.	

Tabelle 8: Die Gestalt von Mt 26,26–29 im Vergleich zu 1 Kor 11,23–25

Ein erster Blick auf die Berichte des Matthäusevangeliums und des ersten Korintherbriefs lässt deren Übereinstimmung in allem Wesentlichen erkennen. Die beiden Berichte werden durch das Handeln Jesu eingeleitet und sie überliefern auch die Deuteworte Jesu über das Brot und den Kelch. Das gebrochene Brot und der gemeinsam geleerte Kelch werden bei Matthäus und bei Paulus in analoger Weise auf Leib und Blut Jesu bezogen.[430] Im Klartext: In beiden Berichten findet sich der Satz: τοῦτό ἐστιν τὸ σῶμά μου.[431] Hier besteht ein wesentlicher Unterschied darin, dass Matthäus für den Brotsegen die Form εὐλογήσας gebraucht. Dieser Ausdruck unterstreicht die Gabe des Brots an die Jünger, die Matthäus als τοῖς μαθηταῖς bezeichnet, während Paulus an dieser Stelle sich auf die Auskunft εὐχαριστήσας beschränkt. Dabei werden die Jünger nicht genannt und die Gabe des Brotes wird nicht betont.

Im Unterschied zum matthäischen Bericht, in dem sich die Aufforderungen zum Nehmen (λάβετε) und zum Essen (φάγετε) finden, kommen bei Paulus die ὑπέρ-Wendung[432] und der Wiederholungsbe-

430 Vgl. J. Schröter, Das Abendmahl, 45; U. Luz, Mt IV, 106.
431 Vgl. J. Jeremias, Die Abendmahlsworte Jesu, 158.
432 Vgl. J. Jeremias, Die Abendmahlsworte Jesu, 160; auch G. Dalman, Jesus-Jeschua: die drei Sprachen Jesu. Jesus in der Synagoge, auf dem Berge, beim Paschamahl, am Kreuz, London 1922, 132; H. Schürmann, Die Einsetzungsbericht Lk 22,19–20, München 1955, 28.

fehl vor.[433] Außerdem insinuieren die Berichte in Bezug auf die Deuteworte über den Wein durch unterschiedliche Ausdrücke die gleiche Realität. Denn „nur scheinbar" bestehen nach Joachim Jeremias Divergenzen zwischen den beiden Texten.[434] Zu betonen ist, dass im matthäischen Bericht das vergossene Bundesblut beim Kelchwort durch die Wendung zur Vergebung der Sünden ausgedeutet wird. Und „mit V. 29 weitet sich der Horizont über den Tod hinaus auf die Wiedervereinigung mit seinen Jüngern beim eschatologischen Festmahl im Himmelreich."[435] Dagegen gibt Paulus sowohl bei Brot als auch bei Wein den Wiederholungsbefehl Jesu wieder (vgl. 1 Kor 11,25c).

Die Übereinstimmungen und die Unterschiede zwischen diesen Berichten führen zur Frage nach dem literarischen Verhältnis. Aus der Literarkritik ergeben sich drei Varianten der Einsetzung des Herrenmahls.[436] Diese Varianten sind voneinander unabhängig: Die erste Variante ist der Bericht von Markus, den Matthäus überarbeitet hat[437]; die zweite ist die Erzählung in 1 Kor 11,23–25 [438], die Lukas in seiner Erzählung integriert hat, nämlich V. 19–20, und die letzte Variante ist Lk 22,15–18.[439]

433 J. Jeremias, Die Abendmahlsworte Jesu, 161: „Der Wiederholungsbefehl (Stiftungsworte) findet sich nur bei Paulus und Lukas. Auch er dürfte nicht Bestandteil der ältesten Formel sein, da seine Zusetzung leichter verständlich ist als seine Streichung."

434 J. Jeremias, Die Abendmahlsworte Jesu, 162, hält fest: „Wenn Paulus/Lukas, die – wie schon beim Brotwort – zusammengehen, sagen: ‚Dieser Becher ist der neuen Bund in meinem Blut', Markus/Matthäus dagegen: ‚Dieses mein Bundesblut', so besagen beide Formulierungen sachlich dasselbe."

435 M. Konradt, Mt, 408.

436 Die Herrenmahlberichte werden in zwei Kategorien geteilt: Markus und Matthäus einerseits und Paulus und Lukas andererseits. Die markinische und matthäische Fassungen vertreten eine Tendenz, die der Eucharistie der Liturgie der Gemeinschaft von Jüngern Jesu entspricht und deren Anfänge in Jerusalem liegen. Hingegen repräsentieren die paulinische und lukanische eine andere Tendenz, die in Antiochia zu situieren ist, wo man die hellenistisch geprägte Gemeinschaft findet (vgl. F. Bovon, Lk IV, 239; J. Schröter, Das Abendmahl, 125–126).

437 Vgl. J. Jeremias, Die Abendmahlsworte Jesu, 165–166.

438 Vgl. J. Jeremias, Die Abendmahlsworte Jesu, 178.

439 Vgl. U. Luz, Mt IV, 95.

1.4.2.3 Der Blick auf das matthäische Profil von Mt 26,26–29

Das Abendmahl findet bei Matthäus im Rahmen des letzten Mahls statt, das Jesus am Vorabend seines Todes mit seinen Jüngern gefeiert hat. Es ist ein Bestandteil der Passionserzählung. Dabei wird die Analogie dieses Mahls mit dem jüdischen Mahl gedeutet. Das gebrochene Brot und der Wein beziehen sich auf den Leib und das Blut Jesu. Dadurch wird der Tod Jesu gedeutet. Matthäus bringt die Bedeutung des Themas der Sünde und der Vergebung zum Ausdruck. Denn das Blut Jesu ist das Bundesblut, das für viele zur Vergebung der Sünden vergossen wird (vgl. Mt 26,28). Dadurch verbindet Matthäus den Abendmahlsbericht mit Mt 1,21. Der Abendmahlsbericht erhält außerdem eine eschatologische Dimension. Matthäus setzt den Akzent auf die Bedeutung der Gottessohnschaft Jesu in der Deutung seines Todes und in der nachösterlicher Zeit. Somit spielt das Abendmahl bei Matthäus eine Brückenfunktion zwischen der Zeit des irdischen Jesus und der nachösterlichen Zeit der Gemeinde.

1.4.3 Literarische Form und Struktur

Die literarische Form des Herrenmahlberichts steht im Mittelpunkt unterschiedlicher exegetischer Diskussionen. Beispielsweise veranlasst die formgeschichtliche Parallelität zu den alttestamentlichen Zeichenhandlungen einige Exegeten, den Herrenmahlbericht als prophetische Zeichenhandlung zu verstehen.[440] Im Alten Testament sind zeichenhafte Handlungen beispielsweise von Ahia, Elischa, Hosea, Jesaja, Sacharja, besonders aber von Jeremia und Ezechiel überliefert. Gleichnishandlungen von Propheten werden im Alten Testament etwa 32-mal berichtet. Zu unterstreichen ist, dass die alttestamentliche Forschung die Berichte in zunehmendem Maße nach ihrer religionsgeschichtlichen Stellung, ihrer theologischen Bedeutung und ihrer Rolle innerhalb der gesamten prophetischen Verkündigung untersucht hat.

440 Zu den Gleichnishandlungen Jesu vgl. G. Stählin, Die Gleichnishandlungen Jesu, in: Kosmos und Ekklesia (1953) 9–22, hier 22; W. Robinson, Prophetic Symbolism, in: OTL (1927) 1–17, hier 10–15.

Obwohl die Vielfalt der Berichte sich formgeschichtlich nicht in bestimmte Typen zwingen lässt, lassen sich einige gleichbleibend Züge herausstellen: Zunächst ergeht ein Befehl Jahwes zur Ausführung der Zeichenhandlung. Danach wird die Ausführung berichtet, und schließlich wird die Handlung gedeutet. Die Handlung inauguriert oft die Zukunft. Es gibt Angaben über vorhandene Augenzeugen und eine ausdrückliche Zusage Jahwes zur Verwirklichung des zeichenhaft Dargestellten. Das bedeutet, dass explizit eine Beziehung von Gleichnishandlung und Geschehensfolge hergestellt wird. Die Zeichenhandlung spricht darum nicht nur die Drohung, sondern auch die Gewissheit aus, dass es so kommen werde, wie sie es darstellt; mit ihr ist die Zukunft wirkungsmächtig verknüpft.[441]

Im Licht der prophetischen Zeichenhandlung werden die Worte und das Handeln Jesu von seinem vorigen Wirken her verstanden. Da das Herrenmahl im Rahmen der Passionswoche zu verorten ist, wird es als prophetische Aktion gesehen.[442] Die Jünger, die Jesu bisherigen Weg kannten, konnten das Geschehen ohne Schwierigkeiten als abschließende Symbolhandlung verstehen. Außerdem wird der Herrenmahlbericht von anderen Exegeten als Doppel-Gleichnis betrachtet.[443] Im Rahmen dieser Betrachtung versuchen sie, die Beziehung zwischen Abendmahlshandlung und Abendmahlsworten herauszufinden.[444] Sie gehen also davon aus, dass die Deuteworte der Handlung einen bestimmten Sinn geben sollen. In diesem Sinne werden die Deuteworte über das Brot und den Kelch als Gleichnisse verstanden. Denn das Zerbrechen des Brotes und das Vergießen des Weines gelten als eine Vorausdeutung auf das Schicksals Jesu.[445]

441 Zu der Eigenart der prophetischen symbolischen Handlungen vgl. G. Fohrer, Die symbolischen Handlungen der Propheten (AThaNT 54), Zürich – Stuttgart ²1968, 94–107.
442 Vgl. G. Stählin, Die Gleichnishandlungen Jesu, 12–15.
443 Dazu vgl. H. Lessig, Abendmahlsprobleme im Lichte der neutestamentlichen Forschung, Bonn 1953, 310–313; H. Sasse, Abendmahl im Neuen Testament, in: ders. (Hg.), Vom Sakrament des Altars, Bonn 1941, 26–78, hier 45–65; E. Lohmeyer, Abendmahl in der Urgemeinde, in: JBL 56 (1937) 217–264, hier 210–215; H. Patsch, Abendmahl und historischer Jesus, 49.
444 Vgl. E. Lohmeyer, Abendmahl in der Urgemeinde, 210–215.
445 Vgl. J. Jeremias, Die Abendmahlsworte Jesu, 212–222.

Im Unterschied zu obengenannten Beispielen lässt sich der Herrenmahlbericht im Rahmen dieser Untersuchung formgeschichtlich als Kultätiologie definieren.[446] Denn das sakramentale Mahl der christlichen Gemeinden wird auf ein Ereignis zurückführt, „von dem her sich sein Ursprung und seine bleibende Bedeutung erklären."[447] Ganz in diesem Sinn kann der Herrenmahlsbericht als eine fundierende Geschichte oder ein „Mythos" definiert werden, insofern als es bei dem Herrenmahl in erster Linie auf die formative, identitätsstiftende Kraft und nur sekundär auf die Tatsächlichkeit des Berichteten ankommt.[448]

Als Kultätiologie lässt der Herrenmahlbericht sich in zwei Abschnittserzählungen gliedern: Handlungen und Worte Jesu beim Brotsegen (V. 26) und Handlungen und Worte Jesu beim Kelchsegen (V. 27–29).[449]

1.4.4 Auslegung

1.4.4.1 Handlungs- und Worte Jesu bei Brotsegen (Mt 26,26)

Dass in Mt 26,26 weder vom Passahopfer noch von den Bitterkräutern und den Mazzen die Rede ist, weist darauf hin, dass sich Matthäus nicht auf den Ablauf einer Passahmahlzeit konzentriert hat.[450] Laut Joachim Gnilka wird die Passahmahlzeit deshalb nicht erwähnt. Das Passah hat für die Gemeinde der Jünger, die das eucharistische Mahl feiert, eine neue Bedeutung.[451] Allerdings sind die Handlungen Jesu die bei jedem Gastmahl üblichen und für jeden Juden selbstverständlich.[452]

Es muss erwähnt werden, dass εὐλογήσας eine doppelte Semantik von „segnen" und „lobpreisen" hat.[453] In Mt 26,26 bezieht sich

446 Vgl. U. Luz, Mt IV, 95.
447 J. Schröter, Das Abendmahl, 123.
448 Vgl. J. Assmann, Das kulturelle Gedächtnis, 75–76.
449 Vgl. V. Löwen, Die zwölf Jünger Jesu. Exegetische Untersuchungen zum Kreis der zwölf Jünger im Matthäusevangelium (TANZ 64), Tübingen 2021, 456.
450 Vgl. U. Luz, Mt IV, 103–104; auch ; H. Frankemölle, Mt II, 447–448; V. Löwen, Die zwölf Jünger Jesu, 459–460.
451 Vgl. J. Gnilka, Mt II, 400–401.
452 Vgl. M. Konradt, Mt, 405. Für W. D. Davies/D. C. Allison, Mt III, 470, deutet ὁ Ἰησοῦς in V. 26 auf die Rolle Jesus als „Paterfamilias" hin.
453 Vgl. Zur Diskussion über εὐλογήσας vgl. U. Luz, Mt IV, 105.

εὐλογήσας gleichzeitig auf Gott und das Brot. Der Grund ist, dass Brot grammatikalisch einerseits Objekt von λαβών ist und andererseits als implizites Objekt von ἔκλασεν und δούς steht. Der Bezug auf Gott durch den Lobpreis zeigt, dass Gott der Brotgeber ist. Und dieser Bezug auf Gott durch den Lobpreis findet eine explizite Erklärung in der ersten Speisungserzählung (vgl. Mt 14,19).[454] In V. 26 bemerkt man den jüdischen Hintergrund des Lobpreises. Denn gemäß der jüdischen Tradition soll über einer Speise ein Lobpreis gesprochen werden. Dabei wird Gott als Brotgeber und Landgeber gelobt.[455]

Das Brechen des Brotes und die Deuteworte über dem Brot haben einen soteriologischen Sinn.[456] Denn das Brechen des Brotes symbolisiert den Tode Jesu.[457] Dies spiegelt sich noch in der urchristlichen Bezeichnung des eucharistischen Mahles als „Brotbrechen" (Apg 2,42). Darüber hinaus erinnern die vier verbalen Ausdrücke (nehmen, geben, brechen und lobpreisen) die Leser nicht nur an die beiden Speisungen in Galiläa, sondern auch an das Tun eines jüdischen Hausvaters oder Gastgebers zu Beginn einer Mahlzeit.

Matthäus ergänzt außerdem im Brotwort den leitenden Imperativ λάβετε in Mk 14,22 durch φάγετε.[458] Diese Ergänzung unterstreicht die liturgische Dimension dieses Mahls in der matthäischen Gemeinde, und τοῦτό ἐστιν bezieht sich an dieser Stelle nicht auf das Brot. Denn das Demonstrativpronomen τοῦτο steht im Neutrum und das griechische Wort für das Brot (ἄρτος) ist maskulin. Das bedeutet, dass es sich auf den ganzen Vorgang des Brotbrechens, Nehmens und Essens bezieht.[459]

454 Vgl. Teil III.1. Anschnitt 1.2.3.
455 Vgl. Teil II.2. Abschnitt 2.1.
456 Vgl. W. D. Davies/D. C. Allison, Mt III, 472; V. Löwen, Die zwölf Jünger Jesu, 468.
457 Ähnlich schreibt W. Wiefel, Mt, 450: „Brechen und Geben bildet die Hingabe der Person (Jesu) ab." Vgl. auch J. Schröter, Das Abendmahl, 128; M. Konradt, Mt, 405.
458 Matthäus hat φάγετε hinzugefügt, um die Parallelität „zum πίετε der Kelchhandlung kenntlich zu machen" (W. Wiefel, Mt, 449). Dadurch wird der liturgische Aspekt von Mt 26,26–29 unterstrichen (vgl. W. D. Davies/D. C. Allison, Mt III, 471).
459 W. Klaiber, Das Matthäusevangelium. 2. Teilband: Mt 16,21–28,20, Neukirchen-Vluyn 2015, 221, stimmt damit überein, wenn er feststellt: „Wenn Jesus sagt: Das ist mein Leib, dann weist er – wie die Form des griechischen Wortes für das zeigt – nicht nur auf das Brot hin, sondern auch auf den Vorgang des Teilens und des gemeinsamen Essens." Vgl. auch M. Konradt, Mt, 405; U. Luz, Mt IV, 112; J. Schröter, Das Abendmahl, 128.

Bei Matthäus bezeichnet das Prädikativ σῶμα konkret den Körper, den man bekleiden (vgl. Mt 6,25) oder salben (vgl. Mt 26,12) kann. Anthropologisch kann man sagen, dass der Begriff σῶμα für die Person steht.[460] Da der Akzent auf dem Brechen des Brotes und damit den gebrochenen Brotstücken, die die Mahlteilnehmer empfangen, liegt, macht die Aufforderung, zu nehmen, zu essen, auf die Besonderheit dieses Brotes aufmerksam. Denn Jesus bleibt „im Brot gegenwärtig, das Brot vertritt ihn, da er sich jetzt anschickt, in den Tod zu gehen."[461]

1.4.4.2 Handeln und Worte Jesu beim Kelchsegen (Mt 26,27–29)

Der Becherritus kommt direkt nach dem Brotritus. Die Becherhandlung ist nicht von dem Dankgebet zu trennen. Sie ist eng damit verbunden.[462] Dass Jesus nur einen Becher nimmt, das Dankgebet spricht und ihn dann seinen Jüngern reicht, weist darauf hin, dass hier das Hauptinteresse des ersten Evangelisten nicht dem Ablauf einer Passahmahlzeit gilt.[463]

Die Aufforderung Jesu, dass alle Jünger aus einem Becher trinken sollen, widerspricht jüdischen Gebräuchen. Diese Besonderheit ist deutungsbedürftig. Nun könnte das gemeinsame Trinken aus einem Kelch als Zeichen besonderer Verbundenheit verstanden werden.[464] Aber an dieser Stelle machen die Deute-Worte über dem Becher zusammen erst die Deutung Jesu aus. Sie ist ein Hinweis auf Jesu Tod.[465]

Im Alten Testament ist mit Formulierungen aus dem semantischen Feld „das Vergießen von Blut" wiederholt das Ausschütten des Opferblutes gemeint (vgl. Lev 4,7.18.25). Auch Mose spricht am Sinai beim Bundesschluss vom Bundesblut (vgl. Ex 24,8). Grundsätzlich ist die Vergebung der Sünden für Matthäus kein sekundäres Thema. Sie steht

460 Zur Bedeutung von σῶμα im Rahmen von Mt 26,26–29 vgl. W. D. Davies/D. C. Allison, Mt III, 471; J. Gnilka, Mt II, 401; W. Klaiber, Mt II, 221; J. Schröter, Das Abendmahl, 128; W. Wiefel, Mt, 449–450.

461 J. Gnilka, Mt II, 401.

462 Für P. Gaechter, Mt, 852, sind „εὐχαριστήσας und εὐλογήσας „Übersetzungsvarianten des hebräischen Wortes בְּרָכָה, welches sowohl Gottes Lobpreis wie Dank ausdrückt."

463 Vgl. U. Luz, Mt IV, 103.

464 Vgl. J. Schröter, Das Abendmahl, 128–130.

465 Vgl. U. Luz, Mt IV, 114; vgl. auch J. Schröter, Das Abendmahl, 126.

sogar im Zentrum der Sendung Jesu. Bereits am Anfang dieses Evangeliums wird die Aufmerksamkeit auf den Namen Jesu gelenkt, indem für Matthäus der Träger dieses Namens die Mission enthält, sein Volk von dessen Sünden zu erlösen (vgl. Mt 1,21). Die Geschichte von der Heilung des Gelähmten in Mt 9,2–8 macht auch dieses Thema deutlich, indem die Vollmacht zur Sündenvergebung als göttliche ἐξουσία des Menschensohns bezeichnet wird (vgl. Mt 9,6).[466] Im Kontext des Handelns und der Worte Jesu ist das „Vergießen“ von Blut, wenn man es in Zusammenhang mit Mt 23,35 liest, ein Hinweis auf einen gewaltsamen Tod. Auf Jesu Tod wird der Bund gegründet.[467] Dieser Bund ist als typologisches Gegenbild zum Alten Bund zu begreifen, den Jesus erneuert.[468] Die Erneuerung, die durch diesen Bund geschieht, ist mit der Universalität des Heils gegeben.[469]

In diesem Zusammenhang ist περὶ πολλῶν inklusiv zu deuten und bezieht sich auf diese Universalität des Heils.[470] Durch die Sühnekraft seines Todes für viele unterscheidet Jesus sich von den in Israel ermordeten Propheten. Daher geht Matthias Konradt davon aus, dass die Erneuerung des Bundes für Matthäus nicht von der Universalität des Heils zu trennen ist.[471] Dieser Ausdruck περὶ πολλῶν kann auf das vierte Lied vom Gottesknecht („Denn er trug die Sünden der Vielen und trat für die Schuldigen ein“, Is 53,12c) oder auf Jer 31,31–34 anspielen.[472] Tatsache ist, dass die Gemeinde des Matthäus in ihrer eigenen Herrenmahlsfeier Anteil an der Segenskraft des Todes Jesu gewinnt.[473] Der eschatologische Ausblick in V. 29, der sich in dem letzten βασιλεία-Wort Jesu erkennen lässt, ist zunächst ein Wort der persönlichen Zukunftshoffnung und Auferstehungsgewissheit Jesu: Dadurch macht

466 Vgl. W. Klaiber, Mt II, 223, vgl. auch 6,12–15); auch J. Schröter, Das Abendmahl, 129; U. Luz, Mt IV, 114–115; M. Konradt, Mt, 406.

467 Vgl. J. Gnilka, Mt II, 401; auch V. Löwen, Die zwölf Jünger Jesu, 472.

468 Vgl. V. Löwen, Die zwölf Jünger Jesu, 472–473; auch W. Klaiber, Mt II, 222–223.

469 Vgl. J. Schröter, Das Abendmahl, 129.

470 V. Löwen, Die zwölf Jünger Jesu, 477, weist auch mit Recht darauf hin, dass man πολλῶν in Mt 26,28b im inklusiven Sinne versteht: „Jesu Sündenvergebung gilt wohl ‚allen‘ Menschen.“

471 Vgl. M. Konradt, Mt, 406–407.

472 M. Konradt, Mt, 406, ist auch der Meinung, dass Matthäus an dieser Stelle mit einem Netz von Anspielungen auf die Schrift operiert, „die der Deutung des Todes Jesu ihre theologische Tiefendimension vermitteln.“

473 Vgl. J. Schröter, Das Abendmahl, 130; auch W. Klaiber, Mt II, 222–223.

Jesus deutlich, dass dieses Mahl das letzte ist, das er während seines irdischen Daseins mit seinen Jüngern hält.[474] Gleichzeitig erwartet er ein endzeitliches Mahl der Heilszeit, an dem er selbst wieder teilnehmen wird. Diese Aussage verweist auf den Anfang von Jesu Verkündigung und seine Botschaft von der Nähe der Himmelsherrschaft in Mt 3,2 und 4,17. Da dieses endzeitliche Mahl besonders aus der apokalyptischen Überlieferung bekannt ist, macht die Formel μεθ' ὑμῶν die Besonderheit des Matthäus deutlich. Denn die Jünger sollen bei diesem Mahl in die Gemeinschaft mit Jesus in der endzeitlichen Vollendung einbezogen werden.[475]

1.4.5 Zusammenfassung

Das Herrenmahl ist im Matthäusevangelium als eine Einladung Jesu an die Jünger zu verstehen, mit ihm Gemeinschaft zu halten. Aus dieser Untersuchung ergibt sich, dass Matthäus Jesus mit seinen Jüngern am Passahabend das Fest mit dem Passahmahl beginnen lässt. Denn für Matthäus ist Jesus Jude, und er bleibt es. Im Matthäusevangelium steht nicht die Beschreibung aller im Übrigen für Juden selbstverständlichen Details im Vordergrund, die gemäß der jüdischen Tradition den Ablauf des Passafestes strukturieren, das an die Befreiung der Israeliten durch Gott aus Ägypten erinnert.[476] Vielmehr lässt sich dem ersten Evangelisten die Intention unterstellen, die Aufmerksamkeit auf die Neuheit dieses in der Geschichte Jesu so besonderen Mahles zu lenken.

Diese Neuheit besteht darin, dass Jesus mit diesem Mahl, das als sein letztes irdisches Mahl mit den Jüngern zu nehmen ist, ihnen seine Gemeinschaft anbietet. Das Brotbrechen hat eine soteriologische

474 Vgl. H. Frankemölle, Mt II, 451.

475 Für W. Klaiber, Mt II, 224, bringt Matthäus in 26,29 die Gegenwart Jesu bei seiner Gemeinde zum Ausdruck: „Wurde als Motto für Person und Wirken Jesu in 1,23 der Name Immanuel, Gott mit uns, an den Anfang des Evangeliums gestellt, so wird hier durch das mit euch eine Perspektive für eine erneuerte Gemeinschaft über die irdische Trennung hinaus gegeben. Sie wird durch das Siehe, ich bin mit euch alle Tage in 28,20 schon für die Gegenwart zugesagt werden. Das Herrenmahl nimmt die himmlische Gemeinschaft nicht vorweg, aber es vergegenwärtigt die Hoffnung auf sie." Vgl. auch V. Löwen, Die zwölf Jünger Jesu, 492–493.

476 Vgl. V. Löwen, Die zwölf Jünger Jesu, 459.

Bedeutung. Es symbolisiert seinen Tod Jesu. Trotz seines Todes und seiner Himmelfahrt nach der Auferstehung bleibt er immer bei den Jüngern. Diese gegenwärtige Perspektive, die an Mt 1,23 erinnert, bringt das Motiv der matthäischen Jesusgeschichte ans Licht: Matthäus hält Jesus für μεθ' ἡμῶν ὁ θεός. Auf diese Weise verbindet Matthäus nicht nur wieder die Sündenvergebung und das Immanuelmotiv, sondern er unterstreicht auch die Identität Jesu als Sohn Gottes, der sein Volk von dessen Sünden rettet. Als Sohn Gottes stiftet er folglich durch sein Blut nochmals die Gemeinschaft mit Gott.

Dass das Blut Jesu für „viele" zur Vergebung der Sünden vergossen wird, soll als ein wichtiger Hinweis auf die universale Mission genommen werden, die die Jünger, die durch dieses Mahl in Gemeinschaft mit Jesus stehen, übernehmen sollen. Denn der Ausdruck ‚die Vielen' hat inklusiven Charakter und bezieht sich auf die Universalität der Völker.[477] Demnach haben die Jünger die Aufgabe, die Sendung Jesu fortzuführen. Denn die Sendung Jesu kann nicht von seinem Tod getrennt werden. In diesem Zusammenhang gewinnen die Universalität des Heils und sein Tod ihren Sinn, wenn man sie im Horizont der Mission Jesu als Sohn Gottes auslegt. Und der Bund Jesu ist keine Ersetzung des Bundes Israels mit Gott. Wie in der Formulierung „für viele zur Vergebung der Sünden" zum Ausdruck kommt, geht es bei diesem Bund um die universale Bedeutung des Bundes, den Jesus begründet, ohne dass dabei der Unterschied zwischen den beiden Bünden nivelliert würde. Die Tatsache, dass Matthäus den Akzent auf die Deuteworte Jesu über Brot und Kelch legt, macht außerdem die fortdauernde Gegenwart Jesu in der matthäischen Gemeinde deutlich. In diesem Sinne gewinnt das eucharistische Mahl nicht bloß die Ausrichtung auf das endzeitliche Mahl. Vielmehr wird die Gemeinschaft, die beim gegenwärtigen Passah die Jünger mit Jesus verbindet (vgl. Mt 26,18), ihre endgültige Gestalt erreichen, wenn Jesus sich dort mit ihnen erneut und für immer zu Tische legen wird.

477 Vgl. J. Gnilka, Mt II, 401.

2 Die matthäische Jüngerschaft im Rahmen der Broterzählungen

Die Jesusgeschichte, mit der sich Matthäus in seinem Werk beschäftigt, ist eine inklusive Geschichte, an der die matthäische Gemeinde beteiligt ist.[478] In seinem Evangelium präsentiert er die Jünger als die Personen, die eine historische Verbindung mit Jesus haben. Matthäus hat sie mit den ‚Zwölf' identifiziert. Gleichzeitig zeigt er, dass sie „Modelle gelebten Glaubens für alle Zeiten"[479] repräsentieren.[480] In diesem Zusammenhang ist die Jüngerschaft als die Leitvorstellung der matthäischen Ekklesiologie zu verstehen, und das Brotbild wird dabei in der Argumentation Jesu in Bezug auf verschiedene Fragen, die grundsätzlich die Situationen und Konflikte der Gemeinde des ersten Evangelisten spiegeln, verwendet. Um zu zeigen, wie Matthäus mit Hilfe des Brotbildes auf die Frage nach dem Gebet, dem Glauben, der Heidenmission, der Interpretation der Tora eingeht, wird der vorliegende Abschnitt in drei Kapitel gegliedert. Zunächst werden Mt 6,11 und Mt 7,7–11, wo das Brot in Bezug auf das Gebet verwendet wird, untersucht. Im Zusammenhang mit dieser Untersuchung wird im zweiten Kapitel das Thema der Interpretation der Tora durch Jesus (vgl. Mt 12,1–8) behandelt. Im letzten Kapitel soll der Akzent auf die Bedeutung des Glaubens im Leben der Jünger (vgl. Mt 16,5–12) gelegt werden. Daran lässt sich die Frage nach dem Heil der Völker anschließen (vgl. Mt 15,21–28). Denn diese Frage lässt sich beantworten, wenn sie aus der Perspektive des Glaubens behandelt wird.

478 Vgl. U. Luz, Mt I, 45.
479 U. Schnelle, Theologie des Neuen Testaments, 437.
480 Vgl. V. Löwen, Die zwölf Jünger Jesu, 100–102; auch F. Hahn, Theologie des Neuen Testaments. 1. Bd.: Die Vielfalt des Neuen Testaments. Theologiegeschichte des Urchristentums, Tübingen 2002, 539. Für W. Grundmann, Mt, 3, bringt Matthäus durch seine Darstellung der Jüngerschaft das Wesen der Christenheit zum Ausdruck. Das bedeutet: „Die Zeichnung der Jünger im Matthäusevangelium hat dementsprechend typologische Bedeutung. Die Lehre Jesu als Weisung zur Jüngerschaft ist der Inhalt des Auftrags der Boten an die Völker, die alles, was er geboten hat, in ihrer Lehre empfangen sollen, um es zu bewahren (28,20). [...]. Ihre Zusammenstellung soll der Gemeinde in der Bewährung ihrer Jüngerschaft helfen, gerade weil sie in einer Situation lebt, in der diese gefährdet ist."

2.1 Die Brotbitte (Mt 6,11)

Die Brotbitte in Mt 6,11 ist die vierte Bitte des Herrengebets. Sie soll in diesem Sinne im Kontext des ganzen Herrengebets ausgelegt werden. Grundsätzlich steht das Herrengebet bei Matthäus im Zentrum der Bergpredigt (vgl. Mt 5,2–7,27).[481] Es besteht aus drei Teilen: Zuerst ist da die Gebetsanrede, die weder den Gottesnamen noch ein Hoheitsprädikat enthält, dafür aber das Wort Vater, das sich im Blick auf die Betenden erklären lässt.[482]

Darauf folgen die drei Du-Bitten, die in ihrer Struktur übereinstimmen und knapp gefasst sind. Dabei fällt auf, dass die Verben an den Zeilenanfängen stehen und die Aufforderung nicht direkt an Gott gerichtet ist. Diese Verben beginnen jeweils mit einem Imperativ Aorist in der dritten Person und zeigen noch im Griechischen Spuren von Endreimen (dreimal σου). Daran schließen sich die drei Wir-Bitten an, unter denen sich die Brotbitte findet. Neben ihrem Aufbau, der etwas kompliziert ist, werden diese Wir-Bitten miteinander durch καί verbunden. Sie sind durch das Personalpronomen der ersten Person Plural bestimmt (siebenmal). Im Unterschied zu den ersten drei Bitten ist die Stellung des Verbs unregelmäßig, und die Aufforderungen sind direkt an Gott gerichtet. Was die Stellung des Verbs betrifft, kann man beispielsweise V. 11 und 12 erwähnen. In V. 11 steht das Verb im Schlussteil des Satzes, während es sich in V. 12 am Anfang findet. Dieses Beispiel zeigt, dass es aus Sicht der Leserinnen und Leser notwendig ist, jede Bitte einzeln zu beachten.[483]

Das Herrengebet ist gattungsmäßig als ein echtes Gebet zu betrachten. Es ist kein Hymnus oder Lobpreis. Im Gegenteil: Es ist ein Bitt-

481 Für J. Gnilka, Mt I, 212, ist das Herrengebet als Mitte der Gebetskatechese zu betrachten. In einer ähnlichen Richtung stellt auch H. Frankemölle, Mt I, 243, fest, dass das Vaterunser thematisch die Mitte ist, „um die sich alles dreht, da hier die theologische Basis angegeben wird (im Kontext mit der Erstverkündigung Jesu in 4,17), von der nicht nur Kap. 5–7, sondern die gesamte Theologie des MtEv getragen wird."

482 Vgl. auch F. Zeilinger, Zwischen Himmel und Erde. Ein Kommentar zur „Bergpredigt" Matthäus 5–7, Stuttgart 2002, 139; J. Gnilka, Mt I, 212.

483 Vgl. J. Gnilka, Mt I, 212; H. Frankemölle, Mt I, 244.

gebet.[484] Es wird in einer liturgischen Sprache ausgedrückt.[485] Wenn man es mit einem zeitgenössischen jüdischen Gebet, nämlich dem sogenannten Achtzehn Bitten-Gebet (Schemone Esre)[486], vergleicht, bemerkt man sofort, dass es frappierende Übereinstimmungen gibt. Das Achtzehn-Bitten-Gebet lässt sich in zwei Teile gliedern: Zuerst werden die Bitten ausgesprochen, welche die irdische Not betreffen (4–9. Benediktion). Darauf folgen die Bitten, deren Inhalt ganz eschatologisch ist (10–16).[487] Eine inhaltliche Übereinstimmung mit dem Herrengebet besteht in der Bitte „um Nahrung am Übergang der beiden Teile (9. Benediktion)“[488], d. h. im Achtzehn Bitten-Gebet steht diese Bitte am Schluss des ersten Teils, im Herrengebet dagegen am Beginn des zweiten Teils.[489]

Die etymologische Ableitung des Adjektivs ἐπιούσιος ist entscheidend, um die Brotbitte zu interpretieren. Schon Origenes erklärte, das Wort nicht zu kennen, weder aus den Texten der Gelehrten noch aus der Volkssprache.[490] Die alten Übersetzungen divergieren in diesem Punkt erheblich.[491]

Sprachlich ist das Nächstliegende die Ableitung von ἐπιέναι. Daraus ergibt sich, dass ἐπιούσιος ‚zukünftig oder hinzukommend' bedeuten kann.[492] In diesem Kontext verweist das erbetene Brot auf das zukünftige

484 Vgl. J. Gnilka, Mt I, 212.
485 Vgl. U. Luz, Mt I, 435.
486 H. Strack/P. Billerbeck, Kommentar zum Neuen Testament aus Talmud und Midrash. 1. Teilband: Das Evangelium nach Matthäus, München 1996, 406 f., zeigen, dass der größte Teil von Schemone Esre bereits in der ersten Hälfte des ersten Jahrhunderts nach Christus sehr bekannt war. Vgl. auch W. D. Davies / D. C. Allison, Mt I, 596; H. Frankemölle, Mt I, 250; F. Zeilinger, Zwischen Himmel und Erde, 136–137; W. Wiefel, Mt, 132.
487 Vgl. W. D. Davies/D. C. Allison, Mt I, 596; J. Gnilka, Mt I, 213.
488 J. Gnilka, Mt I, 213. Für W. Klaiber, Mt, 126, haben die Wir-Bitten des Unservater „unterschiedlichen Charakter. Die erste von ihnen ist die Bitte um das tägliche Brot (11). Ihr folgen drei weitere Bitten, die ansprechen, was uns von Gott trennen und die Gemeinschaft mit ihm zerstören kann: Schuld, Versuchung und die Macht des Bösen. Aber in der Mitte all dieser geistlichen Themen darf die schlichte Bitte um das tägliche Brot geäußert werden. Auch unsere alltäglichen Bedürfnisse gehören in das Gespräch mit Gott.“
489 Vgl. J. Gnilka, Mt I, 213.
490 Vgl. Origenes, Der Kommentar zum Evangelium nach Matthäus 2,27.7, übers. von H. J. Vogt (Die Commentariorum Series. Bibliothek der griechischen Literatur 38). 3. Teilband, Stuttgart 1993.
491 Vgl. F. Zeilinger, Zwischen Himmel und Erde, 148; U. Luz, Mt I, 449.
492 Vgl. U. Luz, Mt I, 451.

Himmelsbrot, das der endzeitlichen Mahlzeit im Reich Gottes entspricht. Die betenden Jünger hoffen auf Gottes Herrschaft als in nicht ferner Zukunft kommende.[493] Allerdings ist diese Interpretation problematisch, weil die Verwendung von σήμερον deutlich macht, dass es nicht um die eschatologische Perspektive geht.[494]

Alt ist die Erklärung, ἐπιούσιος sei aus ἐπι τὴν οὐσίαν im Sinne von zum Dasein, „zum Leben gehörig" entstanden.[495] Demnach bedeutet ἐπιούσιος „existenznotwendig." Diese Bedeutung scheint nicht volkstümlich zu sein. Neu ist die Zurückführung auf ἐπι τὴν οὖσαν (ἡμέρα) (für „den gegenwärtigen Tag"), die viel Anklang gefunden hat, aber gegen die doch der Einwand vorläufig noch besteht, „dass τὴν οὖσαν ohne ἡμέρα noch nicht belegt ist."[496]

Die Brotbitte steht an der Spitze der Wir-Bitten. Dabei geht es um die Bedürfnisse des Menschen.[497] Deshalb scheint die Deutung von ἡ ἐπιοῦσα, von dem das Adjektiv abgeleitet ist, als die wahrscheinlichste im matthäischen Kontext des Herrengebetes. Ἡ ἐπιοῦσα bedeutet „den folgenden, nächsten, zum anderen den vor einem liegenden, anbrechenden Tag."[498] In diesem Sinne bedeutet ἐπιούσιος „morgig."[499] Demgemäß kann der Sinn dieser Vaterunser-Bitte zunächst der sein, dass das Brot für den nächsten Tag für heute schon erbeten wird.[500] Diese Deutung lässt sich auf das Hebräerevangelium, das verlorenging, zurückführen. Hieronymus, der dieses Evangelium einsehen konnte, bestätigt diese Deutung.[501] Bemerkenswert erscheint dabei nicht nur

493 Vgl. J. Jeremias, Das Vater-Unser im Lichte der neueren Forschung, Stuttgart 1967, 165–167; R. Brown, The Pater Noster as an Eschatological Prayer, New York ²1968, 301–308.
494 Vgl. auch M. Konradt, Mt, 106–107; W. Wiefel, Mt, 134–135.
495 Vgl. U. Luz, Mt I, 450.
496 U. Luz, Mt I, 450.
497 Vgl. J. Gnilka, Mt I, 222; auch F. Zeilinger, Zwischen Himmel und Erde, 149. Für W. Wiefel, Mt, 134, steht die vierte Bitte für „die Zusammengehörigkeit von Gottesherrschaft und Alltagswelt."
498 So auch U. Luz, Mt I, 451; F. Zeilinger, Zwischen Himmel und Erde, 148.
499 Vgl. W. D. Davies/D. C. Allison, Mt I, 609; U. Luz, Mt I, 451; F. Zeilinger, Zwischen Himmel und Erde, 149.
500 Vgl. J. Gnilka, Mt I, 222.
501 Hieronymus übersetzt die Brotbitte wie folgt: „unser Brot für morgen gib uns heute" (vgl. J. Gnilka, Mt I, 222); vgl. auch W. Wiefel, Mt, 134.

das relativ hohe Alter dieses Evangeliums, sondern die Erwähnung, dass es in aramäischer Sprache abgefasst ist.[502]

Die Brotbitte zeigt, „dass für Jesus das physische Wohlergehen der Menschen alles andere als belanglos ist (vgl. Mt 14,13–21; 15,32–39), was in anderer Weise auch durch die Heilungen Ausdruck findet."[503] Der Plural „unser" bezieht sich auf die Gemeinde. Das bedeutet, dass der Einzelne nicht nur für die eigene Sättigung bittet, sondern für eine Gemeinschaft, also dafür, dass alle von ihnen zu essen haben.[504]

Nimmt man ἐπιούσιος im Sinne von „morgig", so könnte man sich auch an Mt 6,34 erinnern, wo der Maxime „Sorge nicht für morgen" das Wort geredet wird, und dadurch zu der Auffassung gelangen, dass ein Widerspruch zwischen beiden Stellen bestehe. Tatsächlich aber gibt es keinen Widerspruch zwischen den beiden Textstellen. In Mt 6,34 ist die Rede von Sorge im Sinne von Vorsorge, und an dieser Stelle geht es ums Beten. Dieser Unterschied zwischen Vorsorge und Beten macht den inneren Zusammenhang beider Stellen klar.[505] Für die Jünger Jesu geziemt es sich demnach, eine materiell bescheidene Existenz zu führen und nicht in der Sorge um materielle Existenzsicherung aufzugehen, sondern vielmehr die Suche nach Gottes Reich und seiner Gerechtigkeit ins Zentrum zu stellen.

Zusammenfassend lässt sich sagen, dass das Brot in Mt 6,11 Nahrungsmittel bedeutet. Matthäus verwendet es, um Gott darzustellen. Gott ist also der gute Vater, der seinen Kindern gute Gaben gibt.

502 Vgl. auch U. Luz, Mt I, 450; F. Zeilinger, Zwischen Himmel und Erde, 148–149.

503 M. Konradt, Mt, 108.

504 Vgl. W. Grundmann, Mt, 202.

505 Zum Verhältnis von Mt 6,11 zu Mt 6,34 vgl. W. D. Davies/D. C. Allison, Mt I, 610; H. Frankemölle, Mt I, 251; J. Gnilka, Mt I, 222–223; W. Grundmann, Mt, 202; U. Luz, Mt I, 451; W. Wiefel, Mt, 134–135.

2.2 Die Zuversicht beim Beten (Mt 7,7–11)

2.2.1 Mt 7,7–11 und Kontext

Aufgrund der drei darin enthaltenen Aufforderungen ist V. 7 als der Beginn der hier zu behandelnden Perikope anzusehen. Diese Aufforderungen leiten die thematische Entfaltung des matthäischen Gedankengangs ein. Denn beim vorangegangenen Abschnitt geht es um die konkrete Anweisung Jesu, das Heilige nicht zu entweihen (vgl. Mt 7,6). Die drei Imperativformen (αἰτεῖτε, ζητεῖτε, κρούετε) leiten das Thema des Vertrauens beim Beten ein, das im Mittelpunkt dieser Perikope steht.[506] Sie schließt mit V. 11, insofern als Jesus dort Gott als guten Vater bezeichnet, der dem Bittenden das Gute gibt. Daran schließt die Tatsache an, dass in der nachfolgenden Perikope der goldenen Regel (vgl. Mt 7,12) die Rede ist.

Im Matthäusevangelium ist Mt 7,7–11 ein Teil der Bergpredigt Jesu (vgl. Mt 5,2–7,27). Da nach den negativen Imperativen oder Warnungen Jesu nunmehr positive Weisungen bis zum Schluss der Bergpredigt folgen, „lassen sich sachliche Querverbindungen zwischen dieser Perikope und anderen Teilen der Bergpredigt“[507] herstellen. Das Thema Gebet verbindet sie mit der Gebetskatechese (vgl. Mt 6,5–14), in der Mt 7,7–11 für Joachim Gnilka „hätte stehen können (vgl. Lk 11,1–13).“[508] Nach Dietrich Bonhoeffer besteht die Verbindung dieses Abschnittes zur vorangegangenen Perikope darin, dass der Zugang zum Nächsten, der in V. 6 versperrt ist, durch Gebet wieder geöffnet wird.[509] Daraus ergibt sich, dass das Gebet ein Dialog zwischen Gott und dem Betenden ist. Es führt auch den Weg zum Nächsten. Denn der Wille Gottes, der

506 Vgl. M. Konradt, Mt, 120–121. Für F. Zeilinger, Zwischen Himmel und Erde, 195, weisen die drei Imperative auf die Elemente, „die zur Lebensbewegung gehören und für jedermann zutreffen“ und sie haben in dieser Perikope mit „steigender Intensität zum Bittgebet zu tun.

507 J. Gnilka, Mt I, 260.

508 J. Gnilka, Mt I, 260.

509 Vgl. D. Bonhoeffer, Nachfolge, München [14]1983, 163.

auch im Rahmen des Matthäusevangeliums die Nächstenliebe umfasst, steht beim Beten im Mittelpunkt der Betrachtung.[510]

Mt 7,7–11 bildet eine Einheit.[511] Diese literarische Einheit lässt sich sprachlich und inhaltlich erkennen. Erwähnen kann man beispielsweise die Repetition einiger Wörter und die logische Entfaltung in der Geschichte. Konkret lassen sich die einzelnen Teile durch die Stichworte αἰτέω (fünfmal) und Bildungen vom Stamm δο (sechsmal) eng miteinander verbinden. Außerdem ist Jesus hier der einzige, der im ganzen Text spricht.[512]

2.2.2 Literarische Form und Struktur

Da das Thema des Gebets im Mittelpunkt dieser Perikope steht, wird sie als Gebetskatechese bezeichnet. Es geht um die Ausschließung hartherzigen und grausamen Tuns gegenüber den eigenen Kindern selbst bei menschlichen Vätern, also allgemein bei den Menschen, die doch böse sind, womit beim Bittsteller zu absolutem Vertrauen zu Gott als gutem Vater und dem Geber alles Guten ermutigt werden soll.[513]

Der Text ist „übersichtlich und kunstvoll“[514] aufgebaut. Er lässt sich in drei Abschnitte strukturieren: Im ersten fordert Jesus aufgrund der intimen Kenntnis, die er von Gott dem Vater hat, dazu auf, sich vertrauensvoll an diesen zu wenden; dann folgt das Doppelgleichnis, das diese Aufforderung bekräftigt und Gott als Vater im dritten Abschnitt vorstellt:

1. 7,7–8: Aufforderungen und Begründung
2. 7,9–10: Väterliche Gaben
3. 7,11: Gottesvorstellung, illustriert durch Gleichnisse.

510 Vgl. A. Wouters, „ .... wer den Willen meines Vaters tut“. Eine Untersuchung zum Verständnis vom Handeln im Matthäusevangelium, Regensburg 1992, 188.
511 Zur Einheit von Mt 7,7–11 vgl. W. D. Davies/D. C. Allison, Mt I, 678; U. Luz, Mt I, 498–499; W. Wiefel, Mt, 147.
512 Vgl. auch U. Luz, Mt I, 499; H. Schürmann, Lk I, 218; F. Zeilinger, Zwischen Himmel und Erde, 194–195.
513 Vgl. C. S. Keener, A Commentary on the Gospel of Matthew, Grand Rapids u. a.1999, 245.
514 J. Gnilka, Mt I, 261.

2.2.3 Auslegung

2.2.3.1 Aufforderungen und Begründung (Mt 7,7–8)

Die dreifache Aufforderung zum Bitten, die den Beginn dieser Perikope markiert, weist darauf hin, dass es nicht um die menschlichen Beziehungen geht. Im Gegenteil: Sie zeigen an dieser Stelle, dass es in der Tat um Gott geht (vgl. Mt 7,7). Das Handeln Gottes steht bei Matthäus ausschließlich im Mittelpunkt.[515] Diese zentrale Stellung Gottes im Leben der Beter wird durch das Passiv (δοθήσετα/ἀνοιγήσεται, es wird gegeben/geöffnet werden) umschrieben.[516] Dabei ist von Interesse, dass die drei benutzten Verben im judenchristlichen Sprachgebrauch eine religiöse Dimension haben und im Kontext der gesamten Perikope als Synonyme zu verstehen sind. Das bedeutet, dass „suchen" und „anklopfen" als Varianten zu „bitten" bezeichnet werden können. Außerdem lässt sich ihre Verwendung in Mt 7,7–8 auf die alltägliche Erfahrung zurückführen[517] und im Rahmen der biblischen Texte liegen sie semantisch nahe beieinander. Beispielsweise sind Suchen/Finden im Alten Testament besonders in der Weisheit ein beliebtes Paar[518] und bei Jeremia werden sie mit dem Beten assoziiert (vgl. Jer 29,12f.).[519]

In diesem Sinne unterstreichen die Ausdrücke „bitten", „suchen" und „anklopfen" in Mt 7,7–8, dass man beharrlich bitten soll. Ihre religiöse Dimension besteht also darin, dass sie von der Beziehung zwischen dem Betenden und Gott im Gebet geprägt sind. Es gibt Texte im Alten Testament[520], die darauf hinweisen, dass die Zusage der Gebetserhörung zu den besonderen Aufgaben des Propheten gehört. In die-

515 Vgl. M. Konradt, Mt, 120; H. D. Betz, The Sermon on the Mount: a commentary on the Sermon on the mount, including the Sermon on the Plain (Matthew 5:3–7:27 and Luke 6:20–49), Minneapolis 1995, 507.

516 M. Konradt, Mt, 120: „Theologisch basiert der Passus wieder auf der Vorstellung von Gott als gutem, sorgendem Vater (vgl. V. 11), der die Gotteskindschaft der Beter korrespondiert." Mit dieser Vorstellung des Vaters ist „wiederholt, was die Hörer der Bergpredigt an Zusage dafür empfangen, dass Gott ihnen der Vater ist" (W. Grundmann, Mt, 224).

517 Vgl. J. Gnilka, Mt I, 262; W. Wiefel, Mt, 147–148.

518 Vgl. Spr 2,4f.; 8,17b; Weis 6,12.

519 Zur Bedeutung von „bitten", „suchen", „anklopfen" vgl. W. D. Davies/D. C. Allison, Mt I, 679–680; J. Gnilka, Mt I, 262; U. Luz, Mt I, 499; W. Wiefel, Mt, 147–148; F. Zeilinger, Zwischen Himmel und Erde, 195–196.

520 Wie z. B. Is 30,19b; 58,9; 65,24; Jer 29,12f.; Os 2,23; Joel 3,5; Zach 13,9.

sem Fall bezieht sich aber der Prophet auf Situationen, die konkret sind. Im Zusammenhang mit dem literarischen Kontext von Mt 7,7–11 ist V. 7 im Licht der Weisheit (vgl. Sir 35,16f.) zu interpretieren.[521] Im Neuen Testament werden auch die Metaphern des Klopfens und Öffnens der Tür unterschiedlich verwendet.[522]

Zusammenfassend lässt sich folgern, dass sich die Verben „bitten", „suchen" und „anklopfen" auf Mangelsituationen beziehen und die Gewissheit der Erhörung durch Erfahrungen aus dem menschlichen Leben erhärtet wird (vgl. Mt 7,8).

2.2.3.2 Väterliche Gaben (Mt 7,9–10)

Das Doppelgleichnis erläutert die Zusage der Erhörung. Wie bereits erwähnt, ist es durch parallele rhetorische Fragen gestaltet, die zur Vorstellung von Gott als gutem Vater führen. Der Vergleich bezieht sich auf das Verhältnis von Vater und Kind.[523] Die benutzten Bilder sind Brot und Fisch. Sie sind aus dem Alltag gegriffen, denn Brot und Fisch gehören zur Grundnahrung in Palästina.[524] An dieser Stelle ist festzustellen, dass eine oberflächliche Verwechselbarkeit von Brot und Stein, Fisch und Schlange durchaus besteht. Nichtsdestoweniger stehen jeweils die beiden evozierten Gegenstände in deutlichem Gegensatz zueinander, was deren Genießbarkeit betrifft.[525] Die Funktion der Gleichnisse ist also rhetorisch. Denn sie erklären keineswegs etwas Neues oder verfremden Erwartungen von Zuhören. Sie vermitteln vielmehr eine bekannte jüdische Vorstellung von Gott als Brotgeber und gleichzeitig schärfen sie diese Vorstellung ein.[526]

521 Vgl. J. Gnilka, Mt I, 262.

522 Wie z. B. in Mt 25,11; Lk 12,36; Offb 3,20.

523 Für W. Grundmann, Mt, 225, verstärkt die Vorstellung des Vaters und des Sohns die Zuversicht beim Gebet. In diesem Sinne zeigt auch F. Zeilinger, Zwischen Himmel und Erde, 197, dass „das Bitten der Jünger Jesu und der christlichen Leser auf der Basis des Vertrauensverhältnisses von Söhnen des Vaters in den Himmeln erfolgt und von der Gewissheit getragen ist, dass Gott vollzieht, was er verheißt, und denen, die sich ihm zuwenden, das gibt, was sie im Sinn seines Heilswillens suchen und erbitten."

524 Vgl. J. Gnilka, Mt I, 262–263.

525 Vgl. W. Grundmann, Mt, 225; auch J. Gnilka, Mt I, 262–263; W. Wiefel, Mt, 148.

526 Vgl. Teil II.2. Abschnitt 2.1.

Der Gedankengang richtet sich folglich nicht auf eine Täuschung des Kindes, „sondern darauf, dass ein Vater seinem bittenden Kind weder etwas Unnützes noch etwas Schädliches schenken wird. Eine beißende Schlange bereitet Schmerzen, auch wenn sie nicht giftig ist. Der Vater gibt dem hungernden Kind immer das Gewünschte."[527] Das des Brotes dient aufgrund von dessen zentraler Rolle für die Ernährung als rhetorisches Mittel. Diese Rolle des Brotes im Zusammenhang mit dem Bittgebet wird deutlich, wenn man einen Blick auf das Doppelgleichnis bei Lukas wirft. Matthäus benutzt Brot und Stein statt Ei und Skorpion, wie die lukanische Erzählung. Die Bilder von Brot und Stein werden schon in der ersten Versuchung benutzt. Durch diesen besonderen Stellenwert des Brotes verdeutlicht der erste Evangelist, dass das Bild des Vaters, den Jesus seinen Jüngern vorstellt, in Kontinuität mit der alttestamentlichen Gottesvorstellung steht: der geschichtsmächtige Vater, der um die Bedürfnisse seines Volkes weiß. Gleichzeitig versucht Matthäus einen neuen Zugang zu Gott zu eröffnen und damit den betenden Jüngern Mut zu geben.

2.2.3.3 Gottesvorstellung (Mt 7,11)

Nachdem in diesen Gleichnisse gemäß dem Evidenzprinzip auf die Fürsorge irdischer Väter hingewiesen worden ist, unterstreicht V. 11 durch πόσῳ μᾶλλον die Liebe Gottes. Im Vergleich zur Liebe eines irdischen Vaters weist die Verwendung von πόσῳ μᾶλλον an dieser Stelle darauf hin, dass die Liebe Gottes viel gewisser ist.[528] Wenn Jesus vom Vater spricht, setzt dies voraus, dass es um den Glauben an den himmlischen Vater geht. Die Evokation der Erfahrung der Liebe irdischer Väter ist ein anschaulicher bedeutender Hinweis, der den Glaubenden helfen kann, sich vorzustellen, wie gut Gott ist.[529]

Die dabei den Menschen generell unterstellte Bosheit darf nicht im Sinne der Entfaltung eines anthropologischen Pessimismus verstanden werden.[530] Sie ist ein rhetorisches Mittel, das darauf abzielt, die Glau-

527 J. Gnilka, Mt I, 262–263.

528 Vgl. F. Zeilinger, Zwischen Himmel und Erde, 198–199; auch D. A. Hagner, Matthew 1–13, 174.

529 Vgl. F. Zeilinger, Zwischen Himmel und Erde, 198–199; auch U. Luz, Mt I, 501.

530 Vgl. M. Konradt, Mt, 120.

bensgewissheit zu verstärken. Als rhetorisches Mittel verdeutlicht sie deswegen πόσῳ μᾶλλον, insofern als die irdischen Väter nicht mit dem himmlischen Vater verglichen werden können. Der Vergleich zwischen gutem himmlischem Vater und bösen irdischen Vätern hat die Funktion, den Glaubenden beim Beten Mut zu geben.[531]

2.2.4 Zusammenfassung

Aus dieser Untersuchung ergibt sich, dass das Gebet für den ersten Evangelisten Dialog zwischen dem Betenden und Gott ist. In diesem Dialog ist Gott, auf den der Beter sein Vertrauen setzt, allwissend.[532] Um diese Überzeugung zu begründen und somit seine Gemeinde zu ermutigen, Vertrauen zu Gott zu haben, lässt Matthäus die Ernährungsfunktion des Brotes im Mittelpunkt seiner Argumentation stehen.

In diesem Sinne stellt der matthäische Jesus in Mt 6,11 die Bitte um Brot für den kommenden Tag ins Zentrum des Gebets des Armen. Im Lichte der etymologischen Bedeutung von ἐπιούσιος einerseits und des matthäischen Kontextes des Herrengebetes andererseits weist die Brotbitte auf eine Situation sozialer Bedrängnis hin, in der man nicht sicher ist, das Essen für den folgenden Tag zu haben. Außerdem enthält das zu erbittende Brot für morgen eine Begrenzung, die zeigt, dass es nicht um Reichtum geht, sondern um das zum Leben Notwendige, in der Perspektive bis zum nächsten Tag beschränkt. Der Jünger betet für das notwendige Brot, das er braucht. Diese Nuance zeigt die Art, wie der matthäische Jesus die Nähe Gottes ausdrückt und damit auf die erste Seligpreisung verweist. Daher ist die vierte Bitte in die Verkündigung und das Wirken Jesu hineinzustellen. Sie bringt Gottes Gnade zum Ausdruck und ermöglicht das Vertrauen der Jünger auf Gott, der seine Kinder mit Brot und anderen guten Gaben versorgt. Die betenden Jünger entdecken dadurch die Liebe Gottes. Denn das Gebet ermöglicht den Jüngern Jesu, die Forderungen Jesu als Willen des Vaters zu erfahren und sich auf die Herrschaft Gottes einzulassen.

531 Denn „die Gewissheit der Erhörung macht das Gebet nicht überflüssig, sondern möglich." (U. Luz, Mt I, 502); vgl. auch J. Gnilka, Mt I, 263.

532 Vgl. K. Backhaus, Beten (Neues Testament), in: ders./G. Fischer, Beten (NEB.T 14), Würzburg 2009, 90.

In dieser Beziehung des Glaubenden zu Gott durch das Gebet spielt das bedingungslose Vertrauen eine bedeutende Rolle. Denn die Gottesliebe, die eigentlich im Zentrum des matthäischen Denkens Jesu steht, erweist sich als im Grundsatz mit der Liebe irdischer Väter vergleichbar, wenn sie auch als unendlich viel größer zu denken ist. Die Vorstellung von Gott wird durch das Doppelgleichnis in Mt 7,7–11 deutlich gemacht. Durch die Verwendung des Bildes von Brot verdeutlicht der erste Evangelist, dass das Bild des Vaters, den Jesus seinen Jüngern vorstellt. In diesem Sinn ist Gott allwissender Vater, der sich um die Kinder kümmert und der durch Jesus immer bei der Gemeinde bleibt (vgl. Mt 28,20). Daraus, dass Gott diesen Menschensohn durch Tod und Auferstehung geführt hat, lässt sich folgern, dass der Weg zum Kreuz für diejenigen, die ihm nachfolgen, zum Glauben gehört und das Handeln voraussetzt. Das bedeutet, dass der Gebetsglaube Einbindung eines aktiven christlichen Lebens ins Gebet zum liebenden Vater ist. Im Lichte von 6,6–15 ist es also nicht Ersatz für eigenes menschliches Handeln, sondern gehört mit ihm zusammen. Dies unterstreicht Matthäus bewusst am Ende des Hauptteils der Bergpredigt nochmals, wie in deren Mitte (vgl. Mt 6,6–15).

2.3 Brot und das Gebot der Barmherzigkeit (Mt 12,1–8)

2.3.1 Mt 12,1–8 und Kontext

In 12,1 beginnt eine neue Perikope. Dafür sprechen zwei Gründe, nämlich die zeitliche Angabe in der einleitenden Notiz:'Εν ἐκείνῳ τῷ καιρῷ ἐπορεύθη ὁ'Ιησοῦς τοῖς σάββασιν[533], und die Bewegung Jesu. In Mt 11,25 leitet auch der erste Evangelist bereits eine frühere Perikope durch'Εν ἐκείνῳ τῷ καιρῷ ein. Die Repetition dieses Ausdrucks in Mt 12,1 signa-

533 In Mt 12,1 erwähnt Matthäus zum ersten Mal den Sabbat. H. Frankemölle, Mt II, 131, geht davon aus, dass der Grund dieser Erwähnung darin besteht, dass der Sabbat „in der Lehre auf dem Berg (Kap 5–7) ausgespart" wurde. In der Tat soll angenommen werden, dass der Sabbat im Rahmen des Matthäusevangeliums nicht im Mittelpunkt der Interpretation der Tora steht.

lisiert, dass es um eine andere Geschichte geht. In diesem Sinne wird durch die Erwähnung der durchquerten Kornfelder deutlich, dass Jesus und seine Jünger nicht mehr in den Städten sind, die in Mt 11,1 summarisch als Schauplatz angegeben sind.

Diese Perikope findet in V. 8 ihren Abschluss durch den Ortswechsel und das Handeln Jesu. Während Jesus und seine Jünger sich nämlich an dieser Stelle noch in den Kornfeldern aufhalten, wo er von dem Menschensohn als Herr über den Sabbat redet, wird in Mt 12,9 von Jesu Fortgang berichtet, und als neuer Schauplatz wird eine Synagoge genannt, wo er einen Mann, dessen Hand verdorrt ist, heilt. Der Ortswechsel und das Handeln Jesu zeigen, dass Matthäus in der darauffolgenden Perikope auf eine andere Frage eingeht.[534]

Mt 12,1–8 gehört zu dem dritten Hauptabschnitt des Matthäusevangeliums, in dem die Rede vom Rückzug Jesu vor den Angriffen der feindlichen Eliten Israels ist. Diese Geschichte bildet den ersten Teil von Mt 12,1–21, der zu Mt 12,1–50 gehört. In Mt 12,1–14 geht es in der Tat um die Frage nach dem Sabbat. Daher erweist sich die hier zu behandelnde Geschichte in Mt 12,1–8 inhaltlich eng mit der vorangegangenen Perikope (vgl. Mt 11,25–30) verbunden. Denn es geht wie dort um die Auseinandersetzung Jesu mit den religiösen Autoritäten, die sich in den Kapiteln 9 und 11 angebahnt hat: Einerseits werden die Pharisäer in 11,25–30 mit den „Weisen und Verständigen" identifiziert, vor denen Gott die Wahrheit verborgen hat; während er den Jüngern, die die Unmündigen repräsentieren, diese Wahrheit offenbart hat. Andererseits entfaltet Matthäus das Thema der Barmherzigkeit in Bezug auf die Bedeutung vom „sanften Joch" (vgl. Mt 11,29–30).

Darüber hinaus besteht die Verbindung dieser Perikope mit der darauffolgenden darin, dass die beiden Geschichten am gleichen Sabbat stattfinden und die beteiligten Personen Jesus und die Pharisäer sind. Auffällig ist, dass die beiden Szenen zum einen durch Stichworte miteinander verklammert sind, nämlich σάββατον (V. 1a.2c.5b.8.10.11.12) und ἔξεστιν (V. 2c.4c.10.12), und zum anderen die gleiche Struktur auf-

534 Die Erwähnung von „ihre Synagoge" bezieht sich nach dem Verständnis von U. Luz, Mt II, 238, auf die Trennung der matthäischen Gemeinde von der Synagoge.

weisen: Auf einen Einwand der Pharisäer setzt Jesus nach ὁ δὲ εἶπεν αὐτοῖς zu einer langen Antwort an (V. 3–8.11f.).

Die Kohärenz der Erzählung lässt sich sprachlich und inhaltlich bestimmen, und man kann somit ihre literarische Zusammengehörigkeit auf der Ebene des Matthäusevangeliums nicht bestreiten. Sprachlich findet man beispielsweise die Repetitionen der folgenden Wörter und Sätze: οὐκ ἀνέγνωτε (V. 3b.5a); σάββατον (V. 1a.2c.5b[*2].8), ἱερεύς (V. 4d.5b), ἀναιτίους (V. 5c.7d), πεινάω (V. 1b.3d), ἐσθίω (V.1d.4a.b), ποιέω (V. 2b.c,3c).

Inhaltlich steht im Zentrum dieser Perikope die richtige Deutung des Sabbatgebotes. Die Figuren der Erzählung sind einerseits Jesus und die Pharisäer, die miteinander im Dialog stehen, und andererseits die Jünger, deren Gesetzesverstoß die Auseinandersetzung in Gang bringt. Aber ihnen kommt hier nur eine passive Rolle zu, indem sie nicht an dem Dialog teilnehmen.

2.3.2 Die Gestalt von Mt 12,1–8 im Vergleich zu Mk 2,23–28

2.3.2.1 Mt 12,1–8 im Vergleich zu Mk 2,23–28

Mt 12,1–8	Mk 2,23–28
1 Ἐν ἐκείνῳ τῷ καιρῷ ἐπορεύθη ὁ Ἰησοῦς τοῖς σάββασιν διὰ τῶν σπορίμων· οἱ δὲ μαθηταὶ αὐτοῦ ἐπείνασαν καὶ ἤρξαντο τίλλειν στάχυας καὶ ἐσθίειν.	23 Καὶ ἐγένετο αὐτὸν ἐν τοῖς σάββασιν παραπορεύεσθαι διὰ τῶν σπορίμων, καὶ οἱ μαθηταὶ αὐτοῦ ἤρξαντο ὁδὸν ποιεῖν τίλλοντες τοὺς στάχυας.
2 οἱ δὲ Φαρισαῖοι ἰδόντες εἶπαν αὐτῷ· ἰδοὺ οἱ μαθηταί σου ποιοῦσιν ὃ οὐκ ἔξεστιν ποιεῖν ἐν σαββάτῳ.	24 καὶ οἱ Φαρισαῖοι ἔλεγον αὐτῷ· ἴδε τί ποιοῦσιν τοῖς σάββασιν ὃ οὐκ ἔξεστιν;
3 ὁ δὲ εἶπεν αὐτοῖς· οὐκ ἀνέγνωτε τί ἐποίησεν Δαυὶδ ὅτε ἐπείνασεν καὶ οἱ μετ' αὐτοῦ,	25 καὶ λέγει αὐτοῖς· οὐδέποτε ἀνέγνωτε τί ἐποίησεν Δαυὶδ ὅτε χρείαν ἔσχεν καὶ ἐπείνασεν αὐτὸς καὶ οἱ μετ' αὐτοῦ,

4 πῶς εἰσῆλθεν εἰς τὸν οἶκον τοῦ θεοῦ	26 πῶς εἰσῆλθεν εἰς τὸν οἶκον τοῦ θεοῦ
	ἐπὶ Ἀβιαθὰρ ἀρχιερέως
καὶ τοὺς ἄρτους τῆς προθέσεως ἔφαγον, ὃ οὐκ ἐξὸν ἦν αὐτῷ φαγεῖν οὐδὲ τοῖς μετ' αὐτοῦ εἰ μὴ τοῖς ἱερεῦσιν μόνοις; 5 ἢ οὐκ ἀνέγνωτε ἐν τῷ νόμῳ ὅτι τοῖς σάββασιν οἱ ἱερεῖς ἐν τῷ ἱερῷ τὸ σάββατον βεβηλοῦσιν καὶ ἀναίτιοί εἰσιν; 6 λέγω δὲ ὑμῖν ὅτι τοῦ ἱεροῦ μεῖζόν ἐστιν ὧδε. 7 εἰ δὲ ἐγνώκειτε τί ἐστιν· ἔλεος θέλω καὶ οὐ θυσίαν, οὐκ ἂν κατεδικάσατε τοὺς ἀναιτίους.	καὶ τοὺς ἄρτους τῆς προθέσεως ἔφαγεν, οὓς οὐκ ἔξεστιν φαγεῖν εἰ μὴ τοὺς ἱερεῖς, καὶ ἔδωκεν καὶ τοῖς σὺν αὐτῷ οὖσιν;
	27 Καὶ ἔλεγεν αὐτοῖς· τὸ σάββατον διὰ τὸν ἄνθρωπον ἐγένετο καὶ οὐχ ὁ ἄνθρωπος διὰ τὸ σάββατον·
8 κύριος γάρ ἐστιν τοῦ σαββάτου ὁ υἱὸς τοῦ ἀνθρώπου.	28 ὥστε κύριός ἐστιν ὁ υἱὸς τοῦ ἀνθρώπου καὶ τοῦ σαββάτου.

Tabelle 9: Die Gestalt von Mt 12,1–8 im Vergleich zu Mk 2,23–28

Die Übereinstimmungen bestehen darin, dass die Kornfelder der Schauplatz der Geschichte sind. Sowohl Matthäus als auch Markus berichten, dass Jesus und seine Jünger am Sabbat unterwegs sind und durch Kornfelder gehen (vgl. Mt 12,1a//Mk 2,23a).

Nach der Darstellung beider Evangelisten rupfen die Jünger Ähren und essen davon (vgl. Mt 12,1b//Mk 2,23b). Dieses Verhalten, auf das die Jünger am Sabbat verzichten müssten, ruft den Vorwurf der Pharisäer hervor (vgl. Mt 12,3b.c//Mk 2,24b). Die Schriften stehen in den beiden Erzählungen im Mittelpunkt der Antwort Jesu. Er spricht vom Verhalten Davids im Gotteshaus in Nob, wo er mit seinen Soldaten die Schaubrote gegessen hatte, was aber in der Tat verboten war (vgl. 1 Sam 21,2–7). Das Menschensohn-Wort fasst bei Matthäus und bei Markus die schriftbasierte Argumentation zusammen (vgl. Mt 12,8//Mk 2,28).

Gleichzeitig sind die Unterschiede zwischen beiden Erzählungen auffällig. Im Gegensatz zu Markus erwähnt Matthäus den Grund, warum die Jünger Ähren abreißen und davon essen: Sie haben Hunger (V. 1b). Damit erreicht Matthäus eine stärkere Angleichung an die David-Episode. Bei Matthäus richten die Pharisäer den Vorwurf als Aussage an Jesus (vgl. Mt 12,2b). Dagegen ist er bei Markus als eine Frage formuliert, die sie Jesus stellen (vgl. Mk 2,24b). Matthäus lässt darüber hinaus χρείαν ἔσχεν (vgl. Mk 2,25b) und die Erwähnung des Hohenpriesters Abiathar (vgl. Mk 2,26a) und Mk 2,26c aus.

Während V. 5–7 des Matthäusevangeliums in dem markinischen Bericht fehlen, lässt Matthäus wiederum die Sentenz in Mk 2,27 aus. Die Verse 5–7 sind bei Matthäus zusätzlich noch an anderer Stelle zu lesen: V. 5 ist nach dem Muster von V. 3 gebildet, V. 6 bezieht sich inhaltlich auf Mt 12,4f., und V. 7, das Prophetenzitat, hat Matthäus schon in 9,13 eingebracht. Die Verse 5–7 bilden einen geschlossenen Gedankengang des ersten Evangelisten.[535]

2.3.2.2 Der Blick auf das matthäische Profil von Mt 12,1–8

Matthäus erwähnt die Ausgangssituation seiner Erzählung: Am Sabbat rupfen und essen die Jünger Jesu die Ähren, weil sie Hunger haben. In der Replik Jesu auf den Vorwurf der Pharisäer lässt Matthäus Jesus Bezug auf die alttestamentlichen Schriften nehmen, nämlich 1 Sam 21,1–7 und Lev 24,8 einerseits und Hos 6,6 andererseits. Mit diesem Bezug setzt Matthäus den Akzent darauf, dass Liebe und Barmherzigkeit der Maßstab sind, nach dem die Praxis des Sabbats gestaltet werden sollte.

2.3.3 Literarische Form und Struktur

Mt 12,1–8 ist als Streitgespräch zu klassifizieren, denn es geht darin um eine weitere Auseinandersetzung zwischen Jesus und seinen Gegnern. Jesus konfrontiert diese Gegner in V. 3b–5 mit der Frage nach der Sabbatpraxis, die Jesus selbst in V. 6–8 beantwortet. V. 6–8 sind die Antwort auf V. 3b–5. Diese Perikope ist daher kunstvoll abgefasst: Auf einer kurzen Exposition der Situation in V. 1 folgt der Vorwurf der Pharisäer in V. 2. Die Antwort Jesu in V. 3–8 nimmt den Hauptteil der Erzählung ein, die sich also in drei Abschnitte gliedern lässt:

535 Vgl. U. Luz, Mt II, 229.

1. 12,1: Exposition
2. 12,2: Vorwurf der Pharisäer
3. 12,3–8: Replik Jesu

2.3.4 Auslegung

2.3.4.1 Exposition (Mt 12,1)

Der Ausdruck Ἐν ἐκείνῳ τῷ καιρῷ ἐπορεύθη ὁ Ἰησοῦς τοῖς σάββασιν schildert knapp die Ausgangssituation der Perikope: Es geht um die Sabbat-Tora und die richtige Deutung des Gesetzes.[536] Das Verhalten der Jünger ist im Kontext dieser Erzählung als auslösender Faktor zu betrachten. Aus Hunger reiben sie beim Gang durch die Kornfelder die Ähren, um die Körner zu essen (vgl. Mt 12,1b).[537] Die Relevanz des Hungers der Jünger ist durch zwei inhaltliche Momente bestimmt: Seine Erwähnung erlaubt die Anpassung der Situation der Jünger an diejenige Davids einerseits, und ihre dadurch motivierte Verbotsübertretung ist der Ausgangspunkt der Diskussion über das Sabbatgebot andererseits.[538] Matthäus macht dadurch klar, dass die Jünger die ihnen und vor allem ihrem Meister angelastete Sünde nicht mutwillig begangen haben, „sondern aus Not übertreten."[539]

2.3.4.2 Der Vorwurf der Pharisäer (Mt 12,2)

Das ganze Kapitel 12 hindurch lässt der erste Evangelist Jesus und die Pharisäer als die großen Antagonisten auftreten. So lässt sich auch begreifen, warum der von Letzteren erhobene Vorwurf eine unmittelbar an Jesus gerichtete Aussage ist, wenn sie auch vordergründig gegen das Verhalten der Jünger protestieren. Sie machen somit Jesus

536 H. Frankemölle, Mt II, 130, betont, dass die Erwähnung von „Sabbat" in Mt 12,1.2 darauf hinweist, dass „es um das Problem geht, was an diesem von Gott geheiligten Tag erlaubt und was verboten ist."

537 Nach Dtn 23,26 war der Mundraub erlaubt: „Wenn du durch das Kornfeld eines anderen kommst, darfst du mit der Hand Ähren abreißen, aber die Sichel darfst du auf dem Kornfeld eines anderen nicht schwingen."

538 Vgl. H. Frankemölle, Mt II, 131–132; J. Gnilka, Mt I, 443–444.

539 U. Luz, Mt II, 230.

„als Lehrer für das Tun seiner Jünger verantwortlich."[540] In der Tat war das Rupfen von Ähren ein Teil des Erntens. Im Licht von Dtn 23,26 wäre das Verhalten der Jünger an anderen Tagen erlaubt gewesen.[541] Am Sabbat war es jedoch verboten, weil man die Erntearbeit nicht am Sabbat machen darf.[542] Mit diesem Vorwurf kommt es, wie schon in Mt 9,9–13, zu einer Verschärfung der Konflikte zwischen Jesus und seinen Gegnern, die hier von den Pharisäern vertreten sind.

2.3.4.3 Replik Jesu (Mt 12,3–8)

Bei Matthäus besteht die Replik Jesu aus zwei Teilen: Zuerst stützt Jesus seine Argumentation auf die Geschichte von Davids Besuch beim Priester Ahimelech in Nob (vgl. 1 Sam 21,1–7). Wie bei Markus (vgl. Mk 2,26) fragt David bei Matthäus den Priester nicht. Er empfängt von ihm nicht die Schaubrote, sondern er isst sie einfach. David ist als souverän Handelnder vorgestellt.[543]

Obwohl der Sabbat als Zeitpunkt der Handlung in 1 Sam 21,1–7 nicht erwähnt wird, ist „aus Lev 24,8 zu erschließen, dass sich die Geschichte am Sabbat zugetragen haben muss, wenn die Schaubrote hergerichtet waren."[544] In 1 Sam 21,1–7 wird berichtet, dass David und seine Leute aus Hunger die heiligen Brote gegessen haben. Man kann dieses Verhalten Davids im Lichte der rabbinischen Auslegung rechtfertigen. Die Rabbinen können Hunger lebensbedrohlich einschätzen. Eine solche Lebensgefahr kann das Sabbatgebot außer Kraft setzen.[545] Das Entscheidende ist, dass David in seiner Notsituation das im Gesetz Gebotene nicht zu beachten brauchte. Dieser Hintergrund macht deutlich, aufgrund welcher Voraussetzungen der matthäische Jesus seine Jünger

540 M. Gielen, Der Konflikt Jesu mit den religiösen und politischen Autoritäten seines Volkes im Spiegel der matthäischen Jesusgeschichte (BBB 115), Bodenheim 1998, 108.

541 Vgl. U. Luz, Mt II, 230.

542 J. Gnilka, Mt I, 443–444: „Der Anstoß der Pharisäer betrifft nicht den Mundraub – dieser war nach Dtn 23,26 erlaubt –, sondern die Verletzung der Sabbatruhe. Das Ausrupfen von Ähren wurde als Erntearbeit angesehen." In dieser Richtung zeigt auch H. Frankemölle, Mt II, 131, dass das Verhalten der Jünger in dieser Geschichte für „fromme Juden (und dies waren die Pharisäer zur Zeit Jesu) anstößig" war.

543 Für J. Gnilka, Mt I, 444, dürfte die Initiative Davids an dieser Stelle herausgestellt sein. Denn David stand als „Typos des Messias."

544 U. Luz, Mt II, 230.

545 Vgl. U. Luz, Mt II, 231; auch J. Gnilka, Mt I, 444.

entlasten kann. In diesem Zusammenhang bereitet der V. 3 schon das Hosea-Zitat in V. 7 vor.[546]

Um seine Lehre hier zu verdeutlichen, ergänzt Jesus das zweite Schriftargument, welches die Aufmerksamkeit in eine andere Richtung lenkt. Es ist als verbindliche Weisung zu betrachten, die aus dem Gesetz stammt. Jesu bezieht sich auf die Tatsache, dass es im Gesetz Vorschriften gibt, die miteinander in Konflikt treten können.[547] Genannt wird hier der Fall von Tempeldienst und Sabbatruhe. In einer Abwägung kommt dem Tempeldienst immer der Vorrang zu. Der Priester macht sich nicht schuldig, indem er am Sabbat im Tempel arbeitet. Nach Num 28,9 ist die Darbringung von Opfern für den Sabbat vorgeschrieben.[548]

Anzunehmen ist, dass es bei diesem Argument nicht nur um ein Beispiel geht, das eine erlaubte Übertretung des Sabbatgebots zeigt, sondern es von Jesus auch als Brücke zu seiner folgenden Aussage verwendet wird: τοῦ ἱεροῦ μεῖζόν ἐστιν ὧδε („Hier ist mehr als der Tempel", Mt 12,6b).[549] Dieser Satz ist kein Hinweis darauf, dass Matthäus etwa gegen den Tempel polemisierte. Im Gegenteil: Die Bedeutung des Tempels als Ort der Gegenwart Gottes wird für die matthäische Gemeinde auf Jesus übertragen. Dabei versteht man, dass das zweite Schriftargument christologisch ist, insofern es explizit die Identität Jesu unterstreicht und somit V. 8 vorbereitet. Das Zitat von Hos 6,6 in V. 7, das auf Mt 9,13 zurückweist, legitimiert das Vorgehen Davids in 1 Sam 21,1–7, und gleichzeitig führt „der Maßstab der Barmherzigkeit gegenüber den Hungernden zwingend dazu, dass ihnen kein Vorwurf zu machen ist."[550] Die Jünger stehen für Menschen, die Hunger haben. Das Erbarmen, das sich in der Sorge um den Hunger anderer zeigt, ist in der Tat

546 Vgl. G. Barth, Gesetzesverständnis des Evangelisten Matthäus, in: G. Bornkamm u. a., Überlieferung und Auslegung im Matthäusevangelium (WMANT 1), Neukirchen-Vluyn [7]1975, 54–154, hier 77; auch M. Konradt, Mt, 193.

547 Vgl. M. Konradt, Mt, 193.

548 In anderen Worten schreibt U. Luz, Mt II, 231: „Die biblisch gebotenen Sabbatopfer (Num 28,9f) setzten das Sabbatgebot außer Kraft. Das ist sogar in der strengen Sabbathalaka der Essener so; für die Rabbinen gilt grundsätzlich, dass an eine bestimmte Zeit gebundene Pflichtgebote das Sabbatgebot brechen."

549 μεῖζον bezieht sich in Mt 12,8 auf die Barmherzigkeit (vgl. auch M. Konradt, Mt, 193; U. Luz, Mt II, 231).

550 M. Konradt, Mt, 193; vgl. M. Gielen, Der Konflikt Jesu mit den religiösen und politischen Autoritäten seines Volkes im Spiegel der matthäischen Jesusgeschichte, 110.

wichtiger als das Opfer.[551] In diesem Sinne ist V. 8 als eine Zusammenfassung der Argumentation Jesu zu betrachten, indem Jesus dabei zeigt, dass die Barmherzigkeit im Verhältnis zum Tempelopfer „das Zentrum von Gottes Willen“[552] und das Liebesgebot das oberste Gebot ist.[553]

2.3.5 Zusammenfassung

Aus der exegetischen Untersuchung von Mt 12,1–8 ergibt sich, dass das matthäische Verständnis des Gesetzes im Lichte seiner Christologie zu erklären ist. Da der Grundsatz, angesichts dessen das Sabbatgebot nicht gehalten werden muss, der Schutz des Lebens ist, greift Matthäus in dieser Perikope auch auf das Bild des Brotes in der Geschichte Davids in Nob (vgl. 1 Sam 21,1–7) zurück. Die Ernährungsfunktion des Brotes steht im Zentrum dieser Geschichte, die daher für den matthäischen Jesus die Basis konstituiert, auf die er die Begründung des Verhaltens der Jünger stützt. Aus Hunger haben David und seine Gefährten im Haus Gottes die Schaubrote gegessen. Im Lichte dieses Verhaltens sind auch die Jünger für Jesus als nicht schuldig anzusehen. Dabei begreift man, dass Matthäus das Motiv des Brotes aufgrund von dessen Ernährungsfunktion in einer rhetorischen Argumentation verwendet, um einen wichtigen Punkt seiner Hermeneutik des Gesetzes zum Ausdruck zu bringen.

Grundsätzlich ist das Liebesgebot das Herzstück des matthäischen Gesetzesverständnisses, und die von Jesus geforderte bessere Gerechtigkeit (vgl. Mt 5,20) und Vollkommenheit (vgl. Mt 5,48) sind identisch mit der goldenen Regel in Mt 7,12. Sie gewinnen Gestalt in der Barmherzigkeit. Matthäus unterscheidet zwischen kleinen und großen Geboten (Mt 5,17–20 und 23,23). Wenn verschiedene Gebote miteinander in Konflikt geraten, muss dem wichtigeren Gebot der Vorrang eingeräumt werden. Liebe und Barmherzigkeit haben für Jesus bei Matthäus den Vorrang. Das Zitat von Hos 6,6 in V. 7 macht deutlich, dass es nicht um die Außerkraftsetzung von Teilen der Tora, wie des Zeremonialgesetzes, geht, sondern um Unterordnung der ganzen Tora unter ihre

551 Denn „mit dem Opfer ist konkret die buchstabengerechte Befolgung der Sabbat-Thora gemeint, letztlich ist jede legalistische Haltung damit getroffen“ (J. Gnilka, Mt I, 445).
552 U. Luz, Mt II, 231–232.
553 Vgl. J. Gnilka, Mt I, 445.

eigene Mitte, die Barmherzigkeit. In ihrer Tiefe ist diese Argumentation jüdisch und deutet außerdem darauf hin, dass die matthäische Gemeinde vermutlich den Sabbat eingehalten hat. Liebe und Barmherzigkeit sind für sie die Richtschnur für den Umgang mit Sabbat- und Reinheitsgeboten, wie sie es von Jesus gelernt hat. Jesus, den Matthäus hier Menschensohn nennt, betrachtet das biblische Gebot der Barmherzigkeit als das größte Gebot. Als solches kann es auch „größer als der Tempel" genannt werden. Diese matthäische Aussage spielt hier eine wichtige Rolle, indem sie nicht etwa wesentliche Punkte des jüdischen Glaubens ignoriert, sondern die Aufmerksamkeit auf Kontexte lenkt, in welchen das Sabbatgebot zurücktreten muss. Diese Interpretation des Gesetzes durch den matthäischen Jesus unterstreicht die Tatsache, dass die Jünger Schüler Jesu sind und sie sich auf seine Lehre und die Interpretation der Tora beziehen. Diese Beziehung definiert ihren Glauben und somit ihre Identität als Jünger Jesu.

2.4 Brot und die Lehre des Glaubens (Mt 15,21–28)

2.4.1 Mt 15,21–28 und Kontext

V. 21 darf als der Beginn dieser Perikope gelten. Anhaltspunkte dafür sind der Ortswechsel und die geographischen Angaben. In Mt 14,34 landen Jesus und seine Jünger in Genezareth. Matthäus lässt Jesus an diesem Ort längere Zeit verweilen. Er erwähnt, dass Jesus dort sogar von Pharisäern und Schriftgelehrten, die aus Jerusalem kommen, besucht wird (vgl. Mt 15,1).

Die Erwähnung dieser religiösen Gruppen steht mit einem Streitgespräch in Zusammenhang. Jesus polemisiert einerseits gegen die Art und Weise, wie die religiösen Autoritäten mit Hilfe der Überlieferung der Väter den Willen Gottes deuten (vgl. Mt 15,3–9), und andererseits erklärt er, dass das Händewaschen zu den Fragen äußerer Reinheit gehört, die aber nicht den Menschen betreffen können (vgl. Mt 15,10–20). Danach zieht sich Jesus in die Gegend von Tyrus und Sidon zurück, um die Eskalation des Konflikts mit den religiösen Autoritäten, für die hier Pharisäer und Schriftgelehrte stehen, zu vermeiden.[554]

V. 28 ist als das Ende dieses Erzählungsabschnitts anzusehen. Nachdem Jesus an dieser Stelle der Frau geantwortet hat, dass ihr Glaube groß sei und ihre Tochter geheilt sei, lässt Matthäus ihn in V. 29 von dort weiterziehen und an den See von Galiläa kommen, wo er eine größere Anzahl zu ihm gebrachter Kranken heilt, die später zu den Gesättigten gehören werden. Durch den Ortswechsel Jesu lenkt Matthäus die Aufmerksamkeit auf die nächste Perikope, nämlich die Speisung der Viertausend (vgl. Mt 15,29–39).

Mt 15,21–28 bildet den Mittelpunkt des literarischen Aufbaus von Mt 13,53–16,20. Man kann diese Perikope in gewissem Sinne als den Höhepunkt dieses literarischen Abschnittes bezeichnen. Denn der erste Evangelist lässt das gläubige Vertrauen der Frau im Gegensatz zum Unglauben der Nazarener hervortreten und damit den Glauben einer Heidin den Gegensatz zum Unglauben der Glaubensgenossen Jesu (vgl. Mt 13,54–58). Das bedeutet, dass der Glaube der Frau zugleich das mangelhafte Vertrauen seiner eigenen Jünger überstrahlt. Denn der Glaube an Jesus ist „ein zentraler Faktor für das Hinzukommen von Menschen aus den Völkern und für die Überwindung der Grenze zwischen Israel und Völkerwelt".[555]

Die literarische Einheit dieser Perikope kann nicht bestritten werden.[556] Begründen lässt sie sich vor allem durch die Figuren der Erzählung: Jesus, die Jünger, die kanaanäische Frau und die besessene Tochter, die als eine passive Figur betrachtet werden kann. Denn trotz ihrer Erwähnung spielt sie in der Erzählung keine besondere Rolle. Neben diesen Figuren gibt es keine anderen, die der erste Evangelist in die Entfaltung der Erzählung eingefügt hat. Beispielsweise findet sich kein Hinweis auf die Pharisäer, die Schriftgelehrten und die Leute, die in der vorangegangenen Perikope neben Jesus und den Jüngern erwähnt

554 Vgl. J. Gnilka, Mt II, 29; vgl. auch M. Konradt, Mt, 247; B. Kowalski, Wunder bei den Heiden. Der heidnische Hauptmann (Mt 8,5–13) und die kanaanäische Frau (Mt 15,21–28), in: D. Senior (Hg.), The Gospel of Matthew at the Crossroads of Early Christianity, 537–560, hier 549; U. Luz, Mt II, 431.

555 M. Konradt, Mt, 250; vgl. H. Frankemölle, Mt II, 207.

556 Vgl. U. Luz, Mt II, 430.

werden, einerseits, und die Kranken und die Menge, die in der darauffolgenden Geschichte geheilt und gespeist werden, andererseits. Außerdem befinden sich die erwähnten Figuren während der gesamten Geschichte an demselben geographisch bestimmbaren Ort, nämlich εἰς τὰ μέρη Τύρου καὶ Σιδῶνος (Mt 15,21), während Matthäus in der nachfolgenden Perikope von Ortswechseln Jesu berichtet (vgl. Mt 15,29). Alle Personalpronomen, die Matthäus in dieser Geschichte verwendet, verweisen auf die oben genannten Figuren.[557] Durch den Zusammenhang zwischen den verschiedenen Abschnitten, aus denen die Perikope besteht, konstatiert man, wie die Geschichte bewusst durch den ersten Evangelisten aufgebaut wird.

2.4.2 Die Gestalt von Mt 15,21–28 im Vergleich zu Mk 7,24–30

Im Neuen Testament wird an zwei Stellen die Geschichte vom Glauben der kanaanäischen Frau erzählt, nämlich in Mt 15,21–28 und Mk 7,24–30.

2.4.2.1 Mt 15,21–28 im Vergleich zu Mk 7,24–30

Mt 15,21–28	**Mk 7,24–30**
21 Καὶ ἐξελθὼν ἐκεῖθεν ὁ Ἰησοῦς ἀνεχώρησεν εἰς τὰ μέρη Τύρου καὶ Σιδῶνος.	24 Ἐκεῖθεν δὲ ἀναστὰς ἀπῆλθεν εἰς τὰ ὅρια Τύρου.
	Καὶ εἰσελθὼν εἰς οἰκίαν οὐδένα ἤθελεν γνῶναι, καὶ οὐκ ἠδυνήθη λαθεῖν·
22 καὶ ἰδοὺ γυνὴ Χαναναία ἀπὸ τῶν ὁρίων ἐκείνων ἐξελθοῦσα ἔκραζεν λέγουσα· ἐλέησόν με, κύριε υἱὸς Δαυίδ·	25 ἀλλ᾽ εὐθὺς ἀκούσασα γυνὴ περὶ αὐτοῦ,
ἡ θυγάτηρ μου κακῶς δαιμονίζεται.	ἧς εἶχεν τὸ θυγάτριον αὐτῆς πνεῦμα ἀκάθαρτον,

557 Beispielsweise steht με für die Frau (V. 22b); αὐτῇ für die Frau (V. 23a.28b); αὐτοῦ für Jesus (V. 23b); αὐτῇ für die Frau (V. 23c); ἡμῶν für die Jünger (V. 23c), αὐτῷ für Jesus (V. 25).

23 ὁ δὲ οὐκ ἀπεκρίθη αὐτῇ λόγον. καὶ προσελθόντες οἱ μαθηταὶ αὐτοῦ ἠρώτουν αὐτὸν λέγοντες· ἀπόλυσον αὐτήν, ὅτι κράζει ὄπισθεν ἡμῶν.24 ὁ δὲ ἀποκριθεὶς εἶπεν· οὐκ ἀπεστάλην εἰ μὴ εἰς τὰ πρόβατα τὰ ἀπολωλότα οἴκου Ἰσραήλ.	
25 ἡ δὲ ἐλθοῦσα προσεκύνει αὐτῷ	ἐλθοῦσα προσέπεσεν πρὸς τοὺς πόδας αὐτοῦ·
	26 ἡ δὲ γυνὴ ἦν Ἑλληνίς, Συροφοινίκισσα τῷ γένει·
λέγουσα· κύριε, βοήθει μοι.	καὶ ἠρώτα αὐτὸν ἵνα τὸ δαιμόνιον ἐκβάλῃ ἐκ τῆς θυγατρὸς αὐτῆς.
26 ὁ δὲ ἀποκριθεὶς εἶπεν·	27καὶ ἔλεγεν αὐτῇ· ἄφες πρῶτον χορτασθῆναι τὰ τέκνα,
οὐκ ἔστιν καλὸν λαβεῖν τὸν ἄρτον τῶν τέκνων καὶ βαλεῖν τοῖς κυναρίοις.	οὐ γάρ ἐστιν καλὸν λαβεῖν τὸν ἄρτον τῶν τέκνων καὶ τοῖς κυναρίοις βαλεῖν.
27 ἡ δὲ εἶπεν· ναὶ κύριε, καὶ γὰρ τὰ κυνάρια ἐσθίει ἀπὸ τῶν ψιχίων τῶν πιπτόντων ἀπὸ τῆς τραπέζης τῶν κυρίων αὐτῶν.	28 ἡ δὲ ἀπεκρίθη καὶ λέγει αὐτῷ· κύριε· καὶ τὰ κυνάρια ὑποκάτω τῆς τραπέζης ἐσθίουσιν ἀπὸ τῶν ψιχίων τῶν παιδίων.
28 τότε ἀποκριθεὶς ὁ Ἰησοῦς εἶπεν αὐτῇ· ὦ γύναι, μεγάλη σου ἡ πίστις· γενηθήτω σοι ὡς θέλεις.	29 καὶ εἶπεν αὐτῇ· διὰ τοῦτον τὸν λόγον ὕπαγε, ἐξελήλυθεν ἐκ τῆς θυγατρός σου τὸ δαιμόνιον.
καὶ ἰάθη ἡ θυγάτηρ αὐτῆς ἀπὸ τῆς ὥρας ἐκείνης.	30 καὶ ἀπελθοῦσα εἰς τὸν οἶκον αὐτῆς εὗρεν τὸ παιδίον βεβλημένον ἐπὶ τὴν κλίνην καὶ τὸ δαιμόνιον ἐξεληλυθός.

Tabelle 10: Die Gestalt von Mt 15,21–28 im Vergleich zum Mk 7,24–30

Zu beobachten ist, dass diese Geschichte bei Matthäus und Markus unterschiedlich erzählt wird. Trotzdem findet man bei Matthäus Ausdrücke und Punkte, in denen er mit Markus übereinstimmt. Beide Evangelisten berichten gleichermaßen, dass sich Jesus in einer heidnischen Gegend aufhält (vgl. Mt 15,21//Mk 7,24). Sie stimmen darin überein, dass dort eine heidnische Frau, deren Tochter von Dämonen besessen ist, zu ihm kommt, um Hilfe zu erbitten, nämlich die Heilung ihrer besessenen Tochter (vgl. Mt 15,22//Mk 7,25). Bei Markus wie bei Matthäus lehnt Jesus durch das Gleichnis von dem für die Kinder bestimmten Brot, das nicht vor die Hunde zu werfen sei, eine Hilfe zunächst ab (vgl. Mt 15,26//Mk 7,27). Bei beiden Evangelisten schließt die Erzählung mit der Heilung der Tochter als Lohn des Glaubens ihrer Mutter, als Anerkennung der von dieser bewiesenen Beharrlichkeit im Glauben (vgl. Mt 15,28//Mk 7,29).

Auffällig sind dennoch einige Unterschiede zwischen diesen beiden Berichten. Vor allem bemerkt man, dass Matthäus die Anteile der Erzählerrede an dieser Geschichte kürzt und dafür das Gespräch ausbaut. Beispielsweise fehlen bei Matthäus zwei Informationen, die bei Markus sehr wichtig sind, nämlich Mk 7, 21b (Καὶ εἰσελθὼν εἰς οἰκίαν οὐδένα ἤθελεν γνῶναι, καὶ οὐκ ἠδυνήθη λαθεῖν) und V. 30a (καὶ ἀπελθοῦσα εἰς τὸν οἶκον αὐτῆς εὗρεν τὸ παιδίον βεβλημένον ἐπὶ τὴν κλίνην). Während Matthäus als Schauplatz die Gegend von Tyrus und Sidon angibt (vgl. Mt 15,21) und die Frau als Kanaanäerin bezeichnet (vgl. Mt 15,22), erwähnt Markus nur Tyrus (vgl. Mk 7,21a) und bezeichnet die Frau als Griechin bzw. Syrophönizierin (vgl. Mk 7,26a).

Außerdem berichtet Markus schlichtweg das, was man über die Frau mit der besessenen Tochter wissen muss, während Matthäus diese Information in eine direkte Rede verlegt, was ihm die Gelegenheit gibt, in dieser Personenrede die Anrede κύριε υἱὸς Δαυίδ („Herr, Sohn Davids", vgl. Mt 15,22.25) zu verwenden.[558] Das Jesuswort in Mk 7,27 ·ἄφες πρῶτον χορτασθῆναι τὰ τέκνα („Lass zuerst die Kinder satt werden") lässt wiederum der erste Evangelist aus. Er fügt vielmehr die Auskunft Jesu ein, die dessen Sendung auf die verlorenen Schafe des Hauses Israels einschränkt (vgl. Mt 15,24a). Die Reaktion der Frau auf die Antwort Jesu mit dem Gleichnis von den Kindern, Hunden und Brotkrumen ist bei Matthäus durch ναὶ κύριε (Mt 15,27b) eingeleitet. Im Unterschied dazu findet man bei Markus nur die Anrede κύριε (vgl. Mk 7,28b).

558 In anderen Worten betont U. Luz, Mt II, 430–431: „Der mt Neubearbeitung fällt wie öfters das mk Geheimnismotiv (Mk 7,24a) zum Opfer. Ebenso entfällt die mk Exposition, die das Problem der Frau benennt (Mk 7,25a.b). Bei Mt kommt – viel eleganter – die Frau sofort zu Jesus und spricht in direkter Rede ihre Not aus (V. 22)."

Überdies hat Matthäus den Schluss neu gestaltet und in den Entlassungsworten Jesu den Glauben der Frau thematisiert: ὦ γύναι, μεγάλη σου ἡ πίστις· γενηθήτω σοι ὡς θέλεις (Mt 15,28). Dieser Kommentar Jesu findet sich nicht bei Markus.

2.4.2.2 Der Blick auf das matthäische Profil von Mt 15,21–28

Matthäus setzt durch die Bearbeitung von Mk 7,24–30 seinen Akzent auf die Bedeutung der Mission Jesu einerseits und die Bedeutung des Glaubens für die Heiden andererseits. Durch die Erwähnung von Tyrus und Sidon und die Nennung der Frau als kanaanäische Frau macht Matthäus deutlich, dass sich Jesus in einem heidnischen Gebiet befindet. Jesus zieht sich dorthin nach seiner Auseinandersetzung mit den Pharisäern und den Schriftgelehrten zurück. Dadurch betont der erste Evangelist, dass der irdische Jesus sein Wirken programmatisch auf Israel begrenzt. Denn er ist „zu den verlorenen Schafen des Hauses Israel gesandt" (Mt 15,24). Das Bild vom Brot bezieht sich auf das Heil. Außerdem bringt Matthäus das Glaubensmotiv zum Ausdruck. In der Gestaltung des Schlusses ist eine Anlehnung an Mt 8,13, die Geschichte von der Heilung des Knechtes des Hauptmanns, in der gleichfalls von der einem Heiden gewährten Hilfe erzählt wird, nicht zu übersehen. Das Glaubensmotiv lässt sich in beiden Erzählungen durch folgende Formulierungen erkennen: „Es soll dir geschehen", und „ihre Tochter/sein Knecht war gesund von jener Stunden an." In Mt 15,24 ist eine Verbindung zu Mt 10,6 zu sehen.[559] Diese Übereinstimmung innerhalb des Matthäusevangeliums weist darauf hin, dass beide Stellen einen gemeinsamen Ursprung haben.[560] Außerdem zeigen sie, dass es im frühen Judenchristentum eine Auseinandersetzung um die Heiden- und Samaritermission gab.[561]

559 Vgl. J. Jeremias, Jesu Verheißung für die Völker, 24; auch R. Bultmann, Die Geschichte der synoptischen Tradition, 38; F. Hahn, Das Verständnis der Mission in Neuen Testament (WMANT 13), Neukirchen-Vluyn 1963, 38.

560 Vgl. J. Gnilka, Mt II, 29.

561 Vgl. J. Gnilka, Mt II, 30–31.

2.4.3 Literarische Form und Struktur

Eine Dämonenaustreibung ist Gegenstand dieser Perikope. Grundsätzlich macht sie aber aus dieser Erzählung keine Wundergeschichte. Im Gegenteil: Die Geschichte vom Glauben der kanaanäischen Frau ist zu den Lehrgesprächen zu rechnen.[562] Denn in der matthäischen Erzählung steht das Gespräch der Frau mit Jesus im Mittelpunkt der Geschichte, und in dieser Hinsicht gibt die Jüngerbitte Jesus die Gelegenheit zu einer Belehrung. Zu berücksichtigen ist, dass Matthäus die Reden Jesu als Antwort vorstellt: Zunächst verweigert Jesus die Antwort (V. 23). Dann antwortet er, zuerst den Jüngern (V. 24), dann der Frau (V. 26 und 28).[563] Die Reaktion der Frau auf Jesu Rede ist ihre Glaubensbekundung, die Jesus lobt, wobei er die Heilung ihrer Tochter ankündigt.

Als Lehrgespräch gliedert sich diese Perikope in drei Abschnitte:

1. 15,21–23a: Exposition
2. 15,23b–24: Jüngerbelehrung
3. 15,25–28: Gespräch mit der Frau und Heilung.

2.4.4 Auslegung

2.4.4.1 Exposition (Mt 15,21–23a)

Um die Aufmerksamkeit seiner Adressaten in die richtige Richtung zu lenken, verwendet der erste Evangelist bereits am Anfang seiner Erzählung Ausdrücke, die die ganze Situation spiegeln. Die Benutzung der Verbform ἀναχωρέω mit der Präposition εἰς bezieht sich im Matthäus-

562 Ähnlich stellt J. Gnilka, Mt II, 28, fest: „Von ihrem Gesprächscharakter her kann man die Perikope nicht als Wundergeschichte bezeichnen. Sie ist ein Lehrgespräch." Formgeschichtlich versteht auch H. J. Held, Matthäus als Interpret der Wundergeschichten, in: G. Bornkamm u. a., Überlieferung und Auslegung im Matthäusevangelium (WMANT 1), Neukirchen-Vluyn [7]1975, 155–287, hier 187–188, diese Geschichte als Gespräch.

563 Für U. Luz, Mt II, 430, liegt das Gewicht „auf dem dazwischen liegenden Dialog und dort vor allem auf der Erschwerung der Erfüllung der Bitte durch Jesus. Sie geschieht in V. 23f. in drei Etappen: durch das Schweigen Jesu, durch den Vorschlag der Jünger, die Frau wegzuschicken, und schließlich durch eine Antwort Jesu, die diesem Vorschlag der Jünger eine sehr grundsätzliche Begründung gibt."

evangelium auf eine Bewegung in einer bestimmten Richtung.[564] Matthäus verwendet diese Ausdruckskombination, wenn es um die Gefahr für Jesu Leben geht oder nach einer Auseinandersetzung mit den religiösen Autoritäten.[565] Das Verb ἀναχωρέω weist darauf hin, dass sich der Rückzug Jesu in die Gegend von Tyrus und Sidon auf die scharfe Auseinandersetzung mit den Jerusalemer Autoritäten zurückführen lässt.[566] Hier versteht man, dass die Begegnung mit der kanaanäischen Frau nicht nur im heidnischen Land, sondern auch außerhalb der Pläne Jesu zu verorten ist.[567] Tyrus und Sidon waren zwei phönikische Seestädte.[568] Im Alten Testament werden sie oft zusammen genannt[569] und negativ dargestellt: Sie besitzen eine negative Konnotation, insofern als sie als Empfänger von Gerichtsworten in Erscheinung treten.[570]

Im Zusammenhang mit der Bezeichnung γυνὴ Χαναναία (vgl. Mt 15,22)[571] wird es eindeutig, dass die Erwähnung von Sidon, die als eine

564 Vgl. E. M. Wainwright, Towards a Feminist Critical Reading of the Gospel according to Matthew (BZNW 60), Berlin 1991, 103; auch F. Blass u. a., Grammatik des neutestamentlichen Griechisch, Göttingen [18]2001, 167; R. Kühner/B. Gerth, Ausführliche Grammatik der griechischen Sprache. Satzlehre, Darmstadt 2015, 468–742; H. v. Siebenthal, Griechische Grammatik zum Neuen Testament, Göttingen 2011, 265.

565 Wie z. B. in Mt 2,12.14.22; 4,12; 12,15; 14,13; 15,21; 27,5.

566 Zur Bedeutung von ἀναχωρέω vgl. H. R. Gundry, Matthew. A Commentary on His Literary and Theological Art, Grand Rapids 1982, 290. Dabei betont er besonders den Aspekt von Gefahr des Lebens Jesu, auf den ἀναχωρέω im Rahmen des Matthäusevangeliums hinweist. Auch R. Feldmeier, Die Syrophönizierin (Mk 7,24–30) – Jesu „verlorenes" Streitgespräch, in: R. Feldmeier/U. Heckel (Hg.), Die Heiden: Juden, Christen und das Problem des Fremden (WUNT 70), Tübingen 1994, 211–227, hier 211.

567 Vgl. C. Ziethe, Auf seinen Namen werden die Völker hoffen, 182; auch U. Luz, Mt II, 433; D. Trunk, Der messianische Heiler. Eine redaktions- und religionswissenschaftliche Studie zu den Exorzismen im Matthäusevangelium (HBS 3), Freiburg 1994, 145.

568 Tyrus war eine mächtige Handelsstadt Phönikiens. In verschiedenen alttestamentliche Stellen wird Tyrus als der Sammelplatz für die Ernten aus Ägypten beschrieben (vgl. Jes 8,7; 17,13; Jer 51,13.55; Ez 1,24; 26,19; 27,26; Ps 18,17; 29,3; 36,2; 93,4; 107,23; 144,7). Sidon war wohl die älteste, lange Zeit auch die mächtigste Stadt der Phönikier. Die traditionelle Identifikation der Stadt mit ihrer Schutzgöttin steht immer im Hintergrund. Das Getreide aus Ägypten wurde in Sidon und Tyrus gegen die Güter und Waren gehandelt (vgl. F. Sedlmeier, Art. Tyros, in: LThK 10 [[3]2000] 327–328; auch F. Sedlmeier, Art. Sidon, in: LThK 9 [[3]2000] 734–735, hier 734).

569 Wie z. B. in 1 Makk 5,15; Joel 4,4; Sach 9,2; Jer 29,4; 32,22; 34,3.

570 Vgl. Jes 23,1–18; Jer 25,22; 27,3; 47,7.

571 Kanaan ist seit jeher in den Schriften Gegenüber oder gar Gegenspieler Israels. Kanaanäer sind jene, die explizit nicht zu Israel gehören: z. B. Gen 9,25–27; Ex 23,23.28; 33,2; 34,11; Lev 18,3; Num 33,52f.; Dtn 20,16f.; Jos 3,10; Jdc 3,1–4; 4,23; Ps 106,36–38; Esra 9,1. In

wichtige matthäische Korrektur gegenüber Mk 7,24 zu betrachten ist, ein Hinweis ist, der Matthäus mit der Art und Weise, in der die alten Schriften diese Städtepaar nennen, als vertraut ausweist und somit unterstreicht, dass sich Jesus gerade im heidnischen Gebiet befindet.[572] Denn als Kanaanäerin ist die Frau entsprechend ihrer Herkunft als Heidin charakterisiert[573], und diese Vorstellung bringt die alttestamentliche Sprechweise zum Ausdruck.[574]

Durch das Flehen der Frau wird ihre Bitte zum Ausdruck gebracht: ἐλέησόν με, κύριε υἱὸς Δαυίδ· ἡ θυγάτηρ μου κακῶς δαιμονίζεται (Mt 15,22b). Diese Anrede der Frau bedient sich der Psalmensprache.[575] Matthäus greift auf die jüdische Tradition zurück, um die Notwendigkeit der Bitte dieser Frau aufzuzeigen: Wie Gott in den Psalmen mit dem gleichen Ruf angegangen wird, bittet auch die Frau Jesus um Erbarmen.[576] Sie spricht Jesus mit zwei Titeln an: κύριε υἱὸς Δαυίδ. Das heißt: Jesus ist für sie Herr. „κύριε ist Christusanrede von Jüngern und

einem negativen Sinn wird auch „das Land von Kanaan mit der Verheißung assoziiert (vgl. Gen 12,1–5; 17,8; 28,4; 48,3f.; Jos 24,3; 1 Chr 16,12; Ps 105,6; aber auch in Bezug auf das ganze Volk Israel, vgl. Ex 6,4; Lev 25,38; Num 13,2; 33,54; 34,2); vgl. A. E. Killebrew, Biblical People and Ethnicity: An archeological Study of Egyptians, Canaanites, Philistines und early Israel 1300–1100 B.C.E. (SBLABS 9), Atlanta 2005, 96; N. P. Lemche, Canaanites and their Land. Tradition of the Canaanites (JSOTS 110), New York 1991, 13–24.63–71.

572 Vgl. W. F. Albright/C. S. Mann, Matthew. Introduction, Translation, and Notes, New York u. a. 1971, 187; P. Gaechter, Mt, 501; J. Gnilka, Mt II, 29–30; E. Klostermann, Das Matthäusevangelium (HNT 4), Tübingen [2]1927, 134; M. Konradt, Israel, Kirche und die Völker, 64; T. W. Manson, The Sayings of Jesus: As recorded in the Gospels according to St. Matthew and St. Luke. Arranged with introduction and commentary, London [4]1957, 200; G. Mussies, Jesus and „Sidon"in Matthew 15/Mark, in: Bijdr. 58 (1997) 264–278, hier 264; E. Wainwright, Toward a Feminist Critical Reading of the Gospel according to Matthew, 103; C. Ziethe, Auf seinen Namen werden die Völker hoffen, 184.

573 Vgl. G. D. Kilpatrick, The Origins of the Gospel according to St. Matthew, 132–134.

574 So auch z. B. Gen 24,3; Ex 33,2; Dtn 20,17; Ri 1,10f.

575 Vgl. Ps[LXX] 6,2.9.13; 2 4,16; 25,11; 26,7.

576 Ähnlich zeigt auch M. Konradt, Mt, 248–249, dass der Hilferuf der heidnischen Frau auf biblisches Kolorit hinweist, bzw. Ps 70,6 (69,6[LXX]); 109,26 (108,26[LXX]).

Hilfesuchenden."[577] Die Leserinnen und Leser des ersten Evangelisten erinnern sich gleichzeitig damit an die Wundergeschichten.[578]

Außerdem ist Jesus für die Kanaanäerin υἱὸς Δαυίδ. Diese Anrede υἱὸς Δαυίδ im Munde einer Heidin aus dem an Israel angrenzenden Gebiet war nichts Unmögliches. Mit der Kunde, dass Jesus, der Wundertäter, im Lande sei, verbreitete sich auch die Information darüber, wie man ihn am besten anspreche, eine wichtige Sache, zumal für heidnische Bittsteller.[579] Daraus ergibt sich, dass sich in der Anrede κύριε υἱὸς Δαυίδ ein „hellenistisches und judenchristliches Jesusbekenntnis" [580] vereinigen lassen. Dass die Heidin den Titel verwendet, um Jesus anzusprechen, und damit seine Messianität bekennt, ist ein Hinweis im Matthäusevangelium auf das Thema des Verhältnisses von Zuwendung zu Israel und Universalität des Heils. Mit diesem Glaubensbekenntnis steht die Frau in Kontrast zu den Pharisäern und Schriftgelehrten, die Jesus nicht als υἱὸς Δαυίδ erkannt haben (vgl. Mt 12,24; 21,15f.). Dass Jesus sich zunächst auf den Anruf der Frau nicht einlässt (15,23a, ὁ δὲ οὐκ ἀπεκρίθη αὐτῇ λόγον), hat „eine Hinweisfunktion für das Lehrgespräch."[581]

2.4.4.2 Jüngerbelehrung (Mt 15,23b–24)

Die Bitte der Jünger eröffnet den zweiten Gesprächsgang: ἀπόλυσον αὐτήν, ὅτι κράζει ὄπισθεν ἡμῶν (15,23c). Mit ihrer Bitte, Jesus möge die Frau wegschicken, hat man den Eindruck, dass die Jünger verärgert waren.[582] Ihre Bitte zeigt deswegen, dass sie die Situation in der Perspek-

577 U. Luz, Mt II, 434. Die Tatsache, dass die Kanaanäerin sich an Jesus als κύριε υἱὸς Δαυίδ wendet, ist für M. Konradt, Mt, 248, ein Hinweis darauf, dass sie von Jesus Heil erwartet; auch R. Feldmeier, Syrophönizierin (Mk 7,24–30), 225; W. Grundmann, MtEv, 376; T. W. Manson, Sayings of Jesus, 200; J. P. Meier, Matthew 15:21–28, in: JBT 40 (1986) 397–402, hier 398; F. Wilk, Jesus und die Völker in der Sicht der Synoptiker, Berlin – New York 2002, 145.

578 So z. B. Mt 8,2.6.8; 9,28; 17,15; 20,33.

579 Für U. Luz, Mt II, 434, weist diese Anrede υἱὸς Δαυίδ darauf hin, dass die Kanaanäerin weiß, dass „Jesus zu Israel gesandt ist; und gerade darin, dass sie trotzdem zu ihm schreit, zeigt sich ihr Glaube."

580 J. Gnilka, Mt II, 30; vgl. auch H. Frankemölle, Mt II, 207; ders., Jahwe-Bund und Kirche Christi. Studien zur Form- und Traditionsgeschichte des „Evangeliums" nach Matthäus (NTA 10), Münster ²1984, 136.

581 J. Gnilka, Mt II, 30.

582 Vgl. W. Grundmann, Mt, 376.

tive Jesu verstehen, indem sie durch ihre Reaktion die Hilfe für die Frau ausschließen[583], mögen sie auch nur unwirsch auf das Schreien der Frau reagieren. Sie liegen somit auf der Linie der Antwort Jesu.

In diesem Zusammenhang war die Antwort Jesu auf die Bitte der Jünger für die matthäische Gemeinde sehr wichtig. Denn sie verweist programmatisch auf seine Mission (vgl. Mt 15,24b). Obwohl Matthäus die Einschränkung der Sendung des irdischen Jesus nur zu Israel auch in 10,5f. eindeutig macht, scheint der programmatischen Aussage an dieser Stelle ein größeres Gewicht zuzukommen als den parallelen Aussagen.[584] Die Vorstellung von Jesus als Messias für Israel war in der Tat für die Juden nach dem Jahr 70 noch entscheidend. Dies erklärt die Auslassung der markinischen Aussage durch Matthäus: ἄφες πρῶτον χορτασθῆναι τὰ τέκνα (Mk 7,27a: „Lass zuerst die Kinder satt werden").[585] Jesu Aussage, εἰς τὰ πρόβατα τὰ ἀπολωλότα οἴκου Ἰσραήλ (15,24), weist grundsätzlich nicht nur auf einen Teil der Israeliten. Im Gegenteil: Im Lichte der alttestamentlichen Schriften deutet das Bild an, dass alle Israeliten verlorene Schafe sind. Für diese Deutung sprechen folgende alttestamentlichen Stellen: „Wie Schafe irrten wir alle umher" (Is 53,6); „Ich führe sie zusammen wie die Schafe im Pferch" (Mich 2,12; vgl. 7,14); „Der Herr wird an jenem Tag sein Volk retten, wie man Schafe rettet" (Zach 9,16). Damit stellt sich Jesus als Hirte Israels und als erwartete Messias vor (vgl. Mt 2,6).[586]

2.4.4.3 Gespräch mit der Frau und Heilung (Mt 15,25–28)

Trotz der Ablehnung Jesu fährt die Frau mit ihrer Bitte fort. Ihre Worte beziehen sich auf die Gebetssprache, die man in Psalmen findet.[587] In Psalmen werden die Worte βοήθει μοι gesprochen, wenn der Psalmist körperliche Not hat oder er die Bedrängnis durch die Feinde erleidet.

583 Vgl. H. Frankemölle, Mt II, 207.
584 Vgl. U. Luz, Mt II, 434.
585 Vgl. J. Gnilka, Mt II, 31.
586 Vgl. J. Gnilka, Mt II, 31; M. Konradt, Mt, 248; W. Trilling, Das wahre Israel, 105.
587 Im Matthäusevangelium findet man die Proskynese auch in den Wundergeschichten (vgl. Mt 8,2; 9,18) und in den Ostergeschichten (vgl. Mt 28,9.17).

Er ruft Gott um sein Erbarmen an.[588] Auf den Hilferuf der Frau reagiert Jesus mit einem Bildwort, mit dem er die vorausgegangene Jüngerbelehrung illustriert. Es unterstreicht das exklusive, auf Israel beschränkte Verständnis der Sendung Jesu zu Israel: οὐκ ἔστιν καλὸν λαβεῖν τὸν ἄρτον τῶν τέκνων καὶ βαλεῖν τοῖς κυναρίοις (15,26b). Bei diesem Bildwort handelt es um sich eine Allegorie. Während das Bild der Kinder auf die Israeliten zu beziehen ist, stehen die Hunde für die Heiden.[589] Im Alten Testament verstehen die Israeliten sich als Gotteskinder: In Ex 4,22 und Jer 31,9 spricht Gott von Israel als seinem erstgeborenen Sohn (υἱὸς πρωτότοκος), den er als sein Lieblingskind (vgl. Jer 31,20) aus Ägypten gerufen (vgl. Hos 11,1) und unter den Völkern als den übrigen Söhnen herausgehoben hat (vgl. Jer 3,19). Analog wird Jahwe als der Vater Israels bezeichnet.[590]

Im Lichte von 1 Sam 24,15 oder 2 Sam 3,8 wird deutlich, dass das Wort „Hunde" in Israel ein schlimmes Schimpfwort gewesen sein muss.[591] Die Antwort der Frau, die Matthäus mit diesem Ausdruck ναὶ κύριε einleitet, bestätigt einerseits den Bescheid, dass es nicht gut ist, „Israel das Heil zugunsten der Heiden wegzunehmen"[592], und zeigt gleichzeitig ihre Demut, die im zweiten Teil ihrer Antwort zum Ausdruck kommt: καὶ γὰρ τὰ κυνάρια ἐσθίει ἀπὸ τῶν ψιχίων τῶν πιπτόντων ἀπὸ τῆς τραπέζης τῶν κυρίων αὐτῶν (15,27b).[593] Das Diminutiv κυνάρια

588 Vgl. Ps^{LXX} 6,3; 9,14; 30,10; 40,5; 43,26; 55,2; 69,5; 79,9; 85,3; 108,21. J. Gnilka, Mt II, 31, stimmt damit überein, wenn er feststellt: „Wieder redet sie ihn als ‚Herr' an, und wieder fleht sie ihn mit Worten an, die aus der Gebetssprache der Psalmen stammen."

589 Ähnlich hält auch H. Frankemölle, Mt II, 208 fest: „Im Kontext der Auseinandersetzung um die bleibende Israel-Mission bei gleichzeitiger Heiden-Mission […], legt es sich für die ersten Leser nahe ‚die Kinder' auf die Israeliten […] zu beziehen und nach damals rabbinischen Sprachgebrauch die ‚Hunde' mit Heiden zu identifizieren." Vgl. J. Gnilka, Mt II, 31; M. Konradt, Mt, 249.

590 Vgl. z. B. Jer 3,4; Num 11,12. Es ist wichtig zu betonen, dass ebenso die Gesamtheit der Israeliten als Jahwes Söhne und Töchter gilt (Dtn 14,1; 32,5.19; Jes 43,6; 45,11; Hos 2,1). In dieser Beschreibung findet man verschiedene griechische Ausdrücke: τέκνα […] bezieht sich auf Zion/Jerusalem (Jes 51,18; 54,1.13; 60,4.9; Joel 2,23; Sach 9,13; Bar 4,12.21.25.27; 5,5; Ez 16,36; auf Jakob (Jes 27,6^{LXX}) und in auf Gott (vgl. z. B. Dtn 32,5; Jes 30,1; 63,8; Jer 3,19). In dieser Richtung gibt es auch υἱός wie παῖς, wenn die Rede von „Söhnen" oder „Söhnen und Töchtern" ist (Dtn 14,1; 32,19; 32,43^{LXX}; Jes 1,2.4; 30,9; 43,6; 45,11; Jer 3,14.22; 4,22; Hos 2,1; Jdt 9,4; Bar 4,10).

591 Vgl. z. B. 1 Sam 24,15; 2 Sam 3,8; 9,8; 16,9; 2 Kön 8,13.

592 M. Konradt, Mt, 249.

593 Vgl. H. Frankemölle, Mt, 128.

bezieht sich nicht auf die ungeliebten streunenden Hunde, sondern auf Haushunde, die mit den Überresten versorgt wurden.[594] Somit ist es eindeutig, dass die Sättigung mit Brot, die Heilsfülle, den Kindern zugedacht ist.[595] In diesem Sinne spricht Matthäus hier im Vergleich zu Mk 7,28 von „Brocken, die vom Tisch ihrer Herren fallen" (Mt 15,27c).

Bemerkenswert ist, dass es bei Matthäus in dem Bildwort der Frau eine Verschiebung des Fokus von den Kindern zu den Herren gibt. „Der Plural ‚Herren' ergibt sich dabei aus der allgemeingültig gehalten Formulierung des Bildes: Hunde essen Brocken, die vom Tisch ihrer Herren (= ihres jeweiligen Herrn) herabfallen."[596] Daraus lässt sich ersehen, dass Jesus für die Frau der Herr ist und das Volk Israel durch die Kinder repräsentiert ist.[597] Die Antwort der Frau gibt Jesus ihren großen Glauben zu erkennen (vgl. Mt 15,28b). Aufgrund dieses Glaubens heilt Jesus ihre Tochter (vgl. Mt 15,28c). Die Äußerung der Frau, die im Lehrgespräch argumentative Funktion hat, macht deutlich, dass, ebenso wie in 8,10.13, der Glaube der Zugang zum Heil eröffnet.[598]

594 Zur Bedeutung von κυνάρια vgl. T. Donaldson, Jesus on the Mountain: A Study in Matthean Theology (JSNTS 8), Sheffield 1985, 133; J. Gnilka, Mt II, 31; R. H. Gundry, Matthew, 315; L. D. Hart, Canaanite Woman. Meeting Jesus as Sage und Lord. Matthew 15:21–21 & Mark 724–30, in: ET 122 (2010) 20–24, hier, 24; D. J. Harrington, The Gospel of Matthew (SaPaSe 12), Collegeville [2]2007, 235; R. Harrisville, The Woman of Canaan: A Chapter in the History of Exegesis, in: Interp. 20 (1966) 274–287; hier 283; M. Konradt, Mt, 249; U. Luz, Mt II, 435–436; N. Meyer, Gentile Female Characters in Matthwe´s Story. An Illustration of Righteousness, in: R. Kitzberger (Hg.), Transformative Encounters. Jesus & Women Reviewed, Leiden u. a. 2000, 54–76, hier, 70; J. Nolland, The Gospel according to Matthew: A Commentary on the Greek Text (NIGTC), Grand Rapids u. a. 2005, 635; D. Swanson, Diminutives in the New Testament, in: JBL 77 (1958) 134–151, hier, 146, G. Tisera, Universalism according to the Gospel of Matthew, 204;. D. Trunk, Der messianische Heiler. Eine redaktions- und religionsgeschichtliche Studie zu den Exorzismen im Matthäusevangelium, 144; W. Grundmann, Mt, 377.

595 Vgl. M. Konradt, Israel, Kirche und die Völker im Matthäusevangelium, 68.

596 M. Konradt, Mt, 249.

597 Vgl. H. Frankemölle, Mt, 128.

598 Vgl. M. Konradt, Mt, 250.

2.5 Jünger als Kleingläubige (Mt 16,5–12)

2.5.1 Mt 16,5–12 und Kontext

V. 5 ist als der Beginn dieses Erzählungsabschnitts anzusehen. Diese Einschätzung stützt sich auf zwei Argumente: den Ortwechsel und die Figuren der Perikope. Obwohl an dieser Stelle nicht erwähnt wird, wie sich Jesus fortbewegt, ist die Bootsfahrt der Jünger ein wichtiger Hinweis sowohl auf die Fortbewegung Jesu als auch auf den Schauplatz der Geschichte. In Mt 15,39 wird berichtet, dass Jesus nach der Speisung der Viertausend die Menge nach Hause geschickt hat, allein ins Boot steigt und in die Gegend von Magdala fährt. Dort hat Jesus mit Pharisäern und Sadduzäern eine Auseinandersetzung gehabt. Um ihn zu versuchen, fordern sie Jesus auf, ihnen ein Zeichen vom Himmel zu zeigen. Jesus bezieht sich aber auf das Zeichen des Jona als das einzige, das ihnen gegeben wird. An diesem Punkt der Auseinandersetzung lässt Matthäus Jesus den Ort verlassen. Ohne Brote stoßen die Jünger wieder zu ihm. Dies bedeutet, dass die Fahrt der Jünger in die Zeit nach der Speisung der Viertausend fällt. Im Vergleich zu der vorangehenden Perikope (vgl. Mt 16,1–4), in der Jesus, die Pharisäer und Sadduzäer die Figuren der Erzählung sind, fungieren hier Jesus und die Jünger als Hauptfiguren des Berichtes. Die Pharisäer und Sadduzäer werden zwar erwähnt, aber sie nehmen nicht an dem Geschehen teil.[599]

V. 12 ist als Schluss dieser Erzählung anzusehen. Während Jesus und seine Jünger sich am jenseitigen Ufer befinden, wo er ihnen erklärt, dass er gerade nicht vom Sauerteig der Brote gesprochen hat, sondern von der Lehre der Pharisäer und Sadduzäer, wird in V. 13 erwähnt, dass sich Jesus in dem Gebiet von Cäsarea Philippi befindet, wo Petrus kurz darauf sein Gottessohnbekenntnis und Jesus seine Verheißung an Petrus aussprechen wird. Dieser Ortswechsel weist auf den Beginn einer neuen Perikope hin.

Im Matthäusevangelium findet sich die hier zu behandelnde Perikope in dem letzten Erzählteil (vgl. Mt 13,53–16,20) des dritten Haupt-

599 Für H. Frankemölle, Mt II, 213, treten „die ‚Pharisäer und Sadduzäer' (6,12) in der besprochenen Welt ‚Jesu' "auf.

abschnittes (vgl. Mt 12,1–16,20), in dem es um den Rückzug Jesu vor den Angriffen der feindlichen Eliten Israels geht. Thematisch ist sie sowohl mit den unmittelbar benachbarten Perikopen als auch mit dem gesamten Matthäusevangelium verbunden. Die Warnung vor dem Sauerteig der Pharisäer[600] und der Sadduzäer[601] und der verhaltene Jüngertadel, die als die wesentlichen Themen dieser Perikope zu identifizieren sind, knüpfen an die vergessenen Brote an, die als Ausgangspunkt der Erzählung betrachtet werden können. Hier zeigt sich, dass trotz ihrer unterschiedlichen Anschauungen die Ablehnung Jesu als des Messias und seiner wahren Interpretation der Tora der entscheidende Punkt ist, in dem Pharisäer und Sadduzäer übereinstimmen.[602] Deswegen zeigt Jesus bereits in Mt 15,1–20, dass die pharisäische Tradition im Gegensatz zum Gebot Gottes selbst steht: Inhaltlich widersprechen die Überlieferung und die Praxis der Pharisäer und Sadduzäer dem Gebot Gottes. Beispielsweise erklärt Jesus, dass das Händewaschen im Unterschied zur Auffassung der Pharisäer mit der Frage der inneren Reinheit nichts zu tun hat. Bei dem Händewaschen geht es um die Frage äußerer Reinheit.[603]

Im Lichte dieser Kritik Jesu an den beiden vorgenannten religiösen Gruppen und seiner Antwort auf ihre Forderung nach einem Zeichen von Himmel in der vorangehenden Perikope (vgl. Mt 16,1–4) zeigt die Warnung Jesu den Jüngern die wahre Lehre, die sich in der Bergpredigt (vgl. Mt 5,1–7,29) zusammenfassen lässt.[604] Das Gottessohnbekenntnis (vgl. Mt 16,16), das von Petrus als dem Sprecher der Jünger ausgesprochen wird, kann in diesem Sinne als die unmittelbare Folge der Warnung angesehen werden, insofern als die Jünger durch Petrus in Jesus den Messias und Sohn des lebendigen Gottes (vgl. Mt 16,16) erkennen, was die Pharisäer und Sadduzäer ablehnen (vgl. Mt 16,1–4). Neben den

600 Vgl. H. -F. Weiß, Art. Pharisäer, in: TRE XXVI 473–485; auch R. Meyer/K. Weiß, Art. Φαρισαῖος, in: ThWNT IX 11–50.

601 Vgl. H. -F. Weiß, Art. Sadduzäer, in: TRE XXIX 589–594.

602 Vgl. M. Konradt, Mt, 257.

603 Vgl. U. Luz, Mt II, 428.

604 In diesem Sinne kommentiert auch U. Luz, Mt II, 449, dass die Lehre der Pharisäer und Sadduzäer schädlicher Sauerteig ist, „weil sie nicht mit der Lehre des ‚einen Lehrers' (23,8) Jesus übereinstimmt." Also muss die Jüngergemeinde sich in der Lehre Jesu neu orientieren.

Figuren der Erzählung, nämlich Jesus und den Jüngern, gibt es noch weitere Elemente, die die literarische Einheit dieses Textes ausmachen: Repetitionen, die als auffälliges Merkmal des matthäischen Stils gelten dürften. Überdies gibt es die Ansätze zu Parallelismen (Mt 16,8.9) einerseits und andererseits den Dialog zwischen Jesus und seinen Gegnern, der auch die Entwicklung in der Erzählung der Geschichte zeigt.

2.5.2 Die Gestalt von Mt 16,5–12 im Vergleich zu Mk 8,14–21

Matthäus ist nicht der einzige Evangelist, der die Geschichte der Warnung Jesu und der vergessenen Brote in sein Werk integriert hat. Im Gegenteil: Diese Geschichte findet sich bereits bei Markus (8,14–21). Worin unterscheiden sich die beiden Versionen voneinander?

2.5.2.1 Mt 16,5–12 im Vergleich zu Mk 8,14–21

Mt 16,5–12	Mk 8,14–21
[5] Καὶ ἐλθόντες οἱ μαθηταὶ εἰς τὸ πέραν	[14] Καὶ
ἐπελάθοντο ἄρτους λαβεῖν.	ἐπελάθοντο λαβεῖν ἄρτους καὶ εἰ μὴ ἕνα ἄρτον οὐκ εἶχον μεθ᾽ ἑαυτῶν ἐν τῷ πλοίῳ.
[6] ὁ δὲ Ἰησοῦς εἶπεν αὐτοῖς·	[15] καὶ διεστέλλετο αὐτοῖς λέγων·
ὁρᾶτε καὶ προσέχετε ἀπὸ τῆς ζύμης τῶν Φαρισαίων καὶ	ὁρᾶτε, βλέπετε ἀπὸ τῆς ζύμης τῶν Φαρισαίων καὶ
Σαδδουκαίων.	
	τῆς ζύμης Ἡρῴδου.
[7] οἱ δὲ διελογίζοντο ἐν ἑαυτοῖς λέγοντες ὅτι ἄρτους οὐκ ἐλάβομεν.	[16] καὶ διελογίζοντο πρὸς ἀλλήλους ὅτι ἄρτους οὐκ ἔχουσιν.
[8] γνοὺς δὲ ὁ Ἰησοῦς εἶπεν· τί διαλογίζεσθε ἐν ἑαυτοῖς, ὀλιγόπιστοι,	[17] καὶ γνοὺς λέγει αὐτοῖς· τί διαλογίζεσθε

ὅτι ἄρτους οὐκ ἔχετε; [9] οὔπω νοεῖτε,	ὅτι ἄρτους οὐκ ἔχετε; οὔπω νοεῖτε οὐδὲ συνίετε; πεπωρωμένην ἔχετε τὴν καρδίαν ὑμῶν; [18] ὀφθαλμοὺς ἔχοντες οὐ βλέπετε καὶ ὦτα ἔχοντες οὐκ ἀκούετε; καὶ
οὐδὲ μνημονεύετε τοὺς πέντε ἄρτους τῶν πεντακισχιλίων καὶ πόσους κοφίνους ἐλάβετε;	οὐ μνημονεύετε, [19] ὅτε τοὺς πέντε ἄρτους ἔκλασα εἰς τοὺς πεντακισχιλίους, πόσους κοφίνους κλασμάτων πλήρεις ἤρατε; λέγουσιν αὐτῷ· δώδεκα.
[10]οὐδὲ τοὺς ἑπτὰ ἄρτους τῶν τετρακισχιλίων καὶ πόσας σπυρίδας ἐλάβετε;	[20] ὅτε τοὺς ἑπτὰ εἰς τοὺς τετρακισχιλίους, πόσων σπυρίδων πληρώματα κλασμάτων ἤρατε; καὶ λέγουσιν [αὐτῷ]· ἑπτά. [21] καὶ ἔλεγεν αὐτοῖς·
[11] πῶς οὐ νοεῖτε ὅτι οὐ περὶ ἄρτων εἶπον ὑμῖν; προσέχετε δὲ ἀπὸ τῆς ζύμης τῶν Φαρισαίων καὶ Σαδδουκαίων. [12] τότε συνῆκαν ὅτι οὐκ εἶπεν προσέχειν ἀπὸ τῆς ζύμης τῶν ἄρτων ἀλλ' ἀπὸ τῆς διδαχῆς τῶν Φαρισαίων καὶ Σαδδουκαίων.	οὔπω συνίετε;

Tabelle 11: Die Gestalt von Mt 16,5–12 im Vergleich zu Mk 8,14–21

Aus diesem Vergleich ergibt sich, dass die Übereinstimmungen dieser Berichte neben ihren Unterschieden auf den ersten Blick bemerkbar sind. Gemeinsam ist beiden Geschichten, dass jeweils die vergessenen Brote den Ausgangspunkt der Erzählungen bilden. Die Jünger bemerken, dass sie keine Brote mitgenommen haben (vgl. Mt 16,5//Mk 8,14a). Sowohl bei Matthäus als auch bei Markus werden darauf die Jünger von Jesus vor dem Sauerteig der Pharisäer und Sadduzäer gewarnt: ὁρᾶτε καὶ προσέχετε ἀπὸ τῆς ζύμης τῶν Φαρισαίων καὶ Σαδδουκαίων, Mt 16,6b-c//Mk 8,15b). Als weitere Gemeinsamkeit lässt sich festhalten, dass die Jünger in beiden Erzählungen die Warnung Jesu zuerst nicht begreifen, was deutlich wird, als sie auf die vergessenen Brote verweisen (vgl. Mt 16,7//Mk 8,16). Außerdem berichten Matthäus und Markus, dass dieses Missverständnis der Jünger unmittelbar von Jesus bemerkt wird, wie er durch seine darauf erwidernde Frage zu erkennen gibt (vgl. Mt 16,8–9a//Mk 8,17). Daran schließt sich jeweils eine Erinnerung an die Speisungsgeschichten an, mit der Jesus seine Argumentation zu untermauern sucht (vgl. Mt 16,9b–10//Mk 8,18b–19b.20a–b).

Aber auch die Unterschiede zwischen beiden Erzählungen sind auffällig. Vor allem kann man konstatieren, dass die Szene der Erzählung bei Matthäus nach der Überfahrt der Jünger das jenseitige Ufer stattfindet: Καὶ ἐλθόντες οἱ μαθηταὶ εἰς τὸ πέραν (Mt 16,5). Dagegen ist der Schauplatz der Geschichte bei Markus das Boot: ἐν τῷ πλοίῳ (Mk 8,14b).[605] Im Unterschied zu Markus, der in V. 14 berichtet, dass die Jünger im Boot ein einziges Brot dabei haben, lässt Matthäus diese Bemerkung aus, vermutlich weil er sie an dieser Stelle nicht für relevant befindet. Bei Markus findet man eine doppelte Warnung Jesu, nämlich nicht nur vor dem Sauerteig der Pharisäer, sondern auch vor dem Sauerteig des Herodes, und darüber hinaus einen Rückbezug auf Jer 5,21 und Ez 12,2, wo die Rede von der Blindheit und der Taubheit Israels trotz vorhandener Augen und Ohren ist. Die *raison d'être* dieses Rückbezugs ist, dass Markus an dieser Stelle das Missverständnis der Jünger unter Rekurs auf bereits bekannte Texte zu beschreiben versucht (vgl. Mk 8,17b–18). Die Warnung vor dem Sauerteig des Herodes und dieser Rückbezug fehlen in der matthäischen Erzählung. Stattdessen führt Matthäus den Begriff der Kleingläubigen ein (vgl. Mt 16,8b). Denn sein Fokus richtet sich auf die Jünger.

Darüber hinaus ist das Jüngergespräch bei Markus beseitigt (vgl. Mk 8,19c.20c), während die Jünger bei Matthäus nach ihrer Rede in V. 7b weder nochmal sprechen noch auf die Fragen Jesu antworten. Denn Jesus als Lehrer muss ihnen die kompakte Lehre bieten (vgl. Mt 16,8b–11): Er erklärt die änigmatische Warnung. Daher wird die markinische Frage, die den Bericht schließt, bei Matthäus durch einen Abschluss ersetzt, in dem der erste Evangelist „mitteilt, was die Jünger nicht ver-

605 J. Gnilka, Mt II, 43, geht davon aus, dass der Schauplatz der Erzählung verdeutlicht, dass die Geschichte bei Matthäus im Unterschied zu Markus eine „glattere und nüchternere Gestalt" gewinnt.

standen"[606] haben, und „als Ergebnis des ganzen Gesprächs festhält, dass die Jünger jetzt verstehen und wie das Jesuswort gemeint war."[607]

2.5.2.2 Der Blick auf das matthäische Profil von Mt 16,5–12

Im Ergebnis lässt sich zeigen, dass Matthäus bei der Bearbeitung von Mk 8,14–21 ein positiveres Bild der Jünger gibt. Er sieht sie als Schüler Jesu, die kleingläubig sind. Die Ausgangsituation ist ihre Sorge um die Brote, die sie vergessen haben. Matthäus verbindet diese Geschichte mit Mt 14,13–29 und Mt 15,29–39, indem er Jesus einen Rückverweis auf die Erfahrungen bei den Brotvermehrungserzählungen nehmen lässt. Dieser Rückverweis führt zur Überwindung der Kleingläubigen. Denn die Brotvermehrungserzählungen werden als Anschauungsbeispiele benutzt, um das Vertrauen der Jünger auf die Fürsorge Gottes zu verstärken. Durch die Warnung Jesu vor dem Sauerteig der Pharisäer und Sadduzäer wird Jesus als Lehrer dargestellt, der die Jünger zum Verstehen führt.

2.5.3 Literarische Form und Struktur

Die zu untersuchende Perikope ist eine Katechese, weil Jesus seinen Jüngern Schritt für Schritt den Weg zum Verstehen ebnet.[608] Als Verstehende dürften sie in der Tat für Matthäus und seine Gemeinde von großer Bedeutung gewesen sein. Denn „Gemeindeglieder, die neben den gemeindlichen Versammlungen auch noch die Synagogen besuchten, waren dort dem Einfluss der Pharisäer ausgesetzt."[609]

606 U. Luz, Mt II, 446.
607 U. Luz, Mt II, 446.
608 W. Trilling, Mt II, 91, vertritt diese Ansicht und stellt fest: „Eine kostbare Katechese! Denen, die bereit sind, zu hören und zu lernen, öffnet Jesus bereitwillig den Weg zum Verstehen, so in den Gleichnisdeutungen (K.13), wie auch in den Ereignissen seines eigenen Wirkens. Aber denen, die nicht hören und verstehen, wird noch genommen, was sie haben – für sie bleibt nur das Zeichen des Jonas."
609 M. Konradt, Mt, 257. Für U. Luz, Mt II, 449, besteht der matthäische Sinn dieser Katechese darin, dass Jesus die Gemeinde vor der Lehre der jüdischen Autoritäten warnt: „Nach seinem letzten, entscheidenden Rückzug aus Israel, den seine Gegner erzwungen haben, warnt Jesus die Gemeinde grundsätzlich vor der Lehre der jüdischen Führer."

Aus diesem Grund ist die Geschichte eine Mahnung „zu entschiedener innerer Distanznahme."[610] Aber „die Deutung dieser Perikope ist schwierig."[611] Diese Auffassung von Ulrich Luz bezieht sich auf die Tatsache, dass die Struktur dieses erzählten Berichts unbestimmt bleibt. Die Schwierigkeit ergibt sich insbesondere aus der Wiederholung verschiedener Sätze, die den Aufbau unklar macht. Während Jesus sich in V. 8–10 mit der Sorge der Jünger wegen der vergessenen Brote beschäftigt, kommt er in V. 11 auf die Warnung vor dem Sauerteig der Pharisäer und Sadduzäer zurück, die er bereits in V. 6 ausgesprochen hat. Trotz dieser Schwierigkeit kristallisieren sich aus der Perikope im Anschluss an die Exposition die beiden bereits angesprochenen Themen heraus, die diesen erzählerischen Abschnitt strukturieren:

1. 16,5–6: Exposition mit Warnung vor dem Sauerteig
2. 16,7–10: Die vergessenen Brote
3. 16,11–12: Die Warnung Jesu vor dem Sauerteig der Pharisäer und Sadduzäer.

2.5.4 Auslegung

2.5.4.1 Exposition (Mt 16,5–6)

Vor allem vermittelt die Exposition den Eindruck, dass Matthäus kein Interesse an der genauen geographischen Lokalisierung hat. Im Vergleich zu Mt 16,13, wo er beispielsweise Cäsarea Philippi erwähnt, spricht er an dieser Stelle nur von der Ankunft der Jünger. Dies ist innerhalb seines Werks eine Ausnahme. Der Grund dafür ist vermutlich, dass die Jünger, die sich mit den vergessenen Broten beschäftigen, im Mittelpunkt der Betrachtung stehen.

Hier entsteht ein Kommunikationsbruch zwischen Jesus und den Jüngern. Im Unterschied zu den Jüngern, die die Sorge um Alltagsbelange umtreibt, befasst sich Jesus mit geistigen Fragen: „Jesus und

610 M. Konradt, Mt, 257. In dieser Richtung weist auch H. Frankemölle, Mt II, 213, darauf hin, dass die Jünger dazu gemahnt werden, die Lehre der Pharisäer und Sadduzäer nicht zu übernehmen.

611 U. Luz, Mt II, 446; vgl. auch W. Grundmann, Mt, 381–382.

die Jünger reden aneinander vorbei."[612] Die Warnung ist zwar unvermittelt, aber in der Erzählung ist sie bereits durch die Zeichenforderung der Pharisäer und Sadduzäer in 16,1–4 vorbereitet. Im Kontext dieser Exposition wird das negative Bild vom Sauerteig zum Ausdruck gebracht.[613] Daher benutzt Jesus den Sauerteig der Pharisäer und Sadduzäer als Metapher. Die Schwierigkeit besteht in der Bestimmung der Relation zwischen den vergessenen Broten und dieser Metapher. Dies erstaunt Exegeten.[614] Betrachtet man aber diese Exposition unter narrativen Aspekten, findet man darin eine äußere Verbindung zwischen der Metapher vom Sauerteig und den vergessenen Broten.

2.5.4.2 Die vergessenen Brote (Mt 16,7–10)

Die vergessenen Brote dürfen als der Ausgangspunkt dieser Geschichte verstanden werden. Damit steht die Not an der Spitze der Gedanken der Jünger (vgl. Mt 16,7). Diese Gedanken der Jünger weisen darauf hin, dass der Mensch immer versucht, für seine Existenz zu sorgen. In der Tat entspricht diese Tendenz der menschlichen Natur. Aber im Rahmen dieser Erzählung scheinen die Gedanken der Jünger der Lehre Jesu in Mt 6,25 zu widersprechen.[615] Damit lassen sich die Jünger negativ darstellen. In diesem Sinne gewinnt der Vorwurf des Kleinglaubens durch Jesus seinen eigentlichen Sinn. Denn der Kleinglaube „hat immer mit einer äußeren Gefährdung des menschlichen Lebens zu tun, die

612 U. Luz, Mt II, 447. Für H. Frankemölle, Mt, 132, reden Jesus und die Jünger „in zwei verschiedenen Welten."

613 Vgl. H. Frankemölle, Mt II, 213; auch J. Gnilka, Mt II, 44.

614 U. Luz, Mt II, 447, stellt sich dazu viele Fragen: „In der Tat ist die Logik des Abschnitts merkwürdig. Die Jünger haben kein Brot bei sich. Jesus spricht daraufhin ein Rätselwort über Sauerteig. Was hat dieses Wort mit ihrer Sorge zu tun? Die Jünger verstehen Jesu Wort nicht, weil er es metaphorisch meint. Aber was hilft es für das Verständnis der Metapher, wenn Jesus an die Speisungen erinnert, wo es ja um wirkliches Brot ging? Wenn es Matthäus nur um das zeitweilige Nichtverstehen eines Rätselwortes ginge, warum dann der massive Vorwurf des Kleinglaubens (V. 8), der bei Matthäus sonst gerade nicht intellektuelle Missverständnisse meint?" Vgl. auch P. Bonnard, L'Évangile selon saint Matthieu (CNT 1), Paris ²1970, 239; A. Sand, Mt, 322.

615 Mt 6,25: „Deshalb sage ich euch: Seid nicht besorgt um euer Leben, was ihr esst oder was ihr trinkt, auch nicht um euren Leib, was ihr anzieht! Ist nicht das Leben mehr als die Nahrung und der Leib (mehr als) die Kleidung?"

geeignet ist, die Jüngeraufgabe zu vergessen, hintanzusetzen oder gar preiszugeben."[616]

Der Vorwurf des Unverständnisses ist demnach mit demjenigen des Kleinglaubens verbunden: οὔπω νοεῖτε, οὐδὲ μνημονεύετε τοὺς πέντε ἄρτους τῶν πεντακισχιλίων καὶ πόσους κοφίνους ἐλάβετε; „Versteht ihr noch nicht und erinnert ihr nicht euch an die fünf Brote für die Fünftausend und wieviel Körbe ihr aufgehoben habt?", Mt 16,9). Mit dem Vorwurf des Unverständnisses besteht der Kleinglauben darin, dass das Vertrauen der Jünger in Gottes Fürsorge trotz der Erfahrung der Vermehrungen des Brotes noch unterentwickelt ist.[617]

Zusammenfassend darf festgehalten werden, dass für den ersten Evangelisten Glauben und Verstehen nicht zu trennen sind. Der Glaube ist das unbedingte Vertrauen auf Jesus[618] und das Verstehen bezieht sich auf die Erinnerungsfähigkeit der Jünger. In diesem Sinne hat das Unverständnis der Jünger in Mt 16,7–10 mit ihrer mangelnder Erinnerungsfähigkeit zu tun.[619] Jesus überwindet diesen Kleinglauben der Jünger durch die Erinnerung an erfahrene Wunder in Mt 14,13–21 und Mt 15,29–39.

2.5.4.3 Die Warnung Jesu vor dem Sauerteig der Pharisäer und Sadduzäer (Mt 16, 11–12)

Jesus deutet an, dass er nicht von den Broten redet. Er lenkt das Gespräch zum Sauerteigwort zurück (vgl. Mt 16,11). Indem er den Jüngern die Metapher des Sauerteigs der Pharisäer und Sadduzäer erklärt, wiederholt er seine Warnung. Denn das Missverständnis, das ausgeräumt wird, betraf die wörtliche Auffassung vom Sauerteig. Deswegen versucht Jesus, die Jünger zum Verstehen zu führen. Sie sind als seine Schüler zu bezeichnen. Im Rahmen dieses Abschnittes bezieht sich der

616 J. Gnilka, Mt II, 44; H. Frankemölle, Mt II, 214, fährt mit dem Gedanken fort und zeigt, dass sich der Begriff „Kleinglauben" im Rahmen dieser Erzählung auf das mangelnde Vertrauen und den schwachen Glauben der Jünger bezieht.

617 Vgl. M. Konradt, Mt, 256.

618 Vgl. G. Barth, Das Gesetzesverständnis des Evangelisten Matthäus, 107.

619 Vgl. J. Gnilka, Mt II, 45.

Sauerteig auf die Lehre der Pharisäer und Sadduzäer[620], die in Kontrast zu Jesu Lehre steht.[621] Somit richtet Jesus indirekt den Fokus auf seine Lehre. Man wird den Schluss ziehen dürfen, dass die Sorge um die Existenz im Leben der matthäischen Gemeinde einen wichtigen Raum einnimmt.[622] Die Jünger sind bei Matthäus immer in der Schule Jesu.

2.5.5 Zusammenfassung

Der Glaube an Jesus scheint die Antwort der Gemeinde zu sein, die Matthäus nach seiner Vorstellung von Jesu Identität von ihr erwartet. Zur Bekräftigung dieses Glaubens stehen die Jünger als Schüler Jesu in der Erzählung des Matthäus stellvertretend für die Mitglieder von dessen Gemeinde. Da diese Gemeinde eine judenchristlich-heidenchristlich gemischte Gemeinde war, hat der erste Evangelist sich die Aufgabe gestellt, ihren Mitgliedern die wahre Lehre Jesu zur Kenntnis zu bringen: Der Glaube an Jesus bezieht sich auf die Lehre Jesu. Sie sind miteinander verbunden. In diesem Zusammenhang wird erkennbar, dass die Warnung Jesu in Mt 16,5–12 als geradezu auf die nachösterliche Situation der matthäischen Gemeinde zugeschnitten zu lesen ist.

Da das Brot für ihn von großer symbolischer Bedeutung ist, benutzt er es, um seine Intentionen in Bezug auf diese Situation deutlich zu machen. Von der erzählerischen Entfaltung dieser Geschichte kann man den Eindruck gewinnen, dass sich die matthäische Gemeinde in der Nachbarschaft zu einer Synagoge befindet. Der Kontakt zwischen diesen beiden Gemeinden konnte in diesem Fall nicht ausgeschlossen werden. Deswegen warnt der matthäische Jesus vor der Infiltration und bindet die Gemeinde an die Lehre Jesu. In einer überlegten Weise verwendet Matthäus daher die von Markus übernommenen Stoffe, um dieses Ziel, die Warnung der Gemeinde, zu erreichen. Dabei dienen die vergessenen Brote als Ausgangspunkt der Erzählung. Durch ihre

620 In anderen Worten betont auch H. Frankemölle, Mt, 132: „Erstaunlich ist: Nicht Jesus entschlüsselt die Rede (11), vielmehr die Jünger selbst kommen angesichts des Vorwurfes bezüglich ihres Unverständnisses zum angemessenen Verständnis, dass „Sauerteig Metapher für die ‚Lehre' ist."

621 Vgl. M. Konradt, Mt, 257.

622 Vgl. M. Konradt, Mt, 256.

Sorgen, die man an ihren Gedanken an die vergessenen Brote sehen kann, erweisen die Jünger sich als Kleingläubige. Sie sind damit nicht mehr in der Lage, Jesus zu verstehen. Als dieser ihr Missverständnis bemerkt, erscheint ihm eine Erklärung seiner Warnung geboten. Jesus ebnet den Jüngern den Weg zum Verstehen, indem er die Bedeutung des Bildes vom Sauerteig der Pharisäer und Sadduzäer andeutet. Sie sind in diesem Sinne die Schüler Jesu.

Tatsächlich ist Jesus nicht gegen Pharisäer und Sadduzäer als Gruppen. Es geht grundsätzlich um ihre Interpretation der Tora, die sich im Gegensatz zur Interpretation Jesu befindet. Daher zielt die Warnung Jesu auch darauf ab, dass sich die Jüngergemeinde immer an der Lehre Jesu orientieren, und dass sie ihren Glauben auf Jesus setzen soll. Im Matthäusevangelium ist die enge Verbindung des Glaubens der Jünger an Jesus mit der Treue zu seiner Lehre ein Hinweis auf die Frage nach der Heidenmission, die auch in der matthäischen Gemeinde aktuell war. In der Geschichte der Begegnung Jesu mit der kananäischen Frau in Mt 15,21–28 steht das Brot im Mittelpunkt der Argumentation Jesu. Jesus benutzt es in einer metaphorischen Weise, um seine Sendung programmatisch zu fundieren. Im Lichte dieser Benutzung lässt sich zeigen, dass der matthäische Jesus die Abgrenzung, die zwischen Israel und anderen Völkern existiert, kennt. Grundsätzlich greift er in seiner Antwort auf den Hilferuf der kananäischen Frau auf die alttestamentliche Tradition zurück. Er erweist sich damit als der Messias Israels, der seinem Volk das Heil bringt. In diesem Zusammenhang steht das Bild des Brotes hier für das Heil, das gemäß der Sendung Jesu zunächst nur auf Israel beschränkt ist. Die nicht geplante, dennoch in ein Wunder mündende Begegnung Jesu mit der kananäischen Frau in dem heidnischen Gebiet kann als Signal dafür gelten, dass die Konzentration des irdischen Wirkens Jesu auf Israel im Matthäusevangelium nicht bedeutet, dass Heiden keine Möglichkeit hätten, an dem durch Jesus gebrachten Heil Gottes durch Jesus teilzuhaben.

Für die Heiden ist der Glaube der Zugang zum Heil. Daher kann die namenlose kananäische Frau als Repräsentantin der Heiden gelten. Neben ihrer an Jesus gerichteten Bitte spielt ihr Glaube, den Jesus selbst am Ende der Erzählung lobt, eine wichtige Rolle. Denn er veranlasst Jesus, ein Wunder zu vollbringen, nämlich die Heilung der besessenen

Tochter. Gleichzeitig darf der Anteil der Heiden an diesem Heil nicht als Ersatz des Heils Israels verstanden werden. Die Geschichte spiegelt die Auseinandersetzung um die Heidenmission in der Gemeinde des ersten Evangelisten. Die Verwendung des Bildes vom Brot, das bald für die Lehre, bald auch für das Heil stehen kann, scheint darauf abzuzielen, Wege aus den Konflikten um diese Frage zu weisen. Denn es ist davon auszugehen, dass dieses anschauliche Bild, unterstützt durch die in den Text integrierten Erläuterungen Jesu für die Jünger, in der Gemeinde verstanden wurde. Die Rolle der Jünger ist in dieser Geschichte nicht zu ignorieren. Denn sie werden von Jesus in den Dienst an den Menschen genommen.

IV Matthäus und die Konstruktion kollektiver christlicher Identität

Die Auseinandersetzungen zwischen dem matthäischen Jesus und den religiösen Autoritäten Israels spiegeln im Matthäusevangelium doktrinelle Probleme zwischen der matthäischen und der jüdischen Gemeinde wider.[623] In einem religiösen Kontext, der von dem Versuch eines Schutzes der jüdischen Identität einerseits und der Selbstständigkeit einer neuen Bewegung andererseits geprägt war, zielt Matthäus in seinem Evangelium auf eine Vereinigung disparater Strömungen ab.[624] Er versucht daher, die Gemeinde auf den Weg zum Selbstverständnis zu bringen, um eine christliche kollektive Identität zu konstruieren. Denn „Matthäus denkt nicht partikular juden- oder exklusiv heidenchristlich, sondern universal."[625]

In diesem Teil der vorliegenden Arbeit wird mit Hilfe der Broterzählungen untersucht, wie Matthäus in seiner Erzählung der Jesusgeschichte dieses Ziel erreicht. Im Mittelpunkt dieses Abschnittes steht die Anwendung des Ansatzes zur Analyse der Konstruktion kollektiver Identität auf die matthäischen Broterzählungen. Im Rahmen dieser Anwendung wird die alttestamentliche Bedeutung des Brotes in den Blick genommen, um auf der literarischen Ebene aufzuzeigen, wie Matthäus die kollektive Identität seiner Gemeinde bildet. Deswegen werden im Folgenden Schritt für Schritt die formalen Kriterien und die Medien der kollektiven Identitätskonstruktion einerseits und die Organisation der Gemeinde andererseits untersucht.

623 Vgl. H. Frankemölle, Mt, 11.

624 Vgl. W. D. Davies/D. C. Allison, Mt III, 702.

625 U. Schnelle, Die ersten 100 Jahre des Christentums 30–130 n. Chr. Die Entstehungsgeschichte einer Weltreligion, Göttingen 22016, 331; vgl. auch R. Feldmeier, Die synoptischen Evangelien, 88–89.

1 Matthäus in der Kontinuität mit dem Judentum

1.1 Das Gottesbild

Die Bedeutung des Brotes als Grundnahrungsmittel sowohl im Alten Testament als auch in den matthäischen Broterzählungen bringt ein bestimmtes Bild von Gott als Vater zum Ausdruck. In diesem Sinne ist Brot im alttestamentlichen Verständnis als Gabe aufzufassen, die Gott seinen Kindern bietet. Er versorgt alle Lebewesen zur rechten Zeit. Wie ein guter Hausvater waltet JHWH in der geschaffenen Welt (vgl. Ps 145,15.16). Vom Geben Gottes leben alle (vgl. Ps 104,28). Wendet JHWH sich ab, verbirgt er sein Antlitz, das Symbol seiner Gegenwart, so fällt alles Leben in sich zusammen. Er ist der Herr des Lebens. In diesem Sinne wird auch das Manna als Brot vom Himmel vorgestellt, das von Gott gesandt wird (vgl. Ex 16,4; Ps 78,20–26). Bei der Gabe des Mannas in der Wüste wird unterstrichen, dass Gott immer für sein Volk sorgt. Dieses Bild JHWHs als des Brotgebers zeigt außerdem, dass alle Kreatur wartend Gott zugekehrt ist. Von Gottes schöpferischer Macht lebt alle Kreatur. Von ihm, dem Schöpfer, ist sie abhängig.

Diese alttestamentliche Vorstellung von Gott hat auch Matthäus geprägt.[626] Die Broterzählungen verdeutlichen die jüdische Verwurzelung des Gottesbildes des ersten Evangelisten, und bringen außerdem die Kontinuität zwischen jüdischer und christlicher Tradition zum Ausdruck.[627] Grundsätzlich steht seine Vorstellung von Gott als Vater in Kontinuität mit der alttestamentlichen Vorstellung von Gott.[628] In Mt

626 In Bezug auf Gott wird das Wort πατήρ im Matthäusevangelium 63-mal gebraucht, bei Markus dagegen nur neunzehnmal und bei Lukas 63-mal (vgl. U. Luz, Mt I, 70).
627 Vgl. A. Sand, Mt, 43.
628 In dieser Richtung hält auch H. Frankemölle, Mt, 13, fest: „Das Matthäusevangelium ist eine durch und durch jüdische Jesus-Erzählung, in der vom Handeln JHWHs in und durch Jesus erzählt wird, d. h. in seinen Worten und seinen Taten und seiner Person." Vgl. auch G. Schelbert, Abba, Vater!, in: FZPhTH 40 (1993) 259–281, hier 256–262. Ähnlich betont auch H. Conzelmann, Grundriss der Theologie des Neuen Testaments, München 1967, 118: „Jesus will keinen neuen Gottesgedanken lehren, sondern einschärfen, wer der Gott Isra-

6,11 und 7,7–11 versteht Matthäus Gott als den guten Vater, der seinen Kindern Nahrung gibt und weiß, was sie brauchen (vgl. Mt 6,8.32).[629] Er ist immer dazu bereit, Menschen zu helfen, die seine Hilfe benötigen (vgl. Mt 7,11). Er ist ein fordernder Gott, der seinen Willen in Jesus zum Ausdruck bringt (vgl. Mt 6,24)[630], dabei aber Sündern vergibt (vgl. Mt 6,14). Er ist der Schöpfer (vgl. Mt 19,4), der nicht nur in das Verborgene schaut (vgl. Mt 6,4.6.18), sondern auch die Natur erhält, seine Sonne für alle aufgehen lässt und es regnen lässt (vgl. Mt 5,45). Da er gut ist, hat er Propheten und schließlich seinen Sohn für das Heil Israels gesandt (vgl. Mt 15,24; 21,33–46), und er lädt außerdem Menschen zur großen Feier seines Sohnes ein (vgl. Mt 22,1–14). Darüber hinaus findet man einige Wendungen im Matthäusevangelium, die auf das alttestamentliche Gottesbild verweisen: „Gott Abrahams, Isaaks und Jakobs" (Ex 3,6//Mt 22,32) und „der lebendige Gott" (vgl. Mt 16,16; 26,63).[631] Auf das alttestamentliche Gottesbild verweist auch der folgende Ausdruck in der Speisungsgeschichte der Viertausend: καὶ ἐδόξασαν τὸν θεὸν Ἰσραήλ (vgl. Mt 15,31).[632]

1.2 Gotteswort und Segen

In der ersten Versuchungsgeschichte (vgl. Mt 4,3–4) verweist der erste Evangelist auf Ex 8,3b, um den Gehorsam Jesu zum Ausdruck zu bringen. Die Symbolisierung des Gebotes Gottes durch das Brot, das Israel Leben gibt, nimmt in der alttestamentlichen Erzählung einen breiten Raum ein. In diesem Sinne kann man die Manna - Geschichte in den Blick nehmen. Betrachtet als Brot der Engel, ist das Manna keine irdi-

els, der Schöpfer, Weltregent, Gesetzgeber und Richter ist – nicht in seinem metaphysischen An-sich-sein […], sondern was er für den Einzelnen bedeutet." Vgl. auch M. Harding, Art. Prayer, in: C. Evans (Hg.), Encyclopedia of the Historical Jesus, New York 2008, 461–465, hier 463.

629 Vgl. L. Bormann, Theologie des Neuen Testaments, Göttingen 2017, 273; W. Trilling, Das Evangelium nach Matthäus. 1. Teilband Düsseldorf [4]1970, 145–150.

630 Die Umsetzung des Willens Gottes und der ganzheitliche und der unteilbare Dienst gegenüber Gott bei Matthäus können auch an Ex 20,3 und Dt 6,4 erinnern.

631 Im Vergleich zu den Götzen der Heiden, die tot sind, handelt Gott im Rahmen der alttestamentlichen Vorstellung in der Geschichte. Er ist deswegen lebendig (vgl. 2 Makk 7,33; 15,4).

632 Vgl. 1 Kön 1,48; 8,15.23.26.

sche Nahrung. Im Gegenteil: Es ist Symbol der Speise menschlicher Seelen. In diesem Sinn bezieht es sich auf das göttliche Wort, das dem Menschen das übernatürliche Leben gibt.[633] Das Ziel des Manna-Wunders in der Wüste beschränkt sich nicht auf dessen biologischen Aspekt als eines Nahrungsmittels.[634] Im Zusammenhang mit Ex 8,3b erweist sich, dass das Wunder vielmehr darauf abzielt, Israel zu prüfen, ob es der Tora treu bleibt. Deswegen ist diese Geschichte schon in Ex 16,5 mit dem Sabbat verbunden.[635] Denn am sechsten Tag wird die doppelte Menge Manna bereitgestellt, was Mose später so deutet, dass der darauffolgende Tag ein Ruhetag sein soll (vgl. Ex 16,22–23).

Auf diese Weise wird in Dtn 4,3a das Motiv der Erziehung zum Gehorsam aus Dtn 8,2 aufgegriffen und wie in Dtn 8,16 durch das Motiv der Bereitstellung von Manna fortgeführt. So soll in Dtn 8,3b ausgesagt werden, dass es der unmittelbare Zweck der Speisung war, Israel darüber zu belehren, dass der Mensch eben nicht nur von irdischer Speise lebt, sondern auf das an ihn ergehende Wort Gottes angewiesen ist. Dtn 8,3b ist durch die Erinnerung an die Wüstenwanderung in Dtn 8,2–4 gerahmt. Dtn 8,2–3b gibt Auskunft über den Zweck des göttlichen Handelns auf der Wüstenwanderung. Dieses Tun sollte der Einübung in Gehorsam und JHWHs Vergewisserung dienen.[636]

Auf diese Weise hat die Einhaltung der Weisungen Gottes den Überfluss an Brot bzw. Speise zu Folge. In diesem Sinne werden das gute Wetter und die gute Ernte beispielsweise in Lev 26,4–5 als Gottes Segen bezeichnet. Wenn aber Weizen und Gerste aufgrund einer Trockenheit nicht reifen oder wenn statt Gerste Dornen das Ackerland bewachsen (vgl. Ijob 31,40) wird dies beispielsweise in Joel 1,11 und Ijob 31,40 als Gottes Gericht ausgelegt.

So deutet Matthäus die Symbolisierung des Wortes Gottes durch das wirkliche Brot in Dtn 8,3b dahingehend, dass für den Glaubenden

633 Vgl. Teil II.2 Abschnitt 2.2.

634 Vgl. M. Ederer, Kirche in der Wüste? in: BiLi 84 (2011) 157–169, hier 161.

635 Vgl. J. Ebach, „Jeder nach seinem Essbedarf". Die Geschichte vom Mannawunder, in: J. Ebach (Hg.), Ursprung und Ziel, Neukirchen-Vluyn 1986, 126–146, hier 133.

636 Vgl. A. Vonach, Art. Segen, in: M. Fieger u. a. (Hg.), Wörterbuch alttestamentlicher Motive, Darmstadt 2013, 359–363, hier 360; E. Otto, Deuteronomium. 4. Die Pentateuchredaktion im Deuteronomiumrahmen, in: T. Veijola (Hg.), Das Pentateuch und seine Querbeziehungen, 196–222; hier 196–202.

das Wort Gottes und der Gehorsam ihm gegenüber von lebenswichtiger Bedeutung sind. Das Wort, das aus dem Mund Gottes kommt, ist Leben. Daher baut der matthäische Jesus trotz Hungers in der Wüste auf Gottes Willen und er lebt davon während seines ganzen Aufenthalts auf der Erde. Er erweist sich dadurch als Sohn Gottes. Denn für Matthäus sorgt Gott für seine Kinder, wenn sie auf ihn schauen. Darüber hinaus wird der Ausdruck „das Brot den Kindern“ in Mt 15,26b in einem allegorischen Sinn verwendet; er bezieht sich nämlich auf das Heil Israels. Denn die Kinder Israels verstehen sich als Kinder Gottes.[637]

1.3 Brot und Kult

Die liturgische Sprache prägt das Matthäusevangelium.[638] Dabei können Mt 6,11, Mt 7,7– 11 und Mt 26,26–28 im Rahmen dieser Untersuchung als Beispiele erwähnt werden. Die Sprache und der Inhalt des Gebets „Unser Vater“ stimmen nicht nur mit jüdischen Gebeten, insbesondere dem sogenannten Achtzehn-Bitten-Gebet (Schemone Esre), überein, sondern sie spiegeln auch die Gebetssprache der matthäischen Gemeinde. Außerdem weist der Einsetzungsbericht in Mt 26,26–29 auf die Erfahrung der matthäischen Gemeinde beim Eucharistiegottesdienst.[639]

Im Mittelpunkt dieser beiden Beispiele steht die Tatsache, dass die liturgische Verwendung des Brotes durch Matthäus an die Rolle des Brotes in der Beziehung Israels mit Gott erinnert.[640] Der Festkalender Israels orientiert sich nämlich zu einem wesentlichen Teil an der Getreideernte (vgl. Ex 12,18), und ungesäuerte Brote konstituieren den zentralen Inhalt des Mazzot-Festes, das man mit dem Pessach-Fest verbindet (vgl. Lev 23,5–8). Im Zusammenhang mit dem Pessach-Fest ist auch zu unterstreichen, dass Matthäus, obwohl er gerade im Abendmahlsbericht etwas radikal Neues, nämlich seine Christologie, begründen will, den Rahmen des Passahmahls benutzt.

637 Vgl. Dtn 14,1; 32,5.19; Jes 43,6; 45,11; Hos 2,1.
638 Vgl. U. Luz, Mt I, 82
639 Vgl. U. Luz, Mt I, 82.
640 Vgl. W. G. Plaut/A. Bamberger, Die Tora in jüdische Auslegung, Gütersloh 2004, 240–242; C. Körting, Der Schall des Schofar, 8–13; B. Ziemer, Brot, 4.

Hier kann man außerdem an die Rolle der Schaubrote im Heiligtum denken. Diese Brote sind keineswegs als Nahrung für Gott gedacht, der ihrer selbstredend nicht bedarf, aber sie haben einen symbolischen Charakter, indem sie sich auf die dynamische Repräsentanz vor Gottes Angesicht und Israels Bereitschaft beziehen. Diese symbolische Repräsentanz zeigt außerdem, dass Brot, wie oben ausgeführt, eine herausragende Rolle in der Konsolidierung der Identität Israels als Gottesvolk spielt. Zudem stiftet gemeinsam gegessenes Brot nach alttestamentlichem Verständnis Gemeinschaft zwischen Menschen. In diesem Zusammenhang bringt die matthäische Gemeinde bei der Feier des Herrenmahls nicht nur diesen Aspekt der Gemeinschaft zum Ausdruck, sondern sie feiert auch die Gegenwart des Herrn in ihrer Mitte.

1.4 Das Alte Testament als Schlüssel der matthäischen Broterzählungen

Die Jesusgeschichte, wie man sie durch die Broterzählungen des Matthäus erfährt, ist „auf Schritt und Tritt in biblische Farben getaucht und mit biblischen Erinnerungen durchsetzt."[641] Bei der ersten Versuchung referiert Matthäus nicht nur auf Dtn 8,3, wo die Geschichte des Aufenthalts Israels in der Wüste in Erinnerung gerufen wird, sondern er erinnert auch durch die vierzig Tage und Nächte des Fastens Jesu an Mose (vgl. Ex 34,28 und Dtn 9,9) und Elia (vgl. 1 Kön 19,8).

Durch die Erzählung von der Speisung der Fünftausend bringt Matthäus das alttestamentliche Bild des Hirten Israels zum Ausdruck, mit dem er Jesus implizit identifiziert, und er parallelisiert dieses Wunder mit dem Wunder des Elischa in 2 Kön 4,42–44. In den Speisungsgeschichten verwendet er eine liturgische Sprache, die auf die Preisung des Gottes Israels in Psalmen verweist: ἐδόξασαν τὸν θεὸν Ἰσραήλ (Mt 15,31c//Ps 40,14; 71,18). Obwohl Matthäus sich beim Abendmahl nicht auf den Ablauf der Passahmahlzeit konzentriert, sind die Handlungen Jesu für jeden Juden etwas Selbstverständliches.[642] Darüber hinaus ist

641 U. Luz, Die neue Jesus-Christus-Geschichte des Matthäus. Matthäus und Markus, in: ders., Exegetische Aufsätze, 395–407, hier 401.
642 Vgl. M. Konradt, Mt, 405.

die Begründung eines Bundes durch das Blut Jesu eine Erinnerung an das Vergießen des Blutes der Opfertiere in Lev 4,7.18 u. a. oder an den Bundesschluss durch Mose zwischen Gott und Israel am Sinai in Ex 24,8. So vermittelt Matthäus den Judenchristen den Eindruck, dass Jesus den Rahmen des Passahmahls benutzt hat, um etwas neues zu machen.

In diesem Zusammenhang verweist Matthäus ferner auf verschiedene alttestamentliche Geschichten (vgl. Mt 12, 1–8//1 Sam 21, 2–7; Num 28,9), Metaphern in Mt 15,26 („Brot der Kinder" und „kleine Hunde"), Zitate[643] und die negative Darstellung von Tyrus und Sidon (vgl. 1 Makk 5,15; Joel 4,4 u. a.). Im Ergebnis kann man feststellen, dass die matthäischen Broterzählungen die jüdischen Wurzeln des Matthäus deutlich machen und dass sie daher im Lichte des Alten Testaments gelesen werden sollten.[644]

643 Vgl. T. Söding , „Lehret sie, alles zu halten, was ich euch aufgetragen habe" (Mt 20,20). Bemerkungen zum theologischen Anspruch des Matthäusevangeliums, in: R. Kampling (Hg.), „Dies ist das Buch ... „, 21–48, hier 26.

644 Vgl. H. Frankemölle, Mt, 13; T. Söding, „Lehret sie, alles zu halten, was ich euch aufgetragen habe" (Mt 20,20), 24–26.

2 Matthäus in der Diskontinuität mit dem Judentum

2.1 Jesusbild und die Heidenfrage

In den Broterzählungen stellt Matthäus die Identität Jesu vor. Jesus ist für ihn der Messias[645], der gegenüber dem Willen seines himmlischen Vaters gehorsamer Sohn ist, und der eine Notsituation nicht beseitigt, sondern den Jüngern seine Vollmacht offenbart. In seinem Gehorsam gegenüber Gott ist er für die Jünger das Vorbild für den Weg des Leidens. Das Leiden Jesu greift die jüdische Vorstellung des leidenden Gerechten auf (vgl. Ps 22).[646] Die Vermittlung seiner Erfahrungen des Gottesreiches stehen im Mittelpunkt seiner Mission.

Jesus ist mehr als ein Prophet. Denn seine Verkündigung, sein Verhalten und sein Wirken gehen über die Dimension des Prophetischen hinaus. Er ist zwar zu Israel gesandt, aber er schließt die anderen Völker nicht aus. Sein Heil als Immanuel ist gegenwärtig für alle, die an ihn glauben und um sein Heil bitten.

2.2 Jesu Interpretation der Tora

In Mt 12,1–8 und Mt 16,5–12 lenkt Matthäus die Aufmerksamkeit auf die Schriftdeutung Jesu, die er schon in der Bergpredigt dargestellt hat. Aus seiner Sicht lösen das Auftreten und die Verkündigung Jesu die Tora nicht auf. Sie sind vielmehr die Erfüllung des Gesetzes und der Propheten (vgl. Mt 5,17).[647] In diesem Sinne stellt er Jesus als den vollmächtigen Lehrer der Jünger und des Volkes vor. Als Lehrer fordert

645 Der Titel χριστός tritt bei Matthäus sechzehnmal auf, siebenmal bei Markus und zwölfmal bei Lukas (vgl. U. Luz, Mt I, 75).

646 Vgl. U. Luz, Eine thetische Skizze der matthäischen Christologie, in: ders., Exegetische Aufsätze, Tübingen 2016, 267–280, hier 279; auch C. Focant, La christologie de Matthieu à la croisée des chemins, 91.

647 Vgl. A. Sand, Das Gesetz und die Propheten. Untersuchung zur Theologie des Evangeliums nach Matthäus, Regensburg 1974, 183–197.

er seine Zuhörer auf, die Tora bis in den kleinsten Buchstaben hinein nicht anzutasten.

Allerdings handelt es sich bei dieser Erfüllung nicht um eine reine Wiederholung der Gebote, die im Alten Testament bereits formuliert sind. Im Gegenteil: Es geht um eine vollmächtige Interpretation des Gotteswillens, die auf einer besseren Gerechtigkeit basiert. Beispielsweise radikalisiert der matthäische Jesus in der ersten Antithese das Tora-Verbot des Tötens (vgl. Mt 5,21–26) und des Ehebrechens in der zweiten Antithese (vgl. Mt 5,27–30). In Bezug auf die Auseinandersetzung Jesu mit dem alttestamentlichen Grundsatz der Wiedervergeltung in Mt 5,38–42 (vgl. Ex 21,24; Lev 24,20) und auf das Gebot der Feindesliebe in Mt 5,43–48 lässt sich feststellen, dass der matthäische Jesus hier den Akzent auf die Tatsache legt, dass der wahre Wille Gottes in der vollkommenen Liebe besteht.

Im Wesentlichen gilt für Matthäus das Gesetz als ein Bestandteil der Gerechtigkeit, und die Liebe konstituiert ihren Grundsatz. Dies bedeutet, dass die bessere Gerechtigkeit in der Barmherzigkeit (vgl. Hos 6,6 in Mt 9,13; 12,7) und in der uneingeschränkten Gottes- und Nächstenliebe (vgl. Mt 19,19; 22,34–40) ihre Gestalt findet. Die bessere Gerechtigkeit, die die Autorität Jesu deutlich macht, ist für die matthäische Gemeinde verbindlich. Durch die Gerechtigkeit wird die matthäische Gemeinde folglich vom Judentum abgegrenzt.[648]

Matthäus unterstreicht durch die Antithesen, dass die Gültigkeit des Gesetzes nicht in der wörtlichen Überlieferung der alttestamentlichen Texte besteht, sondern in der vollmächtigen Auslegung durch Jesus[649], und es keinen Widerspruch zwischen der Verschärfung und der Aufhebung der Tora gibt. Denn beide finden ihre *raison d'être* durch die Vollmacht Jesu. Mit anderen Worten, bei Matthäus gibt es eine Transformation der Tora durch das Evangelium.[650]

648 Vgl. G. Theißen, Die Religion der ersten Christen, 244.

649 Ähnlich betont auch U. Luz, Mt I, 333, dass die Antithesen im Rahmen matthäischer Theologie zeigen, „wie der Gottessohn in vollkommener Souveränität das Gotteswort von Gesetz und Propheten erfüllt, indem er sein Wort dem Bibelwort gegenüberstellt. Dies hatte Matthäus schon durch die Lokalisierung der ersten Evangeliumsverkündigung ‚auf dem Berg' angedeutet."

650 Vgl. R. Deines, Die Gerechtigkeit der Tora im Reich des Messias, 645.

3 Medien kollektiver Identitätskonstruktion bei Matthäus

3.1 Jesu Story

Die erste Ausdruckform der kollektiven Identitätskonstruktion ist im Matthäusevangelium in der Geschichte Jesu zu sehen. Mit seinen Broterzählungen bringt Matthäus den kerygmatischen Charakter dieser Jesusgeschichte zum Ausdruck, indem er zeigt, dass die damalige Geschichte Jesu zugleich die grundlegende eigene Geschichte seiner Gemeinde ist.[651] Durch die Broterzählungen fasst Matthäus diese Geschichte zusammen und er verbindet die Broterzählungen mit der gesamten erzählten Jesusgeschichte seines Evangeliums. In Bezug auf die Situation seiner Adressaten in Antiochia zeigt Matthäus in den Broterzählungen, dass Jesus, der die Versuchung durch Satan besteht, Jünger belehrt, der Volksmenge Brot gibt, Kranke heilt, und dessen Blut zur Vergebung der Sünden vergossen wird, Messias und Sohn Gottes ist (vgl. 14,13–21; 15,29–39).

Im Zusammenhang mit seiner Präsentation als Sohn Davides ist Jesus der heilende Messias, der in Bethlehem, der Stadt des Davids, geboren ist (vgl. Mt 2,5 6 par. Mi 5,1), und nur zu „den verlorenen Schafen des Hauses Israels gesandt“ (vgl. Mt 15,24) ist. Dies ist die messianische Aufgabe, die schon in der Botschaft des Engels an Josef in Mt 1,21 formuliert ist. Es geht um Rettung und Umkehr seines Volkes. Gleichzeitig gibt es Signale, die auf den Universalismus des Heils, das Jesus als Messias bringt, hinweisen. In diesem Sinne unterstreicht Matthäus, dass Jesus als Sohn Davids auch der Sohn Abrahams (vgl. Mt 1,1) ist. Abraham bekommt von Gott in Gen 12,3 die Verheißung, zum Vater eines großen Volkes zu werden. Deswegen geht Matthias Konradt davon aus, dass die Präsentation Jesu als Sohn Abrahams als Signal der Zuwen-

651 Vgl. U. Luz, Eine thetische Skizze der matthäischen Christologie, 267.

dung des matthäischen Jesus zu den Völkern anzusehen ist.[652] Neben dieser Notiz fügt Matthäus einerseits die Namen von vier heidnischen Frauen in den Stammbaum Jesu (vgl. Mt 1,1–17), und andererseits den Besuch der heidnischen Sterndeuter aus dem Osten (vgl. Mt 2,1–12) ein. Unter diesen Frauen findet man Tamar, Rahab, Rut und Betseba (vgl. Mt 1,3–6) und diese Sterndeuter sind nach Jerusalem gekommen, um Jesus zu huldigen (vgl. Mt 2,1–12).

Matthäus geht in seiner Erzählung der Jesusgeschichte überhaupt nicht auf das Selbstbewusstsein Jesu als Messias und auf die Frage, wie und wann Jesus zum ersten Mal von dieser messianischen Aufgabe erfuhr, ein. Jesus wird im Rahmen der matthäischen Erzählung von außen als Sohn Gottes sowohl in dem Gespräch des Engels mit Josef (vgl. Mt 1,21–23) als auch bei seiner Taufe durch Johannes proklamiert (vgl. Mt 3,3–17). Durch die matthäische Vorstellung von Jesus als Gottessohn werden „die Motive der Teilhabe an der göttlicher Vollmacht und des Verzichts auf die Ausübung dieser Vollmacht im Gehorsam gegenüber dem Heilswillen des Vaters“[653] unterstrichen. Als Messias ist Jesus folglich nicht nur König der Juden, sondern auch der Heiden.[654] Mit dieser Auffassung unterscheidet sich Matthäus als Schriftgelehrter von anderen jüdischen Schriftgelehrten, die auf der Heilsexklusivität bestehen.[655] In diesem Sinne fügt er im Lauf seiner Erzählung der Jesusgeschichte zwei heidnische Figuren ein, nämlich den Hauptmann von Kafarnaum in Mt 8,5–13 und die kanaanäische Frau in Mt 15,21–28, die Jesus für ihre von Dämonen besessene Tochter um Hilfe bittet. Trotz seiner Auskunft, nur zu den verlorenen Schafen des Hauses Israels gesandt zu sein, heilt Jesus in beiden Fällen.

In diesem Zusammenhang wird evident, dass die Kindheitsgeschichte im Matthäusevangelium eine doppelte Rolle spielt. Sie ist der Anfang der matthäischen Jesusgeschichte und die Prolepse des ganzen Evangeliums.[656] Man findet den proleptischen Aspekt der matthäischen

652 Vgl. M. Konradt, Mt, 5.
653 M. Konradt, Mt, 8.
654 Vgl. R. Feneberg, Die Erwählung Israels und die Gemeinde Jesu Christi, 78.
655 Vgl. W. Grundmann, Mt, 2; auch R. Feneberg, Die Erwählung Israels und die Gemeinde Jesu Christi, 79.
656 Vgl. U. Luz, Die neue Jesus-Christus-Geschichte des Matthäus, 399–400.

Jesusgeschichte besonders in den Erfüllungszitaten, mit denen Matthäus den geographischen Weg Jesu erklärt.[657] Matthäus wirft also durch die Kindheitsgeschichte einen Blick voraus auf die weitere Erfahrung Jesu im damaligen Israel und gibt implizit die Erfahrung der frühen christlichen Gemeinde nach der Auferstehung wieder. Denn er zeigt, dass der in der Kindheit zurückgelegte Weg Jesu dem Weg der Jünger Jesu in den Jahren nach der Auferstehung entspricht, indem die Jünger damals in heidnische Regionen gegangen sind, um Jesus als Messias zu verkünden, und unter diesen Regionen findet sich auch Antiochia in Syrien, wo die Anhänger des Auferstandenen das erste Mal als ‚Christen' bezeichnet werden. Diese Entsprechung der Wege unterstreicht die Identität Jesu als Immanuel. Jesus gehört für Matthäus nicht zur Vergangenheit. Er ist vielmehr in seiner Gemeinde gegenwärtig.[658]

3.2 Ethos des Matthäus

Da der Begriff des Ethos sich grundsätzlich auf das geforderte gemeinsame Verhalten der Mitglieder einer Gemeinde bezieht, darf Ethos in dem frühen Christentum als die Umsetzung der Story Jesu in die Praxis verstanden werden. In diesem Sinn ist Ethos für Gerd Theißen „die Bedeutung der Story in der Sprache des Verhaltens."[659]

Bei Matthäus wird durch die Lehre und das Werk Jesu das Ethos verwirklicht, indem der Glaube an Jesus das Tun des Willens seines himmlischen Vaters voraussetzt. Da sich die Metapher des Sauerteigs der Pharisäer und Sadduzäer in Mt 16,5–12 auf ihre Lehre, die in Kontrast zu Jesu Lehre steht, bezieht, richtet Jesus durch seine Warnung indirekt den Fokus auf seine Lehre, die das Verhalten der Jünger prägen muss. Im Rahmen des Matthäusevangeliums enthält die Lehre Jesu sein Ethos. Dieses zielt auf die Abgrenzung der christlichen Gemeinde von anderen Gruppen ab.[660]

Ethos besteht also in praktischer Umsetzung des Vaterwillens und der Gerechtigkeit. In der Tat sind θέλημα τοῦ πατρός und δικαιοσύνη

657 Vgl. U. Luz, Die neue Jesus-Christus-Geschichte des Matthäus, 400.
658 Vgl. M. Konradt, Mt, 465–466; auch J. Gnilka, Mt II, 510.
659 G. Theißen, Die Religion der ersten Christen, 101.
660 Vgl. G. Theißen, Die Religion der ersten Christen, 243–244.

im Matthäusevangelium korrelativ.[661] Sie können nicht voneinander getrennt werden.[662] Das Konzept des Vaterwillens, das auf das Reich der Himmel abzielt, ist ein zentraler Begriff in der Erzählung der Jesusgeschichte bei Matthäus.[663] Begreifbar ist er nicht nur in Geschick und Wirken Jesu, sondern auch in der Verkündigung der Forderung Gottes an die Jünger.[664] In diesem Sinne sind das Wirken und der Tod Jesu die Realisierung des Vaterwillens.[665] Durch das Handeln Jesu sind auch die Jünger aufgefordert, die Lehre Jesu zu befolgen. Denn das verheißene und erwartete Reich der Himmel setzt die Praxis dieser Lehre in der Gegenwart und ein Handeln im Verborgenen (vgl. Mt 6,1–18) voraus. Im Lichte von Mt 16,27 wird nämlich die Glaubenspraxis der Jünger zum entscheidenden Kriterium beim Gericht (vgl. Mt 16,27). Folglich besteht die Gemeinschaft der Jünger mit Jesus in dem Tun des θέλημα τοῦ πατρός (vgl. Mt 7,21–23).[666]

Unter Gerechtigkeit versteht Gerd Häfner „das diesem Verhältnis (Gemeinschaftsverhältnis) entsprechende und es fördernde Verhalten bzw. der ebensolche Zustand."[667] Im Alten Testament bezieht sich das Wort Gerechtigkeit nicht ausschließlich auf die Gerechtigkeit Got-

661 Für R. Hoppe, Gerechtigkeit bei Matthäus und Philo, in: R. Kampling (Hg.) „Dies ist das Buch …", 141–155, hier 142, ist δικαιοσύνη als das Programm des matthäischen Jesus zu verstehen. In dieser Richtung betont auch G. Strecker, Der Weg der Gerechtigkeit, 157–158: „An sämtlichen behandelten Belegstellen bezeichnet δικαιοσύνη die ethische Haltung der Jünger, eine Rechtschaffenheit, wie sie der wesentliche Gegenstand der Forderung Jesu ist."

662 Vgl. A. Wouters, „ …. wer den Willen meines Vaters tut", 205; auch D. Marguerat, Indicatif du salut et impératif éthique chez Matthieu: Une alternative?, in: D. Senior (Hg.), The Gospel of Matthew at the Crossroads of Early Christianity, 241–262, hier 244.

663 I. Broer, Einleitung in das Neue Testament, 127, geht davon aus, der Begriff des Vaterwillens ein Charakteristikum des Verständnisses der Gottessohnschaft Jesu im Matthäusevangelium ist. Vgl. auch A. Wouters, „ …. wer den Willen meines Vaters tut", 201. R. Hoppe, Gerechtigkeit bei Matthäus und Philo, 149, geht auch davon aus: „Gerechtigkeit im matthäischen Sinne beruht auf der Willenskundgabe Gottes" (Mt 1,19.24)."

664 Vgl. R. Feldmeier, Die synoptischen Evangelien, 91–92; auch A. Wouters, „ …. wer den Willen meines Vaters tut", 201–203.

665 Vgl. K. Wengst, Das Tun der Tora als Kriterium der Zugehörigkeit zur Gemeinde im Matthäusevangelium, in: C. Böttrich u. a. (Hg.), Evangelium ecclesiasticum, 427–444, hier 439.

666 Vgl. L. Bormann, Theologie des Neuen Testaments, 285; H. Frankemölle, Jahwe-Bund und Kirche Christi, 32–34; A. Wouters, „ …. wer den Willen meines Vaters tut", 202.

667 G. Häfner, Der verheißene Vorläufer, 90.

tes.[668] Einerseits besteht sie in seinen Heilstaten und seiner Heilsgabe in der Welt.[669] Anderseits müssen sich Menschen auf diese Heilstaten und Heilsgabe gegenüber Gott und den Mitmenschen einlassen.[670] Die Norm der menschlichen Gerechtigkeit ist dagegen das „gemeinschaftsgemäße Verhalten."[671]

Aus der matthäischen Perspektive ist der Begriff δικαιοσύνη „durch eine heilsgeschichtlich-christologische Prägung ausgezeichnet."[672] Denn die Verwendung dieses Begriffes lässt sich im Rahmen des Matthäusevangeliums nicht auf seine Bedeutung als *Anforderung* an das Handeln der Jünger beschränken.[673] Er bezieht sich auch auf den Heilswillen Gottes, der in dem Wirken von Johannes und von Jesus durchgesetzt wird (vgl. Mt 3,15), „auf das eschatologische Handeln Gottes zugunsten seines Volkes bzw. auf die endzeitliche Heilsgabe (5,6)."[674]Außerdem besteht die christologische Prägung des Begriffs in der Treue der Jünger zu Jesus und seiner Lehre (vgl. Mt 5,10).[675]

In Mt 6,33 macht Matthäus deutlich, dass die Suche nach Gottes Reich und seine Gerechtigkeit für die Jünger aller anderen Sorge vorangehen soll. Sie ist als Aufruf an die Jünger zu begreifen, dass sie sich

668 Vgl. A. Sand, Das Gesetz und die Propheten, 194; auch D. Marguerat, Indicatif du salut et impératif éthique chez Matthieu, 245–246.

669 Vgl. G. Häfner, Der verheißene Vorläufer, 92; auch F. Crüsemann, Jahwes Gerechtigkeit (sedäqä/sädäq) im Alten Testament, in: EvTh 36 (1976) 427–450, hier 430; K. Grünwaldt, Art. δικαιοσύνη, in: L. Coenen/K. Haacker (Hg.), Theologisches Begriffslexikon zum Neuen Testament, Neukirchen 2005, 729–739, hier 730–731; Fr. Nötscher, Art. Gerechtigkeit, in: J. Bauer (Hg.), Bibeltheologisches Wörterbuch, Köln 1959, 453–461, hier 453–456.

670 Vgl. G. Häfner, Der verheißene Vorläufer, 95.

671 A. Sand, Das Gesetz und die Propheten,194.

672 G. Häfner, Der verheißene Vorläufer, 151. Matthäus verwendet siebenmal den Begriff δικαιοσύνη (3,15; 5,6.10.20; 6,1.33; 21,32): Er verwendet ihn fünfmal in der Bergpredigt und verbindet ihn zweimal mit der Täufertradition. Die Verwendung dieses Begriffes findet sich in Tat in der Predigt Jesu. Interessant ist, dass auch in Mt 3,15 und Mt 21,32 dieser Begriff aus dem Munde Jesu kommt. Markus verwendet diesen Begriff nicht, Lukas verwendet ihn einmal in Lk 1,75 und Johannes zweimal (16,8.10). Das entsprechende Adjektiv findet sich 17-mal bei Matthäus, zweimal bei Markus und elfmal bei Lukas. Hier ist zu bemerken, dass dieses Adjektiv, abgesehen von Mt 9,13/Lk 5,32/Mk 2,17, immer Sondergut oder eine redaktionelle Wendungen darstellt (vgl. U. Luz, Mt I, 61); auch U. Luz, Matthew, in: R. Brawley (Hg.), The Oxford Encyclopedia of the Bible and Ethics. 2. Teilband, New York 2014, 17–23, hier 20–21; K. Grünwaldt, Art. δικαιοσύνη, 730.

673 Vgl. G. Häfner, Der verheißene Vorläufer, 151.

674 G. Häfner, Der verheißene Vorläufer, 152.

675 Vgl. G. Häfner, Der verheißene Vorläufer, 131.

ganz an Gottes Handeln orientieren und sie offen für das Wirken Gottes in der Welt sein müssen.[676] Die Offenheit der Jünger hat deswegen ihren Verzicht auf die Sicherung des Lebens durch Besitz und auf die Sorge um das tägliche Leben zur Folge. Denn als Vater sorgt Gott für ihr tägliches Brot (vgl. Mt 6,11). Folglich soll das Verhalten der Jünger in der Welt an Jesu Lehre und Handeln in Vollmacht ausgerichtet werden.[677]

Somit gibt es für die Jünger keinen Kompromiss. Sie sind aufgefordert, mehr als Pharisäer und Schriftgelehrte zu tun. Es geht um Vollkommenheit in der Praxis des Vaterwillens. Folglich sollen die Jünger Jesu, wie Jesus in den Antithesen betont, dazu bereit sein, sich mit anderen zu versöhnen und in der Ehe wahrhaftig und treu zu leben. Die Jünger sollen in ihrem Verhalten die Feindseligkeit überwinden und ihre Liebe soll grenzenlos sein.

In der Tat findet sich die Liebe zum Nächsten bereits im Alten Testament und im Judentum.[678] In Lev 19,18 erstreckt sich die Liebe zum Nächsten auf den Nachbarn, der gleichen Status und gleiches Recht hat. Im Unterschied dazu konstituiert das Ethos der Liebe im matthäischen Verständnis eine Radikalisierung des jüdischen Ethos, indem die Liebe zu Gott und zum Nächsten nicht nur als höchstes Gebot, sondern auch als die Zusammenfassung von Gesetz und Propheten bezeichnet wird.[679] Die Nächstenliebe umfasst auch die Feindesliebe (vgl. Mt 5,43). Außerdem weitet der matthäische Jesus das Konzept der Nächstenliebe auf Fremde und Sünder aus.[680]

Da das Gebot der Liebe im Kontext des Matthäusevangeliums das Verhältnis der Adressatinnen und Adressaten zu Menschen innerhalb und außerhalb ihrer Gruppe betrifft, unterstreicht Matthäus in seinem Ethos den Statusverzicht bzw. die Demut.[681] Durch diesen Aspekt des Ethos werden die Grenzen zwischen oben und unten in der christlichen

676 Vgl. M. Ebner, Das Matthäusevangelium, in: ders./S. Schreiber (Hg.), Einleitung in das Neue Testament, 126–154, hier 150–151; A. Wouters, „ …. wer den Willen meines Vaters tut“, 259.

677 Vgl. G. Strecker, Weg der Gerechtigkeit, 171.

678 Vgl. M. Ebner, Mt, 151; G. Theißen, Die Religion der ersten Christen, 103.

679 Vgl. G. Strecker, Theologie des Neuen Testaments, Berlin 1996, 405.

680 Vgl. G. Theißen, Erleben und Verhalten der ersten Christen. Eine Psychologie des Urchristentums, München 2007, 415; A. Wouters, „ …. wer den Willen meines Vaters tut“, 271.

681 Vgl. G. Theißen, Die Religion der ersten Christen, 102.

Gemeinde überwunden. In Zusammenhang mit diesem Aspekt ist zu bemerken, dass Matthäus in den Speisungsgeschichten im Unterschied zu Markus und Lukas die Austeilung der vermehrten Brote und Fische durch die Zwölf und die Anwesenheit der Kinder und Frauen erwähnt (vgl. Mt 14,19–21; 15,35–38).

3.3 Ritus im Matthäusevangelium

Aufgrund seines Inhalts und seiner liturgischen Sprache bietet besonders der matthäische Abendmahlsbericht (vgl. Mt 26,26–29) Hinweise auf das dritte Medium der Konstruktion kollektiver Identität. Beispielsweise können die Ausdrücke „nehmt", „esst", „trinkt alle daraus" und das Becherwort erst dann ihre Bedeutung erhalten, wenn man sie in einem liturgischen Kontext verortet. Durch diese Worte hat man ein Bild des Ritus in der matthäischen Gemeinde.[682] Denn durch das gegebene Brot und den gereichten Kelch seines Blutes nehmen die Zwölf *ipso facto* Anteil an seiner Gemeinschaft.

Da es beim Abendmahl theologisch um das Heil der Menschen, die an Jesus glauben, geht, beschränkt sich die Rolle der Zwölf nicht auf ihre Rolle als erste Empfänger des Geschehens. Sie geht vielmehr darüber hinaus, insofern als die Zwölf auch nach der Auferstehung Jesu dieses Geschehen überliefern und dessen soteriologische Bedeutung (vgl. Mt 26,26–28) und seinen eschatologischen Gehalt (vgl. Mt 26,29) vermitteln sollen.[683]

Durch die regelmäßig wiederkehrende Feier des Herrenmahls erfüllen die Jünger das Gebot Jesu. Denn das Abendmahl ist für sie als „Vermächtnis"[684] zu verstehen. Durch diesen Ritus ist Jesus in ihrer Mitte gegenwärtig. Die Feier des Herrenmahls war in diesem Sinne ein Ort der Konstruktion ihrer kollektiven Identität und der Stärkung ihrer Gruppensolidarität. Gleichzeitig grenzten sie sich dadurch von anderen Gruppen ab, insofern als sie sich dadurch selbst als Gruppe verstanden. Abgrenzung in diesem Sinne ist als positive Abgrenzung zu betrach-

682 Vgl. F. J. Moloney, Gebrochenes Brot für gebrochene Menschen, 132.
683 Vgl. V. Löwen, Die zwölf Jünger Jesu, 437.
684 V. Löwen, Die zwölf Jünger Jesu, 437.

ten. Denn die matthäische Gemeinde war ganz offen gegenüber neuen Mitgliedern. Diese Offenheit lässt sich auch durch den Missions- und Taufbefehl Jesu, die Jünger zu gewinnen (vgl. Mt 28,16–20), verstehen. In diesem Zusammenhang werden die neuen Mitglieder durch den Initiationsritus der Taufe in die Gemeinde aufgenommen. Dabei spielen auch das Gebet und das Fasten eine bedeutende Rolle für die Mitglieder.

4 Organisation der matthäischen Gemeinde

Die tragende Rolle der Jünger in den matthäischen Broterzählungen kann nicht bestritten werden: Sie werden unmittelbar von Jesus belehrt[685], sie sind immer im Dialog mit ihm[686], sie verteilen die vermehrten Brote (vgl. Mt 14,19; 15,36), sie sprechen mit Jesus über die kanaanäische Frau (vgl. Mt 15,23), sie rupfen am Sabbat Ähren und essen sie (vgl. Mt 12,1), und sie sind mit ihm bei Abendmahl (vgl. 26,26–29). Die damit umrissene Rolle der Jünger weist nicht nur auf ihr Handeln im ganzen Matthäusevangelium hin, sondern indirekt auch auf die Organisation der matthäischen Gemeinde. Zusammenfassend lässt sich sagen, dass die Jünger bei Matthäus für die christliche Gemeinde stehen.

Unter den Zwölf wird Petrus als der Erstberufener vorgestellt. Er ist der Erste in der Nachfolge Jesu und er wird als das „Fundament" dieser Kirche bezeichnet (vgl. Mt 16,18), indem er als „exemplarischer Empfänger der Lehrvollmacht und Garant der Überlieferung"[687] vorgestellt wird. Er ist aufgrund seines historischen Vorrangs als der natürliche Sprecher des Jüngerkreises anzusehen, und Matthäus „stellt an seiner Gestalt das Wesen der Jüngerschaft beispielhaft dar."[688] Außerdem weist Matthäus in seinem Evangelium auf die Existenz von Propheten[689] und Schriftgelehrten[690] in der Gemeinde hin.

Allerdings verweisen diese Petrus-Deutung und die Erwähnung dieser Gruppen von Personen mit Autorität bei Matthäus nicht auf die amtliche, strukturelle Organisation der Gemeinde. Matthäus bindet seine Gemeinde direkt an Jesus. In dieser Bindung besteht die Aufgabe der Jünger in der Weitergabe der Weisungen Jesu (vgl. Mt 28,20).

685 Vgl. Mt 6,11; 7,7–11; 15,21–28; 16,8–12.
686 Vgl. Mt 14,15–19; 15,32–34; 16,6–7.
687 B. Kowalski/P. Dschulnigg, Studien zu Einleitungsfragen und zur Theologie und Exegese des Neuen Testaments. Gesammelte Aufsätze von Peter Dschulnigg, Leuven 2010, 152–153; vgl. auch P. Hoffmann, Der Petrus-Primat im Matthäusevangelium, in: J. Lange (Hg.), Das Matthäus-Evangelium, Darmstadt 1980, 415–426.
688 P. Hoffmann, Der Petrus-Primat im Matthäusevangelium, 415.
689 Vgl. Mt 10,20.41; 23,34.
690 Vgl. Mt 8,19; 13,52; 23,24.

Aus Mt 18,18 und Mt 23,8–11 ergibt sich, dass sich Matthäus gegen die Amtsstrukturen kritisch zeigt. Hier unterstreicht er, dass dieser Autoritätsanspruch zu dem Messias Jesus und dem himmlischen Vater gehören.[691] Folglich ist die Ausübung dieser Autorität durch einzelne Mitglieder in der Gemeinde „die Usurpation göttlich-messianischer Autorität."[692] Daraus ergibt sich, dass die Vollmacht des Petrus (vgl. Mt 16,19) der kirchlichen Gemeinde (vgl. Mt 18,18) zugesprochen wird und diese Vollmacht im Lichte von Jesu Interpretation des Gesetzes ausgeübt werden soll.[693] Konkret bedeutet dies, dass die matthäische Gemeinde gemäß Mt 23,8 keine institutionalisierten Ämter kennt. Vielmehr versteht sie sich als Gemeinschaft der Brüder (vgl. Mt 23,8).

Dass die Vergebung der Sünden im Matthäusevangelium einen breiten Raum einnimmt, zeigt sich bereits daran, dass der matthäische Jesus selbst die christliche Gemeinde mit der Vollmacht der Vergebung (vgl. Mt 9,8; 18,18) ausstattet. Auf diese Weise wird die Disziplinarregel in Mt 18,15–17 als „institutionalisierte Kirchenzuchtmaßnahme"[694] verstanden. Ihr Verfahren besteht aus drei Schritten: Zuerst wird ein Gespräch mit dem Gemeindemitglied unter vier Augen geführt (V. 15); wenn diese Unterredung keinen Erfolg hat, wird danach ein weiteres Gespräch im Beisein von einem und oder zwei Zeugen geführt (V. 16), und schließlich wird, wenn erforderlich, der Fall vor der gesamten christlichen Gemeinde verhandelt (V. 17a). Fehlende Einsicht hat die Gemeinde nach diesem Schritt mit dem betreffenden Mitglied nichts mehr zu tun (V. 17b). Dabei wird ersichtlich, dass die Distanzierung der Gemeinde nur die allerletzte Lösung sein soll. Denn für Matthäus steht die Zurückgewinnung jener Gemeindeglieder an der ersten Stelle.

691 Vgl. M. Ebner, Mt, 152; P. Hoffmann, Der Petrus-Primat im Matthäusevangelium, 415; T. Jabbarian, Die Niedrigkeit Jesu und seiner Jüngerschaft. Eine Studie zur Korrelation von Ethik und Christologie in Mt 16,21–20,34 (WUNT 2/549), Tübingen 2021, 146.
692 P. Hoffmann, Der Petrus-Primat im Matthäusevangelium, 415; vgl. D. Marguerat, Indicatif du salut et impératif éthique chez Matthieu, 258.
693 Vgl. T. Jabbarian, Die Niedrigkeit Jesu und seiner Jüngerschaft, 146; auch P. Hoffmann, Der Petrus-Primat im Matthäusevangelium, 415.
694 U. Schnelle, Theologie des Neuen Testaments, 439.

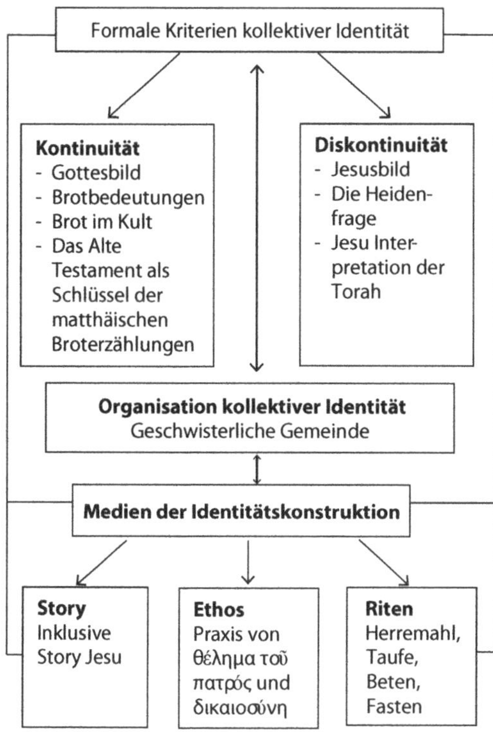

Abbildung 1: Überblick der Konstruktion kollektiver Identität im Matthäusevangelium (eigene Darstellung)

5 Zusammenfassung

Aus dieser Untersuchung hat sich ergeben, dass Matthäus seine Adressateninnen und Adressaten durch die Broterzählungen in einen Selbstverständnisprozess führt. Die Konstruktion ihrer kollektiven Identität und die Stärkung ihrer Solidarität gehen auf diesen Prozess zurück. Um dieses Ziel zu erreichen, sendet er durch die Broterzählungen Signale, die einerseits auf die Kontinuität und die Diskontinuität mit dem Judentum und andererseits auf Ausdrucksformen der kollektiven Identität der jungen Gemeinde als Gruppe verweisen. In diesem Sinne bringen die Broterzählungen die theologischen und christologischen Leitlinien des Matthäusevangeliums zum Ausdruck und gewähren gleichzeitig Einblick darin, wie Matthäus auf die ekklesiologischen Fragen eingeht. Es konnte gezeigt werden, dass die matthäischen Broterzählungen nicht von den anderen Erzählungen des Evangeliums getrennt zu verstehen sind. Sie erhalten vielmehr ihre Bedeutung erst, wenn man sie im Kontext des Matthäusevangeliums betrachtet und sie im Lichte anderer Erzählungen des Werkes liest.

In diesem Zusammenhang lässt sich feststellen, dass die Broterzählungen die jüdischen Wurzeln des Matthäusevangeliums verdeutlichen, indem sich dessen Vorstellung von Gott und die darauf zu beziehenden Bedeutungen des Brotes im Horizont des Alten Testaments verstehen lassen. Hinzu kommen sein Verweis auf alttestamentliche Geschichten und seine Verwendung der alttestamentlichen Zitate und Bilder. Durch diesen Bezug auf das Alte Testament bringt Matthäus die Kontinuität mit dem Judentum zum Ausdruck. Diese spielt eine doppelte Rolle: Sie zielt auf das Vermeiden des Konflikts zwischen den beiden Gruppen ab, und sie ermöglicht die Abgrenzung der matthäischen Gemeinde. Matthäus grenzt also seine Gemeinde in einem positiven Sinne ab, indem er die Unterschiede integriert und so seiner Gemeinde die Konstruktion kollektiver Identität ermöglicht. In Abgrenzung zum Judentum macht er deutlich, dass Jesus mehr ist als Mose und mehr als ein Prophet. Er ist nicht nur Sohn Davids und Abrahams, sondern Gottessohn. Er ist gekommen, um alle Juden und Heiden, die an ihn glauben, zu heilen. Sein Heil ist also grenzenlos.

Als Lehrer bezieht sich Jesus mit seiner Interpretation der Tora grundsätzlich auf die Liebe zu Gott und zum Nächsten. In diesem Kontext wird begreiflich, warum sich Matthäus mit der Darstellung der Identität Jesu beschäftigt. Seine Story basiert hauptsächlich auf Jesus und dessen irdischem Wirken. Die Menschen, die an diesen Jesus glauben, sind aufgefordert, seine Weisungen zu befolgen. Denn die Nachfolge bedeutet für Matthäus unbedingt die Bindung an die Person und die Lehre Jesu. Die Lehre Jesu ist ein Ausdruck des θέλημα τοῦ πατρός. In diesem Sinne besteht das Ethos des Matthäus in der Erfüllung der besseren Gerechtigkeit, wie er sie in der Bergpredigt darstellt. Dabei vollzieht sich die Gnade Jesu „jedoch nicht jenseits der Forderung nach dem Tun des Willens Gottes."[695] Deswegen ist die Vorstellung vom Gericht am Ende der Zeiten als ein entscheidendes Element anzusehen, das die Jünger motiviert, die Weisungen Jesu einzuhalten. Das Herrenmahl ist der Ort, wo sich die matthäische Gemeinde in Verbundenheit mit dem Herrn erlebt und ihre Zusammengehörigkeit als Christen gestärkt sieht. Da Jesus in ihrer Mitte immer gegenwärtig ist, versteht sich die matthäische Gemeinde als brüderliche Gemeinde, in der die Vergebung und der Dienst an den geringsten Brüdern Jesu breiten Raum einnehmen.

695 U. Schnelle, Theologie des Neuen Testaments, 435.

V Schlussfolgerungen und Ausblick

1 Schlussfolgerungen

Das Brotmotiv im Matthäusevangelium, das durch die Analyse der Broterzählungen nachvollzogen werden konnte, war Gegenstand dieser Untersuchung. Durch die Auseinandersetzung mit bisher vorgeschlagenen Auslegungen der Broterzählungen im Matthäusevangelium sollen die Ergebnisse dieser Untersuchung in diesem Abschnitt zusammengefasst werden. Die Broterzählungen im Matthäusevangelium sind im Hinblick auf ihre inneren Verknüpfungen zu lesen und bieten dabei eine Zusammenfassung der gesamten theologischen Ausrichtung des ersten Evangelisten. Denn sie lassen sich zudem mit anderen Perikopen innerhalb der matthäischen Erzählung der Jesusgeschichte verbinden. Bei der exegetischen Analyse der Perikopen, welche die Broterzählungen im Werk des ersten Evangelisten bilden, konnte aufgezeigt werden, dass für Matthäus sowohl christologische als auch ekklesiologische Perspektiven im Selbstverständnisprozess seiner Gemeinde von fundamentaler Relevanz sind.

1.1 Jesus als Heilsweg Gottes für den Menschen

Im Rahmen der Erzählung der Jesusgeschichte bei Matthäus hat das Brot die Bedeutung des Grundnahrungsmittels für den Menschen. Im Licht der alttestamentlichen Bedeutung des Brotes stellt Matthäus durch seine Broterzählungen die Identität Jesu vor. Jesus ist der gehorsame Gottessohn, der seine Macht in der Situation des Hungers nicht zur Selbsthilfe verwendet, indem er durch sein Schöpferwort Steine in Brote verwandelt (vgl. Mt 4,4). Im Gegenteil: Als Sohn Gottes ist er seiner Sendung durch Gott treu und verwendet seine göttliche Macht, um seinem Volk die göttliche Barmherzigkeit zu zeigen. Da die Initiative, die Volksmenge in den Brotvermehrungsgeschichten zu speisen, von Jesus ausgeht, erweist sich Jesus als Gastgeber und somit als der erwartete Messias Israels (vgl. Mt 14,13–21; 15,29–39). Aus Erbarmen heilt und speist er sein Volk mit Brot und Gottes Wort. In diesem Sinne deutet die Handlungsweise Jesu in den Brotvermehrungsgeschichten darauf hin, dass Gott selbst durch Jesus bei seinem Volk Israel gegenwärtig ist, und diesem sein Erbarmen und Heil schenkt. Denn Jesus ist im Rahmen des Matthäusevangeliums nur zu den verlorenen Schafen des Hauses Israels gesandt (vgl. Mt 15,24). Dabei hat Jesus die Mission, sein Volk von dessen Sünden zu retten (vgl. Mt 26,28) und durch sein Blut nochmals die Gemeinschaft mit Gott zu stiften. Daraus ergibt sich, dass hinter den Broterzählungen bei Matthäus das Immanuel-Motiv (vgl. Mt 1,23), das sein Evangelium durchzieht, steht. In diesem Sinne zielt Matthäus durch die Broterzählungen darauf ab, das Mit-Sein Gottes mit den Menschen in Analogie zum alttestamentlichen Bund zu begründen und zu verdeutlichen, und daraus die Verbindung mit der Gegenwart des Heils in Jesus zu leiten. Denn für ihn ist die Gemeinschaft der Menschen mit Gott das Ziel der irdischen Mission Jesu. Bemerkenswert ist dabei, dass der gemeinschaftliche Charakter des Mit-Seins Gottes mit den Menschen auch durch die irdische und auch über die Auferstehung hinausgehende Präsenz Jesu bei seinen Jüngern unterstrichen wird. Dies bedeutet, dass der matthäische Jesus bei seinen Jüngern von deren Berufung an bis zum Zeitpunkt seiner Verhaftung ist (vgl. Mt 4,18–22; 9,9–13; 10,1–4), und ihnen nach seiner Auferstehung verspricht, bis zum Ende der Zeit bei ihnen zu sein (vgl. Mt 28,20). Aus der matthäischen Perspektive gibt es eine Kontinuität zwischen dem irdischen Wirken Jesu und seiner Wiederkunft am Ende der Zeit. In dieser Hinsicht erleben die Jünger die Geschichte Jesu nicht nur als etwas, das in der Vergangenheit geschehen ist, sondern als eine gegenwärtige Geschichte. Sie leben ihre Geschichte mit Jesus und machen dadurch Erfahrungen mit ihm. Für den ersten Evangelisten unterstreicht das Verständnis der Geschichte Jesu als einer gegenwärtigen Geschichte gleichzeitig die Bedeutung der Nachfolge und der Gemeindegeschichte.

1.2 Die Konstruktion kollektiver christlicher Identität als Selbstverständnisprozess

Durch die Broterzählungen werden die Jünger vor allem als Schüler Jesu dargestellt. Sie stehen für die Gemeinde der Glaubenden. Sie hören Jesus zu und er zeigt ihnen, wer Gott ist und ermutigt sie, zu Gott als Vater zu beten und Vertrauen auf ihn zu haben. Denn das Gebet ist ein Dialog zwischen den Jüngern und Gott. Um diese Ermutigung zu verstärken, wird das Bild von Brot bei Matthäus in unterschiedlichen Argumenten Jesu verwendet. Da Gott ein guter Vater ist (vgl. Mt 7,11), der seine Kinder mit Brot und anderen guten Gaben versorgt, können die Jünger ihn um das notwendige Brot, das sie täglich brauchen, bitten (vgl. Mt 6,11). Dadurch erfahren sie die Liebe Gottes. Denn das Gebet ermöglicht ihnen, sich auf die Herrschaft Gottes einzulassen. Bei den Brotvermehrungsgeschichten sprechen sie beispielsweise mit Jesus über die Speisung der Volksmenge und spielen dabei eine entscheidende Rolle, indem sie von Jesus nach dem Lobpreis die Brote empfangen und sie an die Volksmenge austeilen. Außerdem bitten sie Jesus in Mt 15,27 darum, die kanaanäische Frau zu entlassen, weil diese Frau hinter ihnen herruft (vgl. Mt 15,23). Sie sind im Dienst für die Menschen (vgl. Mt 14,19; 15,36). Darüber hinaus wird auch das Bild des Brotes in der Geschichte Davids in 1 Sam 21,2–7 als eines der Argumente Jesu in seiner Auseinandersetzung mit den Pharisäern über Sabbat und Gesetz verwendet, um den Vorrang der Liebe und der Barmherzigkeit aufzuzeigen. Auf diese Weise setzt die Nachfolge Jesu im Rahmen der matthäischen Broterzählungen die Abgrenzung der Jünger von anderen Lehren und somit anderen Gruppen, bzw. Pharisäer und Sadduzäer voraus. Um diese Abgrenzung zu unterstreichen, warnt Jesus seine Jünger in Mt 16,5–12 vor der Lehre der Pharisäer und Sadduzäer. Der Ausgangspunkt dieser Warnung Jesu sind die vergessenen Brote. Jesus erinnert seine Jünger an seine göttliche Machttaten bei den Brotvermehrungen und lenkt unmittelbar ihre Aufmerksamkeit auf seine Lehre. Im Mittelpunkt dieser Lehre steht die Liebe zu Gott und zu den Nächsten. Das Liebesgebot, das das matthäische Gesetzesverständnis zusammenfasst, muss das Leben der Jünger prägen. Der Glaube an Jesus setzt in diesem Sinne für die Jünger das Tun des Willens des Vaters und die Praxis der besseren Gerechtigkeit voraus und konstituiert darüber hinaus den Zugang zum Heil für die Heiden (vgl. Mt 15,21–28).

Als Schüler Jesu bilden die Juden und die Heiden, die an Jesus glauben, eine kollektive christliche Identität, indem sie sich vor allem mit Jesus identifizieren. Daher bildet der Glaube an Jesus als Sohn Gottes das Kriterium der Zugehörigkeit. Dank dieser Identifizierung versucht Matthäus mit seinem Werk seine Gemeinde in einen Selbstverständnisprozess zu führen. Im Kontext von Konkurrenz zu anderen Gruppen nach der Zerstörung des Tempels im Jahr 70 n. Chr. steht diese Gemeinde in einer konzeptionellen Innovationsperspektive im Hinblick auf die jüdischen religiösen und kulturellen Bezugssysteme, indem sie sich als eine geschwisterliche Gemeinde versteht, die sich Jesus und seiner Lehre verpflichtet weiß. Für diese Gemeinde haben auch die Liebe zu Gott und den Nächsten, die Versöhnung und der Dienst an anderen große Bedeutung. Dadurch werden ihre Merkmale als Kultbewegung geformt und somit grenzen sie sich von anderen Gruppen ab. Gleichzeitig ermöglicht die Taufe dieser Gemeinde offen zu bleiben. Andere Mitglieder werden dadurch in die Gemeinde aufgenommen. Da die Jünger Jesu eine kollektive christliche Identität bilden, wird ihre Gemeinde als *Topos* der Verwirklichung des Gottesheils betrachtet, in der alle Menschen Gottes Fürsorge und Heil erfahren und in der sich niemand aufgrund seiner Herkunft seines sozialen Status oder seines Geschlechtes ausgeschlossen fühlt.

2 Ausblick

Das weltweite Migrationsphänomen und die Massenflucht, mit denen sich im 21. Jahrhundert die Menschheit konfrontiert sieht, bringen wirtschaftliche, politische, kulturelle und religiöse Herausforderungen mit sich. In diesem Kontext greift man in verschiedenen Debatten oft auf die Frage nach der Gruppenidentität zurück, um entweder die Krise zu erklären oder um aus ihr einen Ausweg zu finden. Der Verweis auf diese Frage, der grundsätzlich das Zusammenleben unterschiedlicher Gruppen berührt, führt oft zur Stereotypisierungen und Konflikten zwischen unterschiedlichen sozialen und religiösen Gruppen. Auf religiöser Ebene wird der Mensch beispielsweise oft stärker von seiner Herkunft als von seiner religiösen Zugehörigkeit her betrachtet und beurteilt. Soziale und kulturelle Kategorien scheinen einen Vorrang vor den Doktrinen einer Religion zu haben. Das heutige Christentum darf sich dieser Realität nicht verschließen. Daher erscheint es wichtig zu überlegen, welche Perspektiven zur Bildung einer starken christlichen Identität führen können.

In diesem Kontext wollte diese Untersuchung als ein Plädoyer für die Einheit der Christen verstanden werden und gleichzeitig Impulse für den jüdisch-christlichen Dialog anbieten. Matthäus hat in der Erzählung seiner Jesusgeschichte das Heil des Menschen nicht von der ethnischen Herkunft oder sozialen und kulturellen Kategorien abhängig gemacht. Das Heil, das Jesus bringt, ist universal und gilt für alle Menschen, die in seiner Nachfolge stehen. Matthäus versteht also die Wirksamkeit Jesu in einer inklusiven und theozentrischen Weise. Er gibt der Zugehörigkeit zur christlichen Gemeinde den Vorrang vor den ethnischen, kulturellen, sozialen und geschlechtlichen Determinanten und führt dadurch seine Adressantinnen und Adressaten in einen Selbstverständnisprozess, indem er die christliche Identität priorisiert. Auch heute scheint diese Einheit der Christen eine Priorität der Kirche zu sein.

Im Dekret über die Ökumene *Unitatis Redintegratio* wird betont: „Die Einheit aller Christen wiederherstellen zu helfen ist eine der Hauptaufgaben des Heiligen Ökumenischen Zweiten Vatikanischen

Konzils" (UR 1). Im Lichte dieser Untersuchung wird die Einheit aller Christen, die deren kollektive Identität unterstreicht, einerseits durch Zusammenkünfte, die Feiern von Andachten und den wissenschaftlichen Diskurs zwischen verschiedenen christlichen Konfessionen verwirklicht und andererseits durch die Zusammenarbeit in sozialen Bereichen. Da Jesus die Liebe Gottes zu den Menschen gezeigt hat und seine Lehre auf die Liebe zu Gott und zu den Nächsten gründet, da er nach seiner Auferstehung denen, die ihm nachfolgen, in den Dürstenden, Flüchtlingen, Hungrigen, Kranken, Gefangenen und Armen (vgl. Mt 25,35.42) begegnet, sollten sich Christen heute neben der Verkündigung des Wortes Gottes in sozialen Bereichen für Menschenwürde, die Bewahrung der Schöpfung und den Frieden in der Welt einsetzen und gegen die Nöte der Menschheit im 21. Jahrhundert kämpfen: Analphabetismus, Armut, Hunger und Ungerechtigkeit (vgl. UR 12).

Außerdem ist das Matthäusevangelium durchaus nicht als ein antijüdisches Evangelium zu verstehen. Durch sein Werk bildet Matthäus eine christliche Identität nicht in einer Feindschaft gegenüber dem Judentum und dessen Traditionen heraus. Im Gegenteil: Das Selbstverständnis der matthäischen Gemeinde findet seine Wurzeln in der jüdischen Tradition. Auf diese Weise hat der erste Evangelist gleichzeitig durch die Herausbildung einer kollektiven christlichen Identität Brücken für den Dialog mit dem Judentum gebaut. Die Vorstellung Jesu als Sohn Abrahams (vgl. Mt 1,1) bringt bereits die Plausibilität eines solchen jüdisch-christlichen Dialogs zum Ausdruck. Deswegen wird in der Erklärung über das Verhältnis der Kirche zu den nichtchristlichen Religionen *Nostra Aetate* unterstrichen, „dass alle Christgläubigen als Söhne Abrahams dem Glauben nach in der Berufung dieses Patriarchen eingeschlossen sind und dass in dem Auszug des erwählten Volkes aus dem Lande der Knechtschaft das Heil der Kirche geheimnisvoll vorgebildet ist" (NA 4). Christen und Juden sollten sich demgemäß nicht als Gegner betrachten.

Darüber hinaus ist das gebrachte Heil in der matthäischen Perspektive nicht exklusiv. Es schließt Juden nicht aus und setzt ferner die

Orthopraxis von θέλημα τοῦ πατρός voraus.[696] Der Willen Gottes stellt für Israel inhaltlich nichts Neues dar. Er findet sich schon im Gesetz und in den Büchern der Propheten wieder. In diesem Sinne bringt der Willen Gottes Juden und Christen zusammen. Er erinnert daran, dass Juden und Christen einen gemeinsamen Weg haben. Denn der Zugang zum Reich Gottes ist mit der Praxis des Willens Gottes verbunden.

696 Vgl. M. Ebner, Das Matthäusevangelium, 151–152; P. Lapide, Juden und Christen. Verleitung zum Dialog (ThMed 42), Köln 1976; N. Troi-Boeck, Konflikt und soziale Identität, 332–333.

VI Literatur- und Tabellenverzeichnis

Die folgende Bibliographie enthält die in den Anmerkungen abgekürzt zitierte Literatur. Bibliographische und allgemeine Abkürzungen richten sich nach Siegfried Schwertner, IATG – Internationales Abkürzungsverzeichnis für Theologie und Grenzgebiete, Berlin – Boston ³2014.

1 Literaturverzeichnis

1.1 Bibelausgaben

Biblia Hebraica Stuttgartensia, hg. v. Karl Elliger/Wilhelm Rudolph, Stuttgart ⁵1997.

Die Bibel. Einheitsübersetzung der Heiligen Schrift. Gesamtausgabe, hg. v. den Bischöfen Deutschlands, Österreichs und der Schweiz, Stuttgart 2016.

La Bible. Traduction Oecuménique de la Bible. Edition integrale, Paris 1988.

Novum Testamentum Graece, hg. v. Barbara/Kurt Aland u. a., Stuttgart ²⁸2012.

Septuaginta Deutsch. Das griechische Alte Testament in deutscher Übersetzung, hg. v. Wolfgang Kraus/Martin Karrer, Stuttgart 2009.

1.2 Apokryphen (Neues Testament) und Apostolische Väter

Barnabasbrief, eingeleitet, kritisch editiert und übersetzt von Ferdinand-Rupert Prostmeier (FC 72), Freiburg 2018.

Der erste Clemensbrief, übersetzt und erklärt von Horacio Lona (KAV 2), Göttingen 1998.

Didache, in: Didache-Traditio Apostolica. Zwölf-Apostel-Lehre – Apostolische Überlieferung, übersetzt und eingeleitet von Georg Schöllgen/Wilhelm Geerlings (FC 1), Freiburg u. a. ³2000, 98–139.

Eusebius, Kirchengeschichte, hg. v. Eduard Schwartz, Berlin ⁵1952.

Origenes, Der Kommentar zum Evangelium nach Matthäus, übersetzt von Hermann Josef VOGT (Die Commentariorum Series. Bibliothek der griechischen Literatur, 38). 3. Teilband, Stuttgart 1993.

1.3 Frühjüdische Literatur

Josephus, Flavius, Jewish Antiquities, übersetzt von Henry John Thackeray u. a., London – Cambridge (Mass.) 1926–1965.

1.4 Dokumente des Zweiten Vatikanischen Konzils

Das zweite Vatikanische Konzil, Decretum de oecumenismo *Unitatis redintegrio* vom 21. November 1964, in: AAS 57 (1965) 90–112. Deutsche Übersetzung besorgt im Auftrag der deutschen Bischöfe. Einleitung und Kommentar von Werner BECKER, in: LThK. E. II,11 126. [UR]. – „Unitatis Redintegratio", kommentiert von Bernd Jochen Hilberath, in: Herders Theologischer Kommentar zum zweiten Vatikanischen Konzil, hg. v. Peter Hünermann/ Bernd Jochen Hilberath. 3. Bd., Freiburg i. Br. u. a. 2004, 69–223.

Das zweite Vatikanische Konzil, Decretum Ecclesiæ habitudine ad religiones non christianas *Nostra aetate* vom 28. Oktober 1965, in: AAS 58 (1966) 740–744. Deutsche Übersetzung besorgt im Auftrag der deutschen Bischöfe. Einleitung und Kommentar von Johannes Österreicher, in: LThK E. II 488–495. [NA]. – „Nostra Aetate", kommentiert von Anton Sibenrock, in: Herders Theologischer Kommentar zum zweiten Vatikanischen Konzil, hg. v. Peter Hünermann/ Bernd Jochen Hilberath. 3. Bd., Freiburg i. Br. u.a. 2005, 591–693.

1.5 Allgemeine Hilfsmittel

Aland, Kurt, Vollständige Konkordanz zum Griechischen Neuen Testament, Berlin 1978.

Balz, Horst/Schneider, Gerhard (Hg.), Exegetisches Wörterbuch zum Neuen Testament, Stuttgart ^{3}2011.

Bauer, Johannes (Hg.), Bibeltheologisches Wörterbuch, Köln 1959.

Bauer, Walter, A Greek-English Lexicon of the New Testament and other Early Christian Literature, Cambridge 1957.

Bauer, Walter, Griechisch-deutsches Wörterbuch zu den Schriften des Neuen Testaments und der frühchristlichen Literatur, Berlin – New York [6]1988.

Blass, Friedrich u. a., Grammatik des neutestamentlichen Griechisch, Göttingen [18]2001.

Botterweck, Johannes/Ringgren, Helmer (Hg.), Theologisches Wörterbuch zum Alten Testament, Stuttgart u. a. 1977.

Brawley, Robert (Hg.), The Oxford Encyclopedia of the Bible and Ethics. 2. Teilband, New York 2014.

Coenen, Lothar/Haacker, Klaus (Hg.), Theologisches Begriffslexikon zum Neuen Testament, Neukirchen 2005.

Cornfeld, Gaalyahu/Botterweck, Johannes, Die Bibel und ihre Welt. Eine Enzyklopädie zur Heiligen Schrift. Bilder-Daten-Fakten. 1. Teilband, Hamburg 1969.

Crüsemann, Frank u. a. (Hg.), Sozialgeschichtliches Wörterbuch zur Bibel, München 2009.

Dietrich, Walter/Arnet, Samuel (Hg.), Konzise und aktualisierte Ausgabe des Hebräischen und Aramäischen Lexikons zum Alten Testament, Leiden – Boston 2013.

Evans, Craig (Hg.), Encyclopedia of the Historical Jesus, New York 2008.

Friedrich, Gerhard/Kittel, Gerhard (Hg.), Theologisches Wörterbuch zum Neuen Testament, Stuttgart 1957

Gemoll, Wilhelm / Vretska, Karl, Griechisch-deutsches Schul- und Handwörterbuch, Oldenburg [10]2006.

Gzella, Holger (Hg.), Theological dictionary of the Old Testament. Vol. XVI: Aramaic Dictionary, Michigan 2018.

Kasper, Walter u. a. (Hg.), Lexikon für Theologie und Kirche. 9. Bd., Freiburg u. a. [3]2000.

Kasper, Walter a. u. (Hg.), Lexikon für Theologie und Kirche. 10. Bd., Freiburg u. a. [3]2001.

Kühner, Raphael/Gerth, Bernhard, Ausführliche Grammatik der griechischen Sprache. Satzlehre, Darmstadt 2015.

Metzger, Bruce M., A Textual Commentary on the Greek New Testament, Stuttgart [4]2002.

Morgenthaler, Robert, Statistische Synopse, Zürich 1971.
Moulton, William/Geden, Alfred Shenington, A Concordance to the Greek Testament, Edinburgh [3]1963.
Müller, Gerhard (Hg.), Theologische Realenzyklopädie. XXVI. Bd., Berlin – New York 1996.
Müller, Gerhard (Hg.), Theologische Realenzyklopädie. XXIX. Bd., Berlin – New York 1998.
Siebenthal, Heinrich von, Griechische Grammatik zum Neuen Testament, Göttingen 2011.

1.6 Einleitungen und Kommentare

Albright, William F./Mann, Christopher S., Matthew. Introduction, Translation and Notes (The Anchor Bible Vol. 26), New Haven – London 2011.
Allison, Dale C., Matthew. A shorter Commentary based on the three-Volume (ICC), London – New York 2004.
Beare, Francis W., The Gospel according to Matthew: Translation, Introduction and Commentary, New York 1982.
Becker, Joachim, 1 Chronik (NEB.AT 18), Würzburg 1986.
Blomberg, Craig, Matthew: An Exegetical and Theological Exposition of the Holy Scripture, Nashville 1992.
Bonnard, Pierre, L'Évangile selon saint Matthieu (CNT 1), Paris [2]1970.
Bovon, François, Das Evangelium nach Lukas. 4. Teilband: Lk 19,29–24,53 (EKK), Neukirchen-Vluyn 2009.
Broer, Ingo, Einleitung in das Neue Testament, Würzburg [4]2016.
Brown, Raymond, An Introduction to the New Testament, Bagalore 2017.
Davies, William D./Allison, Dale C., A Critical and Exegetical Commentary on the Gospel according to Saint Matthew. 1. Teilband: Introduction and Commentary on Matthew I–VII (ICC), Edinburgh 1988.
Davies, William D./Allison, Dale C., A Critical and Exegetical Commentary on the Gospel according to Saint Matthew. 2. Teilband: Commentary on Matthew VIII–XVIII (ICC), Edinburgh 1989.
Davies, William D./Allison, Dale C., A Critical and Exegetical Commentary on the Gospel according to Saint Matthew. 3. Teilband: Commentary on Matthew XIX–XXVIII (ICC), Edinburgh 1997.

Dirsen, Peter, 1 Chronicles (HCOT), Leuven 2005.
Dohmen, Christoph, Exodus 1–18 (HThKAT), Freiburg i. Br. u. a. 2015.
Dohmen, Christoph, Exodus 19–40 (HThKAT), Freiburg i. Br. u. a. 2004.
Ebach, Jürgen, Genesis 37–50 (HThKAT), Freiburg i. Br. u. a. 2007.
Fiedler, Peter, Das Matthäusevangelium (HThKNT), Stuttgart 2006.
Fischer, Georg, Jeremia 26–52 (HThKAT), Freiburg i. Br. u. a. 2005.
Fischer, Georg, Genesis 1–11(HThKAT), Freiburg i. Br. u. a. 2018.
France, Richard T., The Gospel of Matthew, Michigan 2007.
Frankemölle, Hubert, Matthäus-Kommentar. 1. Teilband, Düsseldorf 1994.
Frankemölle, Hubert, Matthäus-Kommentar. 2. Teilband, Düsseldorf 1997.
Frankemölle, Hubert, Das Matthäusevangelium, Stuttgart 2010.
Gaechter, Paul, Das Matthäus-Evangelium. Ein Kommentar, München 1962.
Gnilka, Joachim, Das Matthäusevangelium. 1. Teilband: Kommentar zu Kap. 1,1–13,58 (HThKNT), Freiburg i. Br. u. a. ³1993.
Gnilka, Joachim, Das Matthäusevangelium. 2. Teilband: Kommentar zu Kap. 14,1–28,20 und Einleitungsfragen (HThKNT), Freiburg i. Br. u. a. ²1992.
Gnilka, Joachim, Johannesevangelium (NEB.NT 4),Würzburg 1993.
Grundmann, Walter, Das Evangelium nach Matthäus (ThHK I ½), Berlin ⁵1981.
Gundry, Robert H., Matthew. A Commentary on His Literary and Theological Art, Grand Rapids 1982.
Hagner, Donald A., Matthew 1–13 (WBC 33), Colombia 1993.
Hamilton, Victor P., Exodus. An Exegetical Commentary, Michigan 2011.
Harrington, Daniel L., The Gospel of Matthew (SaPaSe 1), Collegeville ²2007.
Hieke, Thomas, Levitikus 16–27 (HThKAT), Freiburg i. Br. u. a. 2014.
Hossfeld, Frank-L./Zenger, Erich, Die Psalmen. Psalm 1–50 (NEB.AT 29), Würzburg 1993.
Hossfeld, Frank-L./Zenger, Erich, Psalmen 51–100 (HThKAT), Freiburg i. Br. u. a. 2008.
Hossfeld, Frank-L./Zenger, Erich, Psalmen 101–150 (HThKAT), Freiburg i. Br. u. a. 2008.
Jacob, Benno, Das Buch Exodus, Stuttgart 1997.
Jacob, Benno, Das Buch Genesis, Stuttgart 2000.
Japhet, Sara, 1 Chronik (HThKAT), Freiburg i. Br. u. a. 2002.

Keener, Craig S., A Commentary on the Gospel of Matthew, Grand Rapids u. a.1999.
Kertelge, Karl, Markusevangelium (NEB.NT 2), Würzburg 1994.
Klaiber, Walter, Das Matthäusevangelium. 1. Teilband: Mt 1,1–16,20, Neukirchen-Vluyn 2015.
Klaiber, Walter, Das Matthäusevangelium. 2. Teilband: Mt 16,21–28,20, Neukirchen-Vluyn 2015.
Klostermann, Erich, Das Matthäusevangelium (HNT 4), Tübingen ²1927.
Konradt, Matthias, Das Evangelium nach Matthäus (NTD 1), Göttingen 2015.
Lohmeyer, Ernst, Das Evangelium des Matthäus (KEK.S), Göttingen 1967.
Luck, Ulrich, Das Evangelium nach Matthäus, Zürich 1993.
Luz, Ulrich, Das Evangelium nach Matthäus (ZBK.NT 1), Zürich 1993.
Luz, Ulrich, Das Evangelium nach Matthäus. 1. Teilband: Mt 1-7 (EKK 1,1), Neukirchen-Vluyn ⁵2002.
Luz, Ulrich, Das Evangelium nach Matthäus. 2. Teilband: Mt 8-17 (EKK 1,2), Neukirchen-Vluyn ⁴2007.
Luz, Ulrich, Das Evangelium nach Matthäus. 4. Teilband: Mt 26–28 (EKK 1,4), Neukirchen-Vluyn 2002.
Marxsen, Willi, Einleitung in das Neue Testament. Eine Einführung in ihre Probleme, Gütersloh ²1964.
Meier, John P., Matthew (NTMes 3), Wilmington 1980.
Milgrom, Jacob, Leviticus 23–27, New York u. a. 2001.
Nelson, Richard D., Joshua: A Commentary, Louisville 1997.
Nolland, John, The Gospel according to Matthew: A Commentary on the Greek Text (NIGTC), Grand Rapids u. a. 2005.
Orchard, Bernard, Matthew, Luke und Mark, Manchester 1976.
Otto, Eckart, Deuteronomium 4,44–11,32 (HThKAT), Freiburg i. Br. u. a. 2012.
Otto, Eckart, Deuteronomium 12,1–23,15 (HThKAT), Freiburg i. Br. u. a. 2016.
Rehm, Martin, Das zweite Buch der Könige. Ein Kommentar, Würzburg 1982.
Sand, Alexander, Das Evangelium nach Matthäus, Regensburg 1986.
Scharbert, Josef, Genesis 1–11 (NEB.AT), Würzburg ²1985.
Scharbert, Josef, Genesis 12–50 (NEB.AT 16), Würzburg 1986.

Scharbert, Josef, Exodus (NEB.AT 24), Würzburg 1989.
Schnelle, Udo, Einleitung in das Neue Testament, Göttingen [9]2017.
Schürmann, Heinz, Das Lukasevangelium (HThKNT). 1. Teilband: Kommentar zu Kap. 1,1–9,50, Freiburg i. Br. u. a. [4]1990.
Strack, Hermann/Billerbeck, Paul, Kommentar zum Neuen Testament aus Talmud und Midrash. 1. Teilband. Das Evangelium nach Matthäus, München 1996.
Trilling, Wolfgang, Das Evangelium nach Matthäus. 1. Teilband, Düsseldorf [4]1970.
Trilling, Wolfgang, Das Evangelium nach Matthäus. 2. Teilband, Düsseldorf [2]1972.
Utzschneider, Helmut/Oswald, Wolfgang, Exodus 1–15 (IEKAT), Stuttgart 2013.
Wiefel, Wolfgang, Das Evangelium nach Matthäus (ThHKNT), Leipzig 1998.
Wolff, Hans, Dodekapropheton. 2. Joel und Amos (BKAT 14/2), Neukirchen-Vluyn 1969.
Zeilinger, Franz, Zwischen Himmel und Erde. Ein Kommentar zur „Bergpredigt“ Matthäus 5–7, Stuttgart 2002.

1.7 Monographien, Aufsätze, Artikel und Sammelbände

Abel, Félix M., Géographie de la Palestine I, Paris [3]1967.
Apel, Matthias, Der Anfang in der Wüste – Täufer, Taufe und Versuchung Jesu. Eine traditionsgeschichtliche Untersuchung zu den Überlieferungen vom Anfang des Evangeliums (SBB 72), Stuttgart 2013.
Assmann, Jan, Das kulturelle Gedächtnis. Schrift, Erinnerung und politische Identität in frühen Hochkulturen, München 1992.
Backhaus, Knut, Entgrenzte Himmelsherrschaft. Zur Entdeckung der paganen Welt im Matthäusevangelium, in: Kampling, Rainer (Hg.), „Dies ist das Buch…“. Das Matthäusevangelium. Interpretation-Rezeption-Rezeptionsgeschichte, Paderborn u. a. 2004, 75–103.
Backhaus, Knut, Beten (Neues Testament), in: ders./Fischer, Georg, Beten (NEB.T 14), Würzburg 2009, 75–128.

Barth, Gerhard, Das Gesetzesverständnis des Evangelisten Matthäus, in: Bornkamm, Günther u. a., Überlieferung und Auslegung im Matthäusevangelium (WMANT 1), Neukirchen-Vluyn [7]1975, 54–154.
Behm, Johannes, Art. ἄρτος, in: TWNT I (1957) 475–476.
Bellinger, Andréa/Krieger, David, Ritualtheorien. Ein einführendes Handbuch, Opladen – Wiesbaden 1998.
Berger, Klaus, Exegese des Neuen Testaments. Neue Wege vom Text zur Auslegung, Heidelberg 1977.
Berger, Peter/Luckmann, Thomas, Die gesellschaftliche Konstruktion der Wirklichkeit. Eine Theorie der Wissenssoziologie, Frankfurt am Main 1966.
Bergmann, Claudia, Festmahl ohne Ende. Apokalyptische Vorstellungen vom Speisen in der kommenden Welt im antiken Judentum und ihre biblischen Wurzeln (BWANT 222), Stuttgart 2019.
Best, Ernest, 1 Peter and the Gospel Tradition, in: NTS 16 (1969/70) 95–113.
Betz, Hans, The Sermon on the Mount: A Commentary on the Sermon on the Mount, including the Sermon on the Plain (Matthew 5:3–7:27 and Luke 6:20–49), Minneapolis 1995.
Bhabha, Homi, Dissemi Nation: Time, Narrative, and the Margins of the Modern Nation, in: DERS. (Hg.), Nation and Narration, London – New York 1990, 291–322.
Börschel, Regina, Die Konstruktion einer christlichen Identität: Paulus und die Gemeinde von Thessalonich in ihrer hellenistisch-römischen Umwelt (BBB 128), Berlin 2001.
Bolyki, Janos, Jesu Tischgemeinschaften (WUNT 2/96), Tübingen 1998.
Bonhoeffer, Dietrich, Nachfolge, München [14]1983.
Bornkamm, Günther, Enderwartung und Kirche im Matthäusevangelium, in: DERS. u. a., Überlieferung und Auslegung im Matthäusevangelium (WMANT 1), Neukirchen-Vluyn [7]1975, 13–47.
Bormann, Lukas, Theologie des Neuen Testaments, Göttingen 2017.
Brown, Raymond, The Pater Noster as an Eschatological Prayer, New York [2]1968.
Brown, Schuyler, The Matthean Community and the Gentile Mission, in: NT 22 (1989) 193–221.
Bultmann, Rudolf, Die Geschichte der synoptischen Tradition (FRLANT 29), Göttingen [4]1971.

Butler, Basil C., The Originality of St Matthew. A Critique of the Two-Document Hypothesis, Cambridge 1951.

Cangh, Jean-Marie van, La multiplication des pains dans L'Évangile de Marc, in: Sabbe, Martin (Hg.), L'Évangile selon Marc. Tradition et rédaction (BEThL 34), Gembloux 1974, 309–346.

Catchpole, David, The Quest for Q, Edinburgh 1993.

Cinnerella, Marco, Exploring temporal Aspects of Social Identity: The Concept of possible social Identities, in: European Journal of Social Psychology 28 (1998) 227–248.

Conzelmann, Hans, Geschichte des Urchristentums (GNT 5), Göttingen 21972.

Crüsemann, Frank, Jahwes Gerechtigkeit (sedäqä/sädäq) im Alten Testament, in: EvTh 36 (1976) 427–450.

Dalman, Gustaf, Jesus-Jeschua: die drei Sprachen Jesu. Jesus in der Synagoge, auf dem Berge, beim Paschamahl, am Kreuz, Leipzig 1922.

Dehn, Günther, Der Gottessohn. Eine Einführung in das Evangelium des Markus (UCB 2), Berlin 1929.

Deines, Roland, Gerechtigkeit der Tora im Reich des Messias. Mt 5,13–20 als Schlüsseltext der matthäischen (WUNT 177), Tübingen 2004.

Delitz, Heike, Kollektive Identitäten, Regensburg 2018.

Dobbeler, Stephanie von, Auf Grenze. Ethos und Identität der matthäischen Gemeinde nach Mt 15,1–20, in: BZ 45 (2001) 55–78.

Dommershausen, Werner, Art. לֶחֶם, in: ThWAT IV 538–547.

Donaldson, Terence, Jesus on the Mountain: A Study in Matthean Theology (JSNTS 8), Sheffield 1985.

Dungan, David, Mark- An Abridgement of Matthew und Luke, in: Buttrick, David Georg (Hg.), Jesus and Man's Hope, Pittsburgh 1970, 51–97.

Dupont, Jacques, Die Versuchungen Jesu in der Wüste (SBS 37), Stuttgart 1969.

Ebach, Jürgen, „Jeder nach seinem Essbedarf". Die Geschichte vom Mannawunder, in: Ders. (Hg.), Ursprung und Ziel, Neukirchen-Vluyn 1986, 126–146.

Ebner, Martin, Das Matthäusevangelium, in: Ders./Schreiber, Stefan (Hg.), Einleitung in das Neue Testament, Münster 2007, 126–154.

Ebner, Martin, Die synoptische Frage, in: Ders./Schreiber, Stephan (Hg.), Einleitung in das Neue Testament, Münster 2007, 68–85.

Ebner, Martin/Heininger, Bernhard, Exegese des Neuen Testaments. Ein Arbeitsbuch für Lehre und Praxis, Paderborn – Stuttgart [4]2018.

Ederer, Matthias, Kirche in der Wüste? in: BiLi 84 (2011) 157–169.

Egger, Wilhelm, Methodenlehre zum Neuen Testament. Einführung in linguistische und historisch-kritsche Methoden, Freiburg i. Br. u. a. 1987.

Eichrodt, Walther, Die Theologie des Alten Testaments. 1. Teilband: Gott und Volk, Göttingen 1968.

Eisenstadt, Shmuel Noah/Giesen, Bernhard, The construction of collective identity, in: EjS 36 (1995) 72–102.

Emcke, Carolin, Kollektive Identitäten. Sozialphilosophische Grundlagen, Frankfurt am Main 2018.

Essbach, Wolfgang, Vorwort, in: Ders. (Hg.), Wir/ihr/sie. Identität und Alterität in Theorie und Methode, Würzburg 2000, 9–20.

Ewherido, Anthony, Mathew´s Gospel and Judaism in the late first Century CE: The Evidence from Matthew´s Chapter on Parables (Matthew 13:1–52), New York u. a. 2006.

Farmer, William, Synoptic Problem: A Critical Analysis, North Carolina 1977.

Farrer, August, On Dispensing with Q., in: Nineham, Dennis (Hg.), Studies in the Gospels, Oxford 1955, 55–86.

Farrer, August, Loaves and Thousands, in: JThS 4 (1953) 309–346.

Fassberg, Steven, Art. לחם in: TDOT XVI (2018) 390–391.

Feldmeier, Reinhard, Syrophönizierin (Mk 7,24–30) – Jesu „verlorenes" Streitgespräch? in: Ders./Heckel, Ulrich (Hg.), Die Heiden. Juden, Christen und das Problem des Fremden (WUNT 70), Tübingen 1994, 211–227.

Feldmeier, Reinhard, Die synoptischen Evangelien. 1. Das Matthäusevangelium, in: Niebuhr, Karl W. (Hg.), Grundinformation Neues Testament. Eine bibelkundlich-theologische Einführung, Göttingen [5]2020, 74–96.

Feldtkeller, Andreas, Identitätssuche des syrischen Urchristentums. Mission, Inkulturation und Pluralität im ältesten Heidenchristentum (NTOA/StUNT 25), Göttingen 1993.

Feneberg, Rupert, Die Erwählung Israels und die Gemeinde Jesu Christi. Biographie und Theologie Jesu im Matthäusevangelium (HBS 58), Freiburg u. a. 2009.

Finegan, Jack, Die Überlieferung der Leidens- und Auferstehungsgeschichte Jesu (BZNW 15), Berlin 1934.

Focant, Camille, La christologie de Matthieu à la croisée des chemins, in: Senior, Donald (Hg.), The Gospel of Matthew at the crossroads of early Christianity, Leuven u. a. 2011, 73–97.

Fohrer, Georg, Die symbolischen Handlungen der Propheten (AThaNT 54), Zürich – Stuttgart [2]1968.

Fowler, Robert, Loaves and Fisches: The Function of the Feeding Stories in the Gospel of Mark (SBL.DS 54), Chico 1981.

Frankemölle, Hubert, Jahwe-Bund und Kirche Christi. Studien zur Form- und Traditionsgeschichte des „Evangeliums" nach Matthäus (NTA 10), Münster [2]1984.

Frankenberg, Günter, Die Verfassung der Republik: Autorität und Solidarität in der Zivilgesellschaft, Baden-Baden 1996.

Frey, Jörg u. a., Einführung. Zum Thema Heil und Geschichte und zum Problem der Heilsgeschichte in der biblischen Tradition und in der theologischen Interpretation, in: DERS. u. a. (Hg.), Heil und Geschichte. Die Geschichtsbezogenheit des Heils und das Problem der Heilsgeschichte in der biblischen Tradition und in der theologischen Deutung, Tübingen 2010, XI–XXIII.

Friedrich, Gerhard, Die beiden Erzählungen von der Speisung in Mark 6, 31–44; 8,1–9, in: ThZ 20 (1964) 10–22.

Fuchs, Albert, Versuchung Jesu, in: Studien zum Neuen Testament und seiner Umwelt 9 (1984) 95–159.

Garleff, Gunnar, Kollektive christliche Identität: Paulinische Anmerkungen zu einem gegenwärtigen Diskurs, in: Cursor_ Zeitschrift für explorative Theologie (2019) 1–15.

Garleff, Gunnar, Urchristliche Identität in Matthäusevangelium, Didache und Jakobusbrief (Beiträge zum Verstehen der Bibel 9), Münster 2004.

Gellner, Ernest, Nations and Nationalism, New York u. a. 1983.

Gielen, Marlies, Der Konflikt Jesu mit den religiösen und politischen Autoritäten seines Volkes im Spiegel der matthäischen Jesusgeschichte (BBB 115), Bodenheim 1998.

Gnilka, Joachim, Zum Gottesgedanken in der Jesusüberlieferung, in: Klauck, Hans-J. (Hg.), Monotheismus und Christologie (QD 138), Freiburg 1992, 144–162.

Grünwaldt, Klaus, Art. δικαιοσύνη, in: Coenen, Lothar/Haacker, Klaus (Hg.), Theologisches Begriffslexikon zum Neuen Testament, Neukirchen-Vluyn 2005, 729–739.

Häfner, Gerd, Der verheißene Vorläufer. Redaktionskritische Untersuchung zur Darstellung Johannes des Täufers im Matthäusevangelium (SBB 27), Stuttgart 1994.

Häfner, Gerd, Das Matthäus-Evangelium und seine Quellen, in: Senior, Donald (Hg.), The Gospel of Matthew at the Crossroads of Early Christianity (BEThL 243), Leuven u. a. 2011, 25–74.

Hahn, Ferdinand, Das Verständnis der Mission im Neuen Testament (WMANT 13), Neukirchen-Vluyn 1963.

Hahn, Ferdinand, Theologie des Neuen Testaments. 1. Bd.: Die Vielfalt des Neuen Testaments. Theologiegeschichte des Urchristentums, Tübingen 2002.

Harding, Marrion, Art. Prayer, in: Evans, Craig (Hg.), Encyclopedia of the Historical Jesus, New York 2008, 461–465.

Hare, Douglas, How Jewish is the Gospel of Matthew? in: CBQ 62 (2000) 264–277.

Harrisville, Roy, The Woman of Canaan: A Chapter in the History of Exegesis, in: Interp. 20 (1966) 274–287.

Hart, Lawrence, The Canaanite Woman: Meeting Jesus as Sage and Lord: Matthew 15:21–28 & Mark 7:24–30, in: The Expository Times 122 (2010) 20–25.

Heckel, Theo, Die Bergpredigt, in: Bormann, Lukas, (Hg.), Neues Testament. Zentrale Themen, Neukirchen-Vluyn 2014, 91–110.

Heising, Alkuin, Die Botschaft der Brotvermehrung. Zur Geschichte und Bedeutung eines Christusbekenntnisses im Neuen Testament (SBS 15), Stuttgart 1966.

Held, Heinz J., Matthäus als Interpret der Wundergeschichten, in: Bornkamm, Günther u. a., Überlieferung und Auslegung im Matthäusevangelium (WMANT 1), Neukirchen-Vluyn [7]1975, 155–287.

Hoffmann, Paul, Der Petrus-Primat im Matthäusevangelium, in: Lange, Joachim (Hg.), Das Matthäus-Evangelium, Darmstadt 1980, 415–426.

Hoppe, Rudolf, Gerechtigkeit bei Matthäus und Philo, in: Kampling, Rainer (Hg.), „Dies ist das Buch …". Das Matthäusevangelium. Interpretation-Rezeption Rezeptionsgeschichte, Paderborn 2004 u. a., 141–155.

Horn, Friedrich, Der Verzicht auf die Beschneidung im Frühen Christentum, in: NTS 42 (1996) 479–505.

Horrell, David, Solidarity and Difference: A Contemporary Reading of Paul's Ethics, London u. a. 2005.

Hummel, Reinhart, Auseinandersetzung zwischen Kirche und Judentum im Matthäusevangelium (BEvTh 33), München 1963.

Huntington, Samuel, Who are We? Die Krise der amerikanischen Identität, Hamburg – Wien 2004.

Iersel, Bas van, Die wunderbare Speisung und das Abendmahl in der synoptischen Tradition, in: NovT 7 (1967) 167–194.

Jabbarian, Tina, Die Niedrigkeit Jesu und seiner Jüngerschaft. Eine Studie zur Korrelation von Ethik und Christologie in Mt 16,21–20,34 (WUNT 549), Tübingen 2021.

Jeremias, Joachim, Jesu Verheißung für die Völker, Stuttgart 1956.

Jeremias, Joachim, Die Abendmahlsworte, Göttingen [3]1960.

Jeremias, Joachim, Das Vater-Unser im Lichte der neueren Forschung, Stuttgart 1967.

Kaina, Viktoria, Wir in Europa: kollektive Identität und Demokratie in der Europäischen Union, Wiesbaden 2009.

Kammler, Hans-C., Die Versuchungsgeschichte Mt 4,1–11 im Kontext des Matthäusevangeliums, in: ZThK 100 (2003) 163–186.

Kasper, Walter, Jesus der Christus (Gesammelte Schriften 3), Freiburg i. Br. 2007.

Kasper, Walter, Der Gott Jesu Christi (Gesammelte Schriften 4), Freiburg i. Br. 2008.

Kertelge, Karl, Die Wunder Jesu im Markusevangelium. Eine redaktionsgeschichtliche Untersuchung (StANT 23), München 1970.

Killebrew, Ann E., Biblical People and Ethnicity: An archeological Study of Egyptians, Canaanites, Philistines und early Israel 1300–1100 B.C.E (SBL.ABS 9), Atlanta 2005.

Kilpatrick, George D., Origins of the Gospel according to St. Matthew, Oxford 1959.

Klinghardt, Matthias/Staubli, Thomas, Art. Brot, in: Crüsemann, Frank u. a. (Hg.), Sozialgeschichtliches Wörterbuch zur Bibel, München 2009, 69–73.

Kloppenburg, John, Q-Parallels, Sonoma 1988.

Koch, Dietrich-A., Geschichte des Urchristentums. Ein Lehrbuch, Göttingen [2]2014.

Kocka, Jürgen, Die Ambivalenz des Nationalstaats, in: Delgado, Mariano/Lutz-Bachmann, Matthias (Hg.), Herausforderung Europa. Wege zu einer europäischen Identität, München 1995, 28–50.

Körting, Corinna, Der Schall des Schofar: Israels Fest im Herbst (BZAW 285), Berlin – New York 2014.

Körtner, Ulrich, Das Fischmotiv im Speisungswunder, in: ZNW 75 (1985) 24–35.

Kohl, Karl H., Ethnizität und Tradition aus ethnologischer Sicht, in: Assmann, Aleida/Friese, Heidrun (Hg.), Identitäten. Erinnerung, Geschichte, Identität, Frankfurt [2]1999, 269–287.

Konradt, Matthias, Israel, Kirche und die Völker im Matthäusevangelium (WUNT 215), Tübingen 2007.

Konradt, Matthias, Matthäus im Kontext. Eine Bestandsaunahme zur Frage des Verhältnisses der matthäischen Gemeinde(n) zum Judentum, in: Ders., Studien zum Matthäusevangelium (WUNT 358), Tübingen 2016, 3–42.

Konradt, Matthias, Das Matthäusevangelium als judenchristlicher Gegenentwurf zum Markusevangelium, in: DERS., Studien zum Matthäusevangelium (WUNT 358), Tübingen 2016, 43–95.

Konradt, Matthias, Die neue Matthäusperspektive. Ein Überblick, in: BiKi 3 (2019) 130–136.

Konradt, Matthias, The role of the Crowds in the Gospel of Matthew, in: Runesson, Anders/Gurtner, Daniel (Hg.), Matthew within Judaism. Israel and the Nations in the First Gospel, Atlanta 2020, 213–231.

Kowalski, Beate/Dschulnigg, Peter, Studien zu Einleitungsfragen und zur Theologie und Exegese des neuen Testaments. Gesammelte Aufsätze (Biblical tools and studies 9), Leuven u. a. 2010.

Kowalski, Beate, Wunder bei den Heiden. Der heidnische Hauptmann (Mt 8,5–13) und die kanaanäische Frau (Mt 15,21–28), in: SENIOR,

Donald (Hg.), The Gospel of Matthew at the Crossroads of Early Christianity, Leuven u. a. 2011, 537–560.

Kowalski, Beate, Jesus sättigt ganz Israel (Die Speisung der Fünftausend): Mt 14,13–21, in: Zimmermann, Ruben (Hg.), Kompendium der frühchristlichen Wundererzählungen. 1. Bd.: Die Wunder Jesu, München 2013, 442–453.

Kraus, Wolfgang, Zur Ekklesiologie des Matthäusevangeliums, in: Senior, Donald (Hg.), The Gospel of Matthew at the Crossroads of Early Christianity, Leuven u. a. 2011, 195–239.

Kroeber, Alfred L./Kluckhohn, Clyde, Culture: A critical Review of Concepts and Definitions, New York 1952.

Krotkoff, Georg, Laḥm „Fleisch" und leḥem Brot", in: WZKM 62 (1969) 76–82.

Küchler, Max, Art. Magdala, in: LThK 6 (³2000) 1182.

Künzel, Georg, Studien zum Gemeindeverständnis des Matthäus-Evangeliums (CThMA 10), Stuttgart 1978.

Lang, Bernhard, Ritual/Ritus, in: HRWG IV (1998) 442–458.

Lapide, Pinchas, Juden und Christen. Verleitung zum Dialog (ThMed 42), Köln 1976.

Lee, Minkyu, Breaking of Bread and Breaking of Boundaries: A Study of the Metaphor of Bread in the Gospel of Matthew, New York 2014.

Lemche, Niels, Canaanites and their Land: Tradition of the Canaanites (JSOTS 110), New York 1991.

Lessig, Hans, Abendmahlsprobleme im Lichte der neutestamentlichen Forschung, Bonn 1953.

Löwen, Viktor, Die zwölf Jünger Jesu. Exegetische Untersuchungen zum Kreis der zwölf Jünger im Matthäusevangelium (TANZ 64), Tübingen 2021.

Lohemeyer, Ernst, Abendmahl in der Urgemeinde, in: JBL 56 (1937) 217–264.

Luz, Ulrich, Der Antijudaismus im Matthäusevangelium als hitorisches und theologisches Problem. Eine Skizze, in: EvTh 53 (1993) 310–327.

Luz, Ulrich, Jesusgeschichte des Matthäus, Neukirchen-Vluyn 1993.

Luz, Ulrich, Matthew, in: Brawley, Robert (Hg.), The Oxford Encyclopedia of the Bible and Ethics. 2. Teilband, New York 2014, 17–23.

Luz, Ulrich, Die Interpretationstendenzen des Matthäus und der „historische Jesus“, in: Ders., Exegetische Aufsätze (WUNT 357), Tübingen 2016, 31–54.

Luz, Ulrich, Eine thetische Skizze der matthäischen Christologie, in: Ders., Exegetische Aufsätze (WUNT 357), Tübingen 2016, 267–280.

Luz, Ulrich, Die neue Jesus-Christus-Geschichte des Matthäus. Matthäus und Markus, in: Ders., Exegetische Aufsätze (WUNT 357), Tübingen 2016, 395–407.

Mahnke, Hermann, Die Versuchungsgeschichte im Rahmen der synoptischen Evangelien. Ein Beitrag zur frühen Christologie (BBET 9), Frankfurt am Main 1978.

Maiberger, Paul, Das Manna. Eine literarische, etymologische und naturkundliche Untersuchung, Bamberg 1983.

Maier, Gerhard, Art. Magadan, in: Ders., Lexikon zur Bibel, Wuppertal – Zürich 1994, 1015.

Manson, Thomas, The Sayings of Jesus: As recorded in the Gospels according to St. Matthew and St. Luke. Arranged with Introduction and Commentary, London [4]1957.

Manson, Thomas, Indicatif du salut et impératif éthique chez Matthieu: Une alternative?, in: Senior, Donald (Hg.), The Gospel of Matthew at the Crossroads of Early Christianity, Leuven u. a. 2011, 241–262.

Mcknight, Scot, Gospel of Matthew, in: Green, Joel/Mcknight, Scot (Hg.), Dictionary of Jesus and the Gospels, Downers Drove 1992, 526–541.

Meier, John P., Law and History in Matthew's Gospel: A redactional Study of Mt. 5,17–48, Rom 1976.

Meier, John P., The Vision of Matthew. Christ, Church and Morality in the First Gospel, New York 1979.

Meier, John P., Matthew 15:21–28, in: JBT 40 (1986) 397–402.

Menniger, Richard, Israel and the Church in the Gospel of Matthew, New York 1994.

Meyer, Rudolf, Art. ὄχλος, in: ThWNT V 582–590.

Meyer, Rudolf/Weiss, Konrad, Art. Φαρισαῖος, in: ThWNT IX 11–50.

Moloney, Francis, Gebrochenes Brot für gebrochene Menschen. Eucharistie im Neuen Testament, Freiburg u. a. 2018.

Müller-Pozzi, Heinz, Die Speisung der Fünftausend als Ansatz eines psycho-analytischen Verständnisses der Person und Verkündigung

Jesu, in: Spiegel, Yorick (Hg.), Doppeldeutlich. Tiefendimensionen biblischer Texte, München 1978, 13–23.
Mussies, Gerard, Jesus and „Sidon" in Matthew 15/Mark, in: Bijdr. 58 (1997) 264–278.
Nötscher, Friedrich, Art. Gerechtigkeit, in: Bauer, Johannes (Hg.), Bibeltheologisches Wörterbuch, Köln 1959, 453–461.
Otto, Eckart, Deuteronomium. 4. Die Pentateuchredaktion im Deuteronomiumrahmen, in: Veijola, Timo (Hg.), Das Pentateuch und seine Querbeziehungen (SESJ 62), Göttingen 1996, 196–222.
Otto, Eckart, Innerbiblische Exegese im Heiligkeitsgesetz Lev 17–26, in: Ders., Die Tora. Studien zum Pentateuch (BZAR 9), Wiesbaden 2009.
Overman, John A., Matthew's Gospel and Formative Judaism: The social World of the Matthean Community, Minneapolis 1990.
Patsch, Hermann, Abendmahl und historischer Jesus, Stuttgart 1972.
Peters, Bernhard, Zur Integration moderner Gesellschaften, Frankfurt am Main 1993.
Petersen, Karl, Zu den Speisungs- und Abendmahlsberichten, in: ZNW 62 (1971) 210–231.
Plietzsch, Susanne, Die langfristige Effizienz der Tora. Mt 4,1–11, Ex 17,1–7 und Num 20,1–13 im frühjüdischen Kontext, in: Böttrich, Christfried u. a. (Hg.), Evangelium ecclesiasticum. Matthäus und die Gestalt der Kirche. Festschrift für Christoph Kähler zum 65. Geburtstag, Frankfurt am Main 2009, 361–388.
Rad, Gerhard von, Das formgeschichtliche Problem des Hexateuchs (BWANT 65), Stuttgart 1937.
Rad, Gerhard von, Theologie des Alten Testaments. 1. Bd. Theologie der geschichtlichen Überlieferungen Israels, München 1969.
Rist, John M., On the Independance of Matthew and Mark (MSSNTS 32), Cambridge 1978.
Ritschl, Dietrich, Story als Rohmaterial der Theologie, in: DERS./JONES, Hugh (Hg.), Story als Rohmaterial der Theologie (TEH 192), München 1976, 7–41.
Ritschl, Dietrich, Zur Logik der Theologie. Kurze Darstellung der Zusammenhänge theologischer Grundgedanken, München 1984.
Robinson, Wheeler, Prophetic Symbolism, in: OTL (1927) 1–17.

Rucht, Dieter, Kollektive Identität: Konzeptionelle Überlegungen zu einem Desiderat der Bewegungsforschung, in: Forschungsjournal Neue Soziale Bewegungen 8 (1995) 9–23.
Saldarini, Anthony, Matthew's Christian-Jewish community, Chicago 1994.
Sand, Alexander, Das Gesetz und die Propheten. Untersuchung zur Theologie des Evangeliums nach Matthäus, Regensburg 1974.
Sasse, Hermann, Abendmahl im Neuen Testament, in: Ders. (Hg.), Vom Sakrament des Altars, Bonn 1941, 26–78.
Sauer, Georg/Bauer, Johannes B., Art. Wüste, in: Marböck, Johannes/Woschitz, Karl (Hg.), Bibeltheologisches Wörterbuch, Köln 1994, 606–607.
Schelbert, Georg, Abba, Vater! in: FZPhTh 40 (1993) 259–281.
Schenke, Ludger, Die wunderbare Brotvermehrung. Die neutestamentlichen Erzählungen und ihre Bedeutung, Würzburg 1983.
Schnelle, Udo, Einführung in die neutestamentliche Exegese, Göttingen 2008.
Schnelle, Udo, Die ersten 100 Jahre des Christentums 30–130 n. Chr. Die Entstehungsgeschichte einer Weltreligion, Göttingen [2]2016.
Schnelle, Udo, Theologie des Neuen Testaments, Göttingen [3]2016.
Schröder, Michael, Das Galiläa der Heiden. Untersuchungen zur Galiläakonzeption im Matthäusevangelium (WUNT 92), Tübingen 2021.
Schröter, Jens, Das Abendmahl. Frühchristliche Deutungen und Impulse für die Gegenwart (SBS 210), Stuttgart 2006.
Schwienhorst-Schönberger, Ludwig, „Brot vom Himmel". Das Manna in der Wüste (Ex 16) und die Brotrede Jesu in Kafarnaum (Joh 6), in: Communio 3 (2013) 224–236.
Schwier, Helmut, Tempel und Tempelzerstörung. Untersuchungen zu den theologischen und ideologischen Faktoren im ersten jüdischen-römischen Krieg (66–74 n. Chr.)/(NTOA 11), Göttingen 1989.
Sedlmeier, Franz, Art. Sidon, in: LThK 9 ([3]2000) 734–735.
Sedlmeier, Franz, Art. Tyros, in: LThK 10 ([3]2001) 327–328.
Senior, Donald, The Gospel of Matthew at the Crossroads of Early Christianity: An Introductory Assessment, in: DERS. (Hg.), The Gospel of Matthew at the Crossroads of Early Christianity, Leuven u. a. 2011, 3–24.
Sim, David, The Gospel of Matthew and Christian Judaism: The History and social Setting of the Matthean Community, Edinburgh 1998.

Slingerland, Dixon, The Transjordanian Origin of St. Matthew's Gospel, in: JSNT 3 (1979) 18–28.

Söding, Thomas, Wege der Schriftauslegung. Methodenbuch zum Neuen Testament, Freiburg 1998.

Söding, Thomas, „Lehret sie, alles zu halten, was ich euch aufgetragen habe" (Mt 20,20). Bemerkungen zum theologischen Anspruch des Matthäusevangeliums, in: Kampling, Rainer (Hg.), „Dies ist das Buch …". Das Matthäusevangelium. Interpretation-Rezeption-Rezeptionsgeschichte, Paderborn u. a. 2004, 21–48.

Stählin, Gustav, Die Gleichnishandlungen Jesu, in: Kosmos und Ekklesia (1953) 9–22.

Stanton, Graham, A Gospel for a New People: Studies in Matthew, Edinburgh 1992.

Stark, Rodney/Brainbridge, William S., Theory of Religion, Toronto 1987.

Stauffer, Ethelbert, Zum apokalyptischen Festmahl in Mc 6,34f., in: ZNW 46 (1955) 264–266.

Straub, Jürgen, Personale und kollektive Identität. Zur Analyse eines theoretischen Begriffs, in: Assmann, Aleida/Friese, Heidrun (Hg.), Identitäten. Erinnerung, Geschichte, Identität, Frankfurt [2]1999, 73–104.

Straub, Jürgen, Identität, in: Kopp, Johannes/Steinbach, Anja, Grundbegriffe der Soziologie, Wiesbaden [12]2018, 175–180.

Strecker, Georg, Weg der Gerechtigkeit. Untersuchung zur Theologie des Matthäus (FRLANT 82),Göttingen [3]1976.

Strecker, Georg, Theologie des Neuen Testaments, Berlin – New York 1996.

Swanson, Donald, Diminutives in the New Testament, in: JBL 77 (1958) 134–151.

Tagawa, Kenzo, People and Community in the Gospel of Matthew, in: NTS 16 (1970) 149–162.

Theissen, Gerd, Urchristliche Wundergeschichte. Ein Beitrag zur formgeschichtlichen Erforschung der synoptischen Evangelien, Göttingen 1974.

Theissen, Gerd, Die Religion der ersten Christen. Eine Theorie des Urchristentums, Gütersloh 2000.

Theissen, Gerd, Erleben und Verhalten der ersten Christen. Eine Psychologie des Urchristentums, München 2007.

Thompson, William, An historical Perspective in the Gospel of Matthew, in: JBL 93 (1974) 243–262.

Tisera, Guid, Universalism according to the Gospel of Matthew (EHS.T 482), Berlin 1993.

Trilling, Wolfgang, Das wahre Israel. Studien zur Theologie des Matthäusevangeliums (EThSt 7), München [3]1964.

Troi-Boeck, Nadja, Konflikt und soziale Identität. Soziale Werte, Exklusion und Inklusion in einer heutigen Kirchengemeinde und im Matthäusevangelium, Stuttgart 2014.

Trunk, Dieter, Der messianische Heiler. Eine redaktions- und religionsgeschichtliche Studie zu den Exorzismen im Matthäusevangelium (HBS 3), Freiburg 1994.

Vaux, Roland de, Das Alte Testament und seine Lebensordnungen. 2. Teilband: Heer und Kriegswesen. Die religiösen Lebensordnungen, Freiburg i. Br. u. a. [2]1960.

Viviano, Benedict, Where was the Gospel according to St Matthew written?, in: CBQ 41 (1979) 533–546.

Vonach, Andreas, Art. Segen, in: Fieger, Michael u. a. (Hg.), Wörterbuch alttestamentlicher Motive, Darmstadt 2013, 359–363.

Wagner, Peter, Fest-Stellungen. Beobachtung zur sozialwissenschaftlichen Diskussion über die Identität, in: Assmann, Aleida/Friese, Heidrun (Hg.), Identitäten. Erinnerung, Geschichte, Identität, Frankfurt [2]1999, 44–72.

Wainwright, Elaine, Toward a Feminist Critical Reading of the Gospel according to Matthew, Berlin – New York 2010.

Walker, Rolf, Die Heilsgeschichte im ersten Evangelium (FRLANT 91), Göttingen 1967.

Walzer, Michael, Kritik und Gemeinsinn. Drei Wege der Gesellschaftskritik, Berlin 1990.

Wehnert, Jürgen, Die Auswanderung der Jerusalemer Christen nach Pella – historisches Faktum oder theologische Konstruktion? in: ZKG 102 (1991) 231–255.

Weihs, Alexander, Methoden der Schriftauslegung, in: Gillmayr-Bucher, Susanne (Hg.), Bibel verstehen. Schriftverständnis und Schriftauslegung (TheoMod 4), Freiburg 2008, 133–166.

Weiss, Hans-F., Art. Pharisäer, in: TRE XXVI 473–485.

Weiss, Hans-F., Art. Pharisäer, in: TRE XXIX 589–594.

Wellhausen, Julius, Kritische Analyse der Apostelgeschichte, Berlin 1914.

Wengst, Klaus, Das Tun der Tora als Kriterium der Zugehörigkeit zur Gemeinde im Matthäusevangelium, in: Böttrich, Christfried u. a. (Hg.), Evangelium ecclesiasticum. Matthäus und die Gestalt der Kirche. Festschrift für Christoph Kähler zum 65. Geburtstag, Frankfurt am Main 2009, 427–444.

Wenham, John, Redating Matthew, Mark and Luke: A fresh Assault on the synoptic Problem, London 1991.

White, Michael, Crisis Management and Boundary Maintenance: Social Location of Matthew's Gospel, in: Balch, David (Hg.), Social History of the Matthean Community, Minneapolis 1991, 211–247.

Wilk, Florian, Jesus und die Völker in der Sicht der Synoptiker, Berlin – New York 2002.

Wolter, Michael, Ethos und Identität in paulinischen Gemeinden, in: NTS 43 (1997) 430–444.

Wouters, Armin, „… wer den Willen meines Vaters tut". Eine Untersuchung zum Verständnis vom Handeln im Matthäusevangelium, Regensburg 1992.

Ziethe, Carolin, Auf seinen Namen werden die Völker hoffen. Die matthäische Rezeption der Schriften Israels zur Begründung des universalen Heils (BZNW 233), Berlin – Boston 2018.

Ziethe, Carolin, Heil für Israel – Heil für die Völker, in: BiKi 3 (2019) 174–180.

1.8 Internetquellen

Chibici-Revneanu, Nicole, Brot (NT), in: WiBiLex, https://www.bibelwissenschaft.de/das Brot (aufgerufen am 23.06.2023).

Chibici-Revneanu, Brot, in: WiBiLex, https://www.bibelwissenschaft.de/das brot-AT (aufgerufen am 25.06.2023).

Tabellenverzeichnis